제2권

천지오륜장

그리고 경제와 사회

정태민 지음

천지오륜장 그리고 경제와 사회

1판 1쇄 발행 2023년 1월 16일
지은이 정태민

편집 윤혜원 **마케팅** 박가영 **총괄** 신선미

펴낸곳 (주)하움출판사 **펴낸이** 문현광

이메일 haum1000@naver.com **홈페이지** haum.kr
블로그 blog.naver.com/haum1007 **인스타** @haum1007

ISBN 979-11-6440-255-7(03180)

좋은 책을 만들겠습니다.
하움출판사는 독자 여러분의 의견에 항상 귀 기울이고 있습니다.
파본은 구입처에서 교환해 드립니다.

서문

나라별 지수에 대한 천지오륜장의 해석은 매우 어렵습니다. 그 어려운 이유가 무엇인지 다각도 분석해 봅니다.

먼저, 첫 번째로 천지오륜장은 나라별 대표오행에 따라 해석이 달라질 수 있습니다. 앞으로 다가올 천지장이 금기 편중세라면 목기지향에서는 아무래도 불편하게 되며 수기지향에서는 오히려 역생율이 높아질 수 있습니다. 이렇듯 나라별 대표오행에 따라 나라별 결과가 달라질 수 있으니 해석하기가 매우 어렵습니다.

두 번째로 코스피지수, 다우지수등 나라별 지수는 역술의 음양오성(10성)중 재성(편재, 정재)에 해당되므로 균형적 천지오륜장 해석이 적용되지 못해 예측이 제한적이게 됩니다. 다행히, 세상은 전반적으로 자본주의 구조이기에 어느 정도 인연은 내재됩니다. 결론은 그 어느 정도 가지고 해석하는 상황이기에 천지오륜장을 공부하시는 분들은 절대 맹신하시면 않되며 보조적 관점으로 참조하시면 좋겠습니다.

세 번째로 천지오륜장은 720년 주기로 반복되고 있으며 특수한 운기가 반복되고 있습니다. 그러나, 그 특수한 운기는 시대적 발전과 나라별 상황에 따라 대응력이 달라질 수 있으며 그러하기에 나라별 지수들은 세상의 시대별 실세들에 따라 결과가 달라질 수 있습니다.

네 번째로 역술적 상대성과 인간사 의지의 노력에 따라 결과가 달라질 수 있습니다. 예로, 3경금이 편성되면 편중되어 무겁습니다. 그런데, 다음 주기가 2경금1신금으로 바뀌면 그래도 편중세로 무거운 것인데 앞 주기와의 상대성에 의해 약간 완화되었으므로 우상향세로 바뀔 수도 있습니다. 이런 점이 매우 어렵습니다. 더구나, 세력들의 능력에 따라 하락후 보합이 되던가 보합 후 상승이 되는 등 방향은 긍정세가 맞는데 가는 방식이 다를 수 있습니다. 또한, 2번의 약세가 내재될 경우 앞에서 미리 큰 하락이 나왔다면 다음의 약세구간에서는 하락율이 제한적인 경우가 종종 있습니다. 이 논리를 주식장에서는 선반영이라 표현합니다.

다섯 번째로 기타 등등 많을 수 있는데 특수격국들 때문에 어렵습니다. 예로, 줄기오행의 넓은 관점이 요구되며 해당 기간에서만의 관점으로는 충극이지만 줄기오행상 다가오는 역생요소가 인연되면 다가올수록 역생율이 높아지기에 줄기오행 관점을 모르신다면 명확히 분석하기가 어렵습니다. 줄기오행의 넓은 현상은 주식장에서나 증명이 가능하며 사람들 사주로는 증명이 거의 불가능하다고 볼 수 있습니다. 이 부분에 있어서 세상의 역술인 분들은 그 동안의 감명에 수정보완이 요구될 수 있으며 세상인들이 역술을 미신이라하며 부정함에도 대응하지 못하는 이유가 바로 해석의 부족함이 많았기 때문입니다. 줄기오행의 관점도 없었고 특주도 몰랐기에 12년에 한 번씩 크게 틀릴 수도 있고 충극사주인이 오히려 대성하는 경우도 많았기에 틀리는 비율 즉 오류율과 검증성의 이격율로 세상에 신뢰를 얻기에는 제한적인 역술의 입지였습니다. 이제는 크게 보완되었으니 앞으로는 세상에 신뢰도가 높아질 것으로 예측합니다.

위와 같이 변수들이 많으면 많은 분들이 천지오륜장을 공부할 필요가 없는거 아니냐 하실 수 있습니다. 사실 특별한 경우 이외에는 대부분 분들은 필요가 없으실 수 있습니다. 특별한 경우를 예로 들자면 오랫동안 역술을 공부해 오고 있으며 새로운 접근법의 역술이 나오면 한번 공부해 보는 경우 이런 경우는 손해볼 일이 없으므로 무난합니다. 또 다른 경우는 살아가시면서 가진 것도 없고 힘도 없어 경쟁력이 부족한데 남들 보다 특별한 필승기가 없을까 진심으로 찾으시는 분들에게는 조금이나마 도움이 될 수도 있습니다. 물론, 두뇌가 조금 요구될 수 있습니다. 기타, 국가정부나 기업체에 있어서 미래 예측에 보조적 관점으로 협조될 수 있습니다.

천지오륜장의 해석능력에 따라 또는 응용 영역에 따라 결과는 천차만별이겠지만 최소한 공부를 함으로써 세상의 길흉화복에 대한 관점이 열리고 이해하기 어려운 현상들의 의문점들이 조금이라도 풀리기 시작하기에 공부할 가치는 있다고 생각됩니다.

사실 천지오륜장은 다양한 비결들이 숨겨져 있습니다. 사람들의 운세에서 대운과 세운이 겹쳐 충극이 되면 불편함이 집중되며 만성질환, 사건사고, 실패, 자신이나 타인에 대한 극단적 행동들이 나오고 있고 격국의 특성과 주변 환경에 따라 결과가 다르게 나타날 수 있습니다.

천지오륜장은 절대주님이 창조하신 운영체계로 과학적 접근이 가능하다고 분석하고 있으며 앞으로 많은 분들이 다양한 입증과 수많은 필승기들을 찾아 내실 것으로 예측하고 있습니다. 반면, 720년이 한 주기인데 그래프로 타당성을 분별할 수 있는 나라별 주식장이 탄생된지 1백년이 되지 않았기 때문에 앞으로 몇백년이 흘러야 완성된 증명이 가능합니다. 비록, 완벽한 증명에 있어서 앞으로 아직 한참 멀었지만 특별한 두뇌분들이 많이 참여하신다면 몇백년이 흐르지 않아도 일부의 데이터로 앞으로의 미래에 추정이 가능할 수 있을 것이며 앞으로의 위기를 감지하여 미리 유비무환 대비를 할 수 있다면 세상에 큰 도움이 되지 않을까 생각됩니다.

지수결과에 대한 내용들은 결과가 나오기 전에 미리 분석한 내용을 적은 것이 아니라 결과가 나온 것을 오랫동안 분석하여 올린 것입니다. 즉, 제가 천지오륜장을 세계사적 최초로 발견해 내었다고 앞으로의 천지장을 쉽고 빠르게 해석할 것이라고 생각하실 수도 있지만 사실 아직도 매우 어렵습니다.

제 개인적 주장은 앞으로 천재, 강자분들이 참여하더라도 나라별 지수관련의 향방에만 관심을 가지실 것이 아니라 자연재해, 천재지변, 사건사고, 대세적 흐름, 발전의 방향등등의 관점으로도 공부하신 다면 오히려 세상의 위기에 버팀력이 높아질 수 있고 발전에 주도적 위치를 자리잡을 수도 있지 않을까 생각됩니다.

동서고금 세상은 결과를 중요시 합니다. 저마다 삶의 결론이 긍정이냐와 부정이냐로 나뉠 수 있지만 그 결과가 무탈하고 성과가 있으면 긍정에 가까울 것이고 상처투성이에 슬픔이 인연되었다면 부정에 가까울 것입니다.

만약, 물에 빠진 분이 지푸라기라도 잡으려 하신다면 세상 많은 분들은 속으로 비웃으며 이런 생각을 하실 것입니다. '지프라기 잡는다고 물에 떠서 살아날 수 있을 것 같아? 바보인가?'라고 말입니다. 그런데, 여러분들이 물에 빠진 당사자라면 지푸라기를 잡으시겠습니까? 실효성 낮다고 포기하시겠습니까?

그렇습니다.

지금은 천지오륜장이 비록 지푸라기 정도의 낮은 실효성이겠지만 세상 참여분들의 노력에 따라서 지푸라기가 아닌 뗏목이 될 수도 있고 때로는 큰 유람선이 될 수도 있고 간혹은 노아의 방주가 될 수도 있습니다.

저는 사주가 매우 불편한 격국에 속해 있습니다. 그래서인지 삶의 대부분이 매우 불편한 형세와 인연이 많고 어떻게 하면 조금이라도 긍정에 가까운 삶을 살아갈 수 있을까 오래전부터 연구하게 되었습니다. 자유경쟁 속 경쟁력이 낮으면 피라미드 하부의 삶을 탈피하기 어려운데 두뇌도 우수하지 못하고 판단력도 부족하여 남들처럼 민첩하게 독하게 뛰어나게 이득을 얻지도 못하여 매우 오랫동안 힘들게 살아오고 있습니다. 이런 현실에서 조금이라도 긍정에 가까운 삶을 만들기 위해 무수한 노력을 하였고 천지오륜장으로 큰 도움을 얻는 방법은 없을까 연구하고 있습니다.

앞으로 세상 많은 분들이 좀 더 명확히 정립을 하신다면 세상에 큰 도움을 줄 수 있을 것입니다.

또한, 제1권에서 논하였듯이 천지오륜장의 지적재산권 99%를 국가정부에 넘기는 것을 분명히 밝히며 국가정부가 다가오시기 전에는 개인적 소득활동으로 운영할 예정입니다. 지적재산권 99%를 넘기는 이유는 마이다스들이 지적재산권의 기본금을 바탕으로 더 크게 자본금을 늘리며 그 자본금으로 세상의 약자분들에게 조금이라도 더 많이 재분배하기 위해서입니다. 사람의 운세편에서 논하였듯이 대운이나 특주에서 충극이 인연되면 불편율이 매우 높아지며 미리 선견지명 유비무환 대비를 해도 사회적 약자들은 대응하기가 쉽지 않습니다. 그러면, 그 다음의 현명한 대응방법은 정부의 안전망 정책을 받쳐주고 발전시키는 방법이 실효적입니다. 그러하기에 천지오륜장 관련 다양한 사업에 있어서 다른 나라에 진출시 그 나라에서의 소득 90%는 그 나라에 재분배하는 방식이며 그 나라의 정부와 대표기업들과의 교류 또한 필수가 될 수 있습니다. 그리고 이외의 5%는 국제연합에 할당하며 4%는 대한민국에 할당합니다. 1%는 기타에 할당됩니다. 그리고, 대한민국에 할당된 4%는 국내외 안전망의 발전을 위해 사용되어집니다.

목차

나라별 지수 분석과 천지장 기초 이론

*금기지향은 경금지향, 신금지향, 순구금기지향으로 나눕니다.
*목기지향은 갑목지향, 을목지향, 순수목기지햐으로 나눕니다.
*수기지향은 임수지향, 계수지향, 순수수기지향으로 나눕니다.
*화기지향은 병화지향, 정화지향, 순수화기지향으로 나눕니다.
*토기지향은 무토지향, 기토지향, 순수토나눕니다.

*나라별 대표오행은 천지장과 합이 되면 운기가 강조되는데 우선적으로 생을 받으면서 주변 격국과 소통되고 균형되면 긍정되는 경우가 많습니다. 반면, 주변격국과 조화롭지 않거나 생을 받지 못하면 긍정되기 어렵습니다.

*나라별 대표오행은 일반 오행처럼 상생과 상극이 작용합니다. 예로, 천지장에 병화가 있고 나라별 대표오행이 신금지향일 경우 병신합수가 됩니다. 그러면서 하부에 정화가 있으면 그 정화는 수극화 됩니다. 그런데, 대표오행의 합의 성질은 일반오행의 합의 성질에 비해 농도가 반절 정도 되므로 수극화율도 반절정도로 예상합니다.

*나라별 대표오행은 일반 오행과 달리 천지장에서 합요소가 충극 받아도 합이 성사됩니다. 예로, 천지장 속 병화가 임수에 충극되면 신금은 병화와 합수가 어려운데 신금지향은 합수화가 가능합니다.

*나라별 지수의 약세는 충극 이외에 설기도 나올 수 있습니다. 충극의 경우 지수의 흐름이 급격히 하락하는 경우가 많고 설기의 경우 꾸준히 하락하는 경우가 많습니다.

*천지장 속에 수극화가 내재되었을 때 목기지향은 수기의 생을 얻으면서 동시에 화기를 지원합니다. 이에 목기지향은 타지향에 비해 극복율이 높을 수 있습니다. 또한, 목기지향에 거주하고 있는 사람의 사주에 수극화가 있으면 어느 정도 버팀력이 내재됩니다. 이러한 논리는 다른 오행 모두 적용됩니다.

*천지장 속 수극화가 내재되었을 때 금기지향은 수기를 부추겨 화기의 불편함은 더욱 커집니다. 그런데, 금기지향에게는 화기의 약세가 불편하다고 보기 어려워 금기지향 지수는 수극화에 약세의 경우는 제한적입니다. 물론, 수극화 운기가 큰 주기에 적용되면 총국상 불리함은 커지기에 금기지향 지수도 약세가 나올 수 있습니다.

*을목지향은 천지장에 경금이 와서 을경합금화가 된 후 토생되면 힘을 얻는 경우가 많습니다. 갑목지향은 천지장에 기토가 와서 합토화가 된 후 화생토 되면 힘을 얻는 경우가 많습니다. 이러한 논리는 갑을목 이외에 병정-무기-경신-임계 모두 유사합니다.

*천지장 내 수기가 있어서 갑목지향이나 을목지향이 수생의 덕을 얻으면서 소통세가 좋으면 긍정되는 경우가 많습니다. 천지장내 토기가 내재되면서 소통세가 좋으면 금기지향에게 긍정되는 경우가 많습니다. 이러한 논리는 다른 음양오행 모두 유사할 것으로 판단합니다.

*천지장이 소통되지 않거나 소통되더라도 균형되지 않고 편중되어 무거우면 약세의 경우가 많습니다.

*천지장의 어떤 한 요소가 설기되어도 약세의 경우가 많은데 특히 큰 주기의 요소가 불편할수록 약세가 커집니다.

*천지장 내 상하 관계는 충극인데 다가오는 요소가 역생소통 시켜주면 점차 우상향의 경우가 많습니다.

*천지장 내에 금기가 내재될 때 목기지향은 불편율이 높아지는데 천지장 구성에 있어서 목기가 배치되고 금기가 목기를 직접적으로 극할 때 목기지향은 좀 더 불편율이 커질 수 있습니다. 이 논리는 지수들 뿐만 아니라 사람의 운세에서도 동일하게 적용됩니다. 이 논리는 금기만 올 때는 목기지향들아 조심해라 정도의 경고성 운기인데 천지장 내에 직접적으로 금극목이 형성되면 목기들을 반드시 꺽어 놓겠다는 강한 의지를 뜻 할 수 있습니다. 위와같은 논리는 다른 대표오행들에게서도 적용될 수 있습니다.

*편중세도 지수의 운기에 영향을 줍니다. 편중격이 되면 묵중해져서 상승도 하락도 아닌 보합적 운기가 적지 않습니다. 그런데, 편중세가 매우 심해지면 결국 무거워져 하락율이 높아집니다.

*기타 많을 수 있고 제1권에서 기초원리들을 다루고 있습니다.

천지오륜장 바른 대응과 향후 예측

지금은 천지오륜장이 소문이 나지 않아 세상의 길흉화복 해석에 큰 오차율은 적을 수 있습니다. 그러나, 앞으로 소문이 난다면 세상의 예측이 쉽지 않을 수도 있습니다. 특히, 주식관련 지수의 향방이 그러할 수 있습니다.

주식은 수급을 중요시 합니다. 그 수급은 실세, 세력, 주포등이 장악해야 원하는 방향을 향할 수 있습니다. 그래서인지, 고점에서는 온갖 호재가 쏟아지고 저점에서는 악재가 지속적으로 쏟아집니다. 모두 실세들이 물량을 조율하기 위한 작업입니다.

그런데, 지수에 있어서 많은 분들이 앞으로 오르고 내림을 예측한다면 지수관련 상품에 있어서 세력들은 물량 장악이 쉽지 않아 그 결과는 예측불허가 될 수도 있습니다. 실제로 주식장에서 세력들이 물량을 확보하지 못하면 물량이 나올 때 까지 하락이 멈추지 않은 경우도 허다하며 작전주들은 악재까지 만들어 퍼트리기도 합니다. 그리고, 물량을 장악하면 언제그랬냐듯이 날라갑니다.

주식에서 가장 많이 나오는 표현이 개미가 사면 빠지고 팔면 오른다입니다(여기서 개미란 외인이나 기관등 큰 세력이 아닌 일반개인을 뜻합니다). 이 원리가 바로 수급, 물량의 조율과 관련되며 천지오륜장이 앞으로 세상에 널리 알려진다면 그래서 길흉화복을 예측한다면 세력들은 물량 확보가 어려워 어떤 횡보를 보일지 알 수 없으며 결과적으로 천지오륜장과 다른 횡보가 나올 수도 있지 않을까 예측해 봅니다. 바로 이 점 때문에 세상에 공개를 할까 말까 고민을 오랫동안 했었고 어차피 세상이 거쳐야 할 과정이기에 공개하기로 결론 내렸습니다. 또한, 천지장을 지수나 주식관련 해서 공부하시는 분들은 특히 신중하시며 반드시 보조적으로 참조하시며 만약, 세상 실세들과 절대 맞대응 해서도 않되며 만약 어쩔 수 없이 맞대응 하실 거라면 큰 방향에 있어서 대응해야지 작은 방향은 실세들이 언제든지 천지장과 다른 방향의 그림을 그릴 수 있음을 인지함이 중요합니다.

천지오륜장은 나라별 경제지수 대응 보다는 세상의 사건사고, 천재지변 등에 대한 대비를 함이 좀 더 바른 지향이지 않을까 생각됩니다. 무-기충의 격국에서는 지진, 붕괴, 싱크홀, 해일 등이 유독 많이 발생합니다. 무계합화가 수극화되면 경기침체의 현상이 많으며 그 원인은 나라별, 시대별 다양합니다. 충극등으로 합이 깨지면 불안정한 사건사고율이 많아집니다. 충극이 아닌 소통세여도 한 요소가 많은 편중격이면 매우 무거운 격국으로 세상의 경기활동이 둔화되고 심지어 편중된 요소의 특성에 따른 사건사고가 많아질 수도 있습니다. 대표적인 것이 수기이며 수기가 편중되면 홍수와 인연이 많습니다. 금기가 편중되면 전쟁, 테러, 압사사고등과 인연이 많고 화기가 편중되면 산불, 화재부터 광분한 정신상태의 사건사고들이 많습니다.

천지오륜장이 세상에 보급되면 미래에 발생될 다사다난한 사건사고들에 대한 일정비율은 막아낼 수 있지 않을까 조심스레 추정해 봅니다. 대비점으로 천지오륜장은 매우 어렵습니다. 아래의 내용들은 오랫동안 분석하여 정리한 것이지 짧은 기간에 분석은 쉽지 않습니다. 그러하기에 많은 분들은 절대 성급하게 접근해서는 아니되며 너무 단기에 이해하려고 무리하시면 힘들어 질 수 있습니다. 특히, 세부적인 분석은 실효성과 거리감이 있을 수 있으니 처음은 큰 숲을 볼 수 있는 접근으로의 인연이 현명할 듯합니다.

1948	무자 무임				무계						
계축	갑인	을묘	병진	정사	무오	기미	경신	신유	임술	계해	갑자
병기 [병신]											
1949	기축 기계			기신		기기					
을축	병인	정묘	무진	기사	경오	신미	임신	계유	갑술	을해	병자

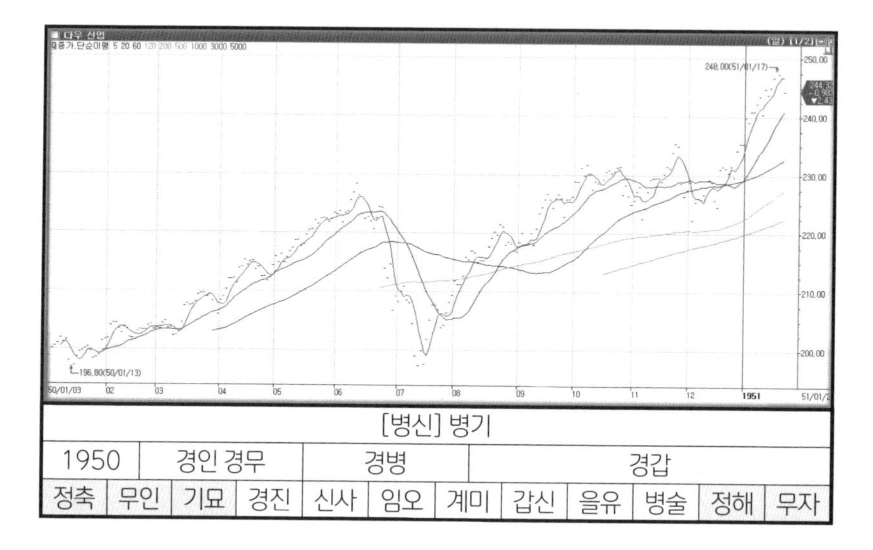

[병신] 병기											
1950	경인 경무			경병		경갑					
정축	무인	기묘	경진	신사	임오	계미	갑신	을유	병술	정해	무자

다우지수는 금기지향입니다. 금기지향에는 경금지향과 신금지향이 내재되어 있습니다. 특주는 병신특주 속 병기구간에 해당되며 전반적으로 병화생 기토생 경금으로 소통되며 신금지향은 병화와 합수화 되어 토생 경금생 합수화로 소통됩니다. 일반적으로 토기가 없으면 병화와 경금은 화극금 불리격인데 금기지향 속 신금지향은 병화와 합수화가 되므로 토기가 없어도 병화에 대한 화극금은 제한적입니다.

다우지수는 우상향 중 임오월-계미월 구간 눌림목이 나왔습니다. 주로 임병 및 임정-계정 구간으로 병화는 임수에 수극화되며 정화는 년지병화의 합수화에 수극화 되며 총국상 불리격입니다. 그런데, 금기지향은 전반적으로 수극화에 불편하지 않은 듯 수극화에 약세는 많지 않은데 이번에는 약세가 나왔습니다. 그럼, 수극화 이외 또 다른 불리격은 없는지 찾아 봅니다. 경병년주 2병화의 합수화 및 월주 임계수에 년간경금이 설기됩니다. 상부 토생 금생 합수화로 소통세는 무난하나 경금지향과 동기화된 경금이 2병화의 합수화 및 임계수에 설기가 되며 이 때 임정합목이 성립되면 역생되었을텐데 수극화로 실패하니 불안정 운기도 내재되어 약세가 나온 듯합니다. 또한, 경무년주는 기토와 무토 그리고 경갑년주는 기갑합토로 경금을 부족하지 않는 토기가 생해주는데 경병년주는 1기토가 생해주니 상대적으로 부족하게 경금을 받쳐주고 있습니다. 지수에서의 결과는 상대성도 영향이 적지 않습니다.

병기/경무 구간 특간병화의 합수화를 적용하면 토생금생수로 무난하며 합수화를 적용하지 않아도 화생토생금으로 무난합니다.

무인월 무갑구간 갑목은 년간경금에 불편합니다. 년간경금은 사실 특간병화의 합수화를 향하여 월지갑목을 극하는 비율은 제한적이며 금극목의 형세가 총국상은 불리격이지만 금기지향에게는 크게 불리하지 않은 듯합니다.

기묘월 기을구간 경을합금이 되어 경금지향은 운기가 강조되는데 이때 토생까지되니 긍정세가 됩니다.

경진월 경무구간 2경금 2무토로 소통세는 균형적이나 경금과 무토의 편중세로 단조롭습니다. 다가오는 경병년주 병신합수와 소통되며 금기 편중세는 다소 완화됩니다.

병기/경병 구간 합수화를 적용하면 토생금생수로 소통세이나 2합수화에 경금은 설기세가 됩니다.

신사월 신무구간 경금은 합수화 및 합수에 설기세인데 무토가 받쳐주니 상대적으로 버팀만 합니다. 신경구간 경금이 늘어나 경금의 설기에 협조합니다. 신병구간 합수가 되며 경금의 설기는 늘어납니다.

임오월 임병구간 임수가 병화를 불편하게 합니다. 총국상 수극화로 불리격인데 신금지향은 병화와 합수화되어 수기편중세가 되며 년간경금의 설기는 심해집니다. 임기구간 기토가 경금에 설기세입니다. 임정구간 정화가 년지병화의 합수화에 불편해 임정합목은 어렵고 불안정운기가 내재됩니다.

계미월 계정구간의 정화도 계수 및 년지병화의 합수화에 불편합니다. 계을구간 경을합금이 되며 경금 설기에 협조되며 금생수 소통세입니다.

병기/경갑 구간 합토생 경금생 합수화로 소통세입니다.

계미월 계기구간 합토되며 토생금 되니 금기지향에 무난합니다.

갑신월 갑경구간 월간갑목은 년간경금에 충극되지만 경금은 특간병화의 합수화를 향하므로 충극은 제한적입니다. 또한, 계미월 접경구간에서는 계수에 의해 역생되면서 기토와 잠시 합토되어 년간경금을 생하게 되니 금기지향에게는 무난합니다.

을유월 을경구간 2경금에 순차합금되며 금기가 편중되어 무거워지려 합니다. 반면, 갑기합토가 금기들을 생하니 소통세는 무난합니다. 다가오는 을신구간에서는 1경금이 되므로 을신구간으로 향할수록 무거운 편중세는 완화됩니다. 을신구간 을경합금되며 토생금 운기로 금기지향에게 무난합니다.

병술월 병무구간 화생토생금 운기이나 병화는 신금지향과 합수화 되므로 토생금 생수가 되며 역시 소통세입니다. 단지, 경금은 2합수화에 설기가 늘어납니다.

정해월 정임구간 합목되며 년간경금에 충극됩니다. 다가오는 무자월 자수에 합목은 점점 역생되지만 반면, 무토는 합목에 점점 충극됩니다.

무자월 무임구간 무토합토생 경금생 임수합수등으로 소통세이나 경금은 임수 합수에 설기세입니다. 무계구간 합화되며 상부 합토를 거쳐 소통되지만 사실 접촉되는 합토는 갑목으로 토기의 본질보단 갑목이 치우쳐져서 화생토의 소통력은 제한적입니다. 다행히, **다가오는 기축월 기토가 다가올수록 화생토 소통세는 늘어나며 금기지향에게 긍정됩니다. **

대한민국 힘든 시기 특주 공통점 분석

6·25전쟁: 1950년 6월 25일 북한이 남침. 병신특주
임진왜란: 1592년~1598년 일본이 침입. 1952년 임진년(임진왜란). 1597년 정유년(정유재란). 병인특주 병병~병갑구간
병자호란: 1636년 12월 ~ 1937년 1월. 청나라가 침입. 기사(기병)특주/을해(을임)년주~경오(경병)특주/병자(병임)년주

위 3가지의 공통점으로 상부 주기에서 병화가 내재되고 있고 목기들은 설기되는데 을목지향은 심각하게 설기됩니다.

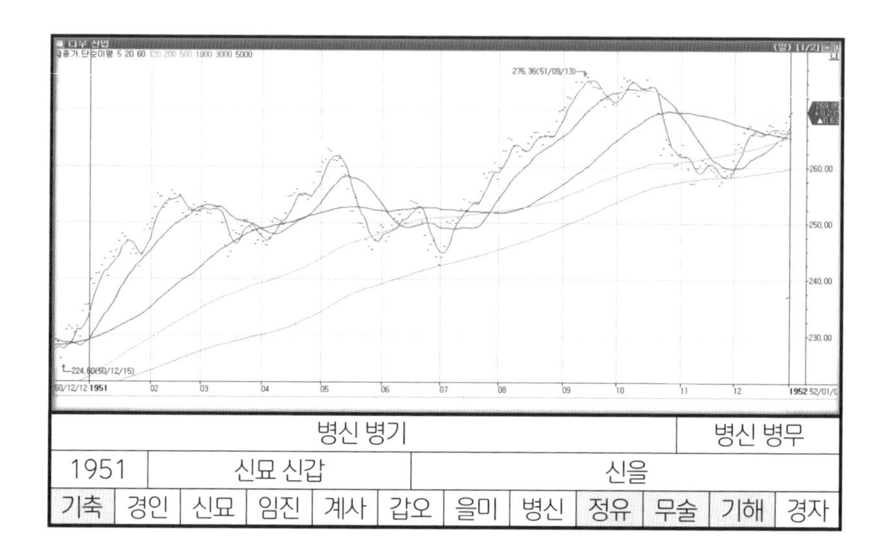

병신 병기										병신 병무	
1951	신묘 신갑				신을						
기축	경인	신묘	임진	계사	갑오	을미	병신	정유	무술	기해	경자

병기특주와 병무특주의 접경구간입니다. 신묘년주 신금은 특간병화와 합수가 되며 신금지향은 신금과 동기화가 됩니다.

병기/신갑구간 합수가 합토 위에 있어서 토극수는 아니지만 조화롭지는 않습니다. 병무특주로 했을 때 합수생 갑목은 소통세이며 특지무토는 갑목 위에 있어서 충극되지 않습니다.

병기/신을구간 합수 생 을목으로 소통세가 내재되며 을목은 경금지향과 을경합금화가 되면서 기토의 생을 받으니 토생금생합수로 금기지향에게 무난한 운기입니다. 반면, 을경합금화는 병신합수에 약간 설기세입니다. 병무 특주로 했을 때는 병무/신을구간 무토생 합금화생 합수로 소통세가 되며 경금은 기토보다 무토의 생이 좀 더 실효적입니다.

특주는 1년정도 여기되며 병기특주와도 복합적으로 분석해야 되나 명료한 접근을 위해 세부적으로는 병무특주로 분석해 봅니다.

병무/신갑 구간 합수생갑목으로 소통세이며 무토는 갑목 위에 있어서 목극되지 않습니다.

경인월 경갑구간 합수에 의해 금극목이 역생되며 합수를 갑목이 흡수하므로 경금의 합수에 대한 설기는 완화됩니다.

신묘월 신을구간 합수에 의해 신극을이 역생되며 경금지향은 을목과 합금화가 되며 합수를 생해줍니다. 그런데, 다가오는 임진월 임수까지 고려하면 월간신금과 합금화는 약간 설기세가 됩니다.

임진월 임무구간 월지무토는 갑목에 극 받아 총국상 불리세일 듯한데 하락세가 아닌 상승세가 나왔습니다. 수기는 편중세지만 갑목이 흡수하므로 편중세는 완화됩니다. 전반적으로 소통세이며 특지무토와 월지무토가 년지갑목에 목극토 되는데 특지무토가 갑목보다 좀 더 큰 주기이니 년지갑목은 월지무토를 극하는 비율이 제한되며 무토들은 버팀력이 내재됩니다. 그렇다고 상승세가 나올 정도로 총국상 긍정은 아닐 듯한데 다른 반전 상황이 있나 찾아 봅니다. 다가오는 계사월 계무구간 합화가 되며 계무합화가 다가올수록 임진월 월지무토는 역생율이 높아집니다. 갑목이 월지 무토를 극하여 계무합화가 실패할 수도 있으나 갑목은 특지무토도 교차 극하기에 극 받지 않을 때 합화될 수 있고 일단 합화가 되면 갑목이 극하기 보다 합화를 생할 비율이 높아질 수 있습니다. (병기특주로 하면 갑목이 합토되어 월지무토를 극하지는 않습니다.)

계사월 계무구간 갑목이 무토를 극하니 계무합화는 쉽지 않으나 갑목이 특지무토와 교차극하니 대기기간 합화가 가능하며 일단 합화가 되면 목극토는 제한될 수 있습니다. 계경구간 경금생 계수합수생 갑목으로 소통되며 경금은 토생되지 않은 형세에서 수기에 약하게 설기됩니다. 계병구간 2병화1신금으로 순차합수가 되며 계수와 더불어 년지갑목 및 다가오는 갑오월 갑목을 생해주는데 수기들이 편중세임에도 목기도 많아 수생목의 균형은 어느 정도 이루어집니다. 반면, 합수 속 신금지향은 결과적으로 합수가 된 후 목기를 지원하므로 득이 적은 형세입니다. (일반적으로 2병화1신금은 순차 합수가 되는데 신금지향은 2병화를 동시에 합수화 시킵니다.)

갑오월 갑병구간 2병화1신금으로 순차 합수가 되며 2갑목과 소통됩니다. 다가오는 신을년주 을목이 경금지향과 합금화가 되어 다가올수록 합수를 생해줍니다. 합수 속 신금지향과의 합수화까지 고려하면 수기는 목기에 설기되지 않고 다가오는 합금화에 점차 생을 받으니 긍정됩니다.

병무/신을 구간 을목은 경금지향과 합금화가 되며 무토생 합금화생 합수로 소통세가 됩니다. 이에, 동기화된 경금지향, 신금지향 모두 긍정되니 금기지향 다우지수는 상승세가 길어진 듯합니다.

갑오월 갑기구간 합토되며 합금화를 생해줍니다. 갑정구간 합수생 갑목생 정화로 소통세인데 갑목은 정화를 실효적으로 생해주지 못하며 합토되면 합수극 정화로 수극화 됩니다.

을미월 을기구간 을목들이 경금지향과 합금화가 되며 무기토에 생을 받으며 합수를 생해주니 소통세가 넓습니다. 월지기토는 2합금화에 다소 설기되지만 특지무토에 의해 설기세는 제한됩니다.

병신월 병경구간 무토생 을경합금생 합수로 소통세가 무난합니다. 합수는 2

병화1 신금으로 순차 합수가 됩니다.

정유월 정화는 합수에 극 받으며 총국상 불리격이나 금기지향에게 수극화가 반드시 불편하다고 할 수 없는 듯 하락세가 심하지 않았습니다. 이외의 격국은 무토생 합금화생 합수로 소통세입니다.

무술월 무무구간 토생 합금화생 합수로 소통세이나 무무토는 특지무토와 더불어 토기편중세로 무거워지며 일주와의 관계는 제한적입니다. (무무-기무의 관계에서 무무 구간 무기력 하락을 기무 구간 기살아 기토가 멈추게 한 듯합니다.)

기해월 기임구간 토생 합금화생 합수, 임수로 소통세이나 수기편중세이며 합금화는 다소 설기됩니다. 다행히, 다가오는 경자월 월간경금에 의해 합금화는 점차 설기세가 완화됩니다.

경자월 경금은 년지을목과 합금되어 운기가 강조되는데 상부 합수와 월지 자수를 생하니 다소 설기됩니다. 경임구간 토생금생수로 무난합니다. 경계구간 토생금생수로 무난하며 수기는 임수에서 계수로 편중세가 완화됩니다.

*무술-기해월 무무-기무 접경구간 무기충이 형성되며 아직 정립되지 않은 격국입니다. 다른 요소들에 의해 결과는 매우 복잡해지지만 무토에서 약세의 경우가 많고 기토에서 상승하거나 보합세로 잘 버티는 경우가 적지 않습니다. 무토는 무기력과 인연이 많으며 기토는 기살아와 인연이 많습니다. 무토는 수평적 운기이며 기토는 수직적 운기입니다. 무기충은 밭갈이 운기와 인연이 많습니다.

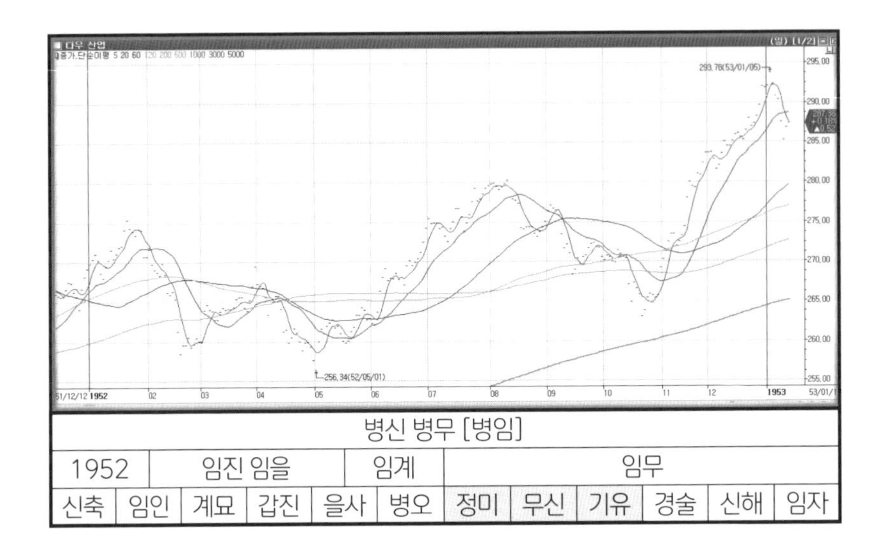

병신 병무 [병임]											
1952		임진 임을			임계	임무					
신축	임인	계묘	갑진	을사	병오	정미	무신	기유	경술	신해	임자

병무/임을구간 특간병화는 신금지향과 합수화가 되며 년지을목은 경금지향과 합금화가 되며 무토생 합금화생 합수화, 임수로 소통세가 되나 합금화는 수기에 설기세가 됩니다.

임인-계묘월 수기가 늘었는데 갑목 구간은 수기를 흡수하니 합금화의 설기가 완화되며 을목구간은 경금지향과 합금화가 되어 년지을목 합금화를 보완해 줍니다.

갑진월 갑목이 수기를 조율하나 갑무구간은 수생갑목에 무토가 불편해집니다. 갑목이 년주에 있었다면 특지무토까지 지향하니 월지무토는 버팀력이 높아졌을 듯합니다.
을사월 을무구간 을목들은 합금화가 되고 무토의 생을 받으니 소통세가 무난합니다.

임계년주 부터는 다가오는 병임특주로 적용해도 무난할 듯합니다.

병임/임계 구간 수기편중세가 매우 심합니다. 그런데, 상승세가 나온 것을 보면 수기편중세를 해결해줄 원리가 내재될 듯한데 정미월 정화가 년간임수와 합목되면서 그 여기에 임계년주까지 편중세가 완화되어 상승세가 나온 듯합니다.

병오월 병정구간 정화는 년지계수에 극 받아 합목이 어려운데 다가오는 임무년주 정미월에서의 임정합목에 의해 병오월 병정구간 계정충이 역생되어 병오월 병정구간의 정화도 합목에 성공하며 상부 수기편중세를 완화시키면서 소통세도 무난합니다. 그리고, 합목의 여기성은 병오월 병병구간까지 이어질 수 있고 수기편중세를 완화시킬 수 있습니다. 병무특주로 해석해 보아도 요지는 정미월 정임합목의 여기성에 합화를 역생시켜 소통세가 무난해 지면서 합목에 수기편중세가 완화됩니다.

핵심은 수기편중세이며 합목의 여기에 의해 수기편중세가 완화되어 총국상 균형율이 높아지는 구간입니다. *이 유사격국은 주기적으로 나옵니다.*

병임/임무 구간 임수들은 무토 위에 있어서 충극은 아니며 신금지향은 병화와 합수화가 되며 2임수와 더불어 수기편중세가 심해집니다.

정미월 정기구간 정화는 년간임수와 합목되며 수기편중세가 완화되고 소통세가 넓어집니다. 반면, 월지기토는 합목에 충극되어 불리격이 되는데 (특지무토)년지무토, 다가오는 무신월 무토와 더불어 인해전술격으로 버팀력이 커집니다. 만약, 갑목지향이였다면 기토와 합토 후 충극되니 불리세가 상대적으로 컸을 듯합니다.

무신월 무경구간 2임수와 특간병화의 합수화에 의해 수기 편중세가 심해지며 월지경금은 설기됩니다.

기유월 기신구간 수기의 편중세가 심하며 신금은 수기에 설기됩니다.

경술월. 무신월 무경구간은 월지의 경금이며 경술월 경금은 월간의 경금으로 지지 자리보다 천간자리에서 설기에 대응력이 상대적으로 높아집니다.

신해월 신임구간 3임수가 되어 수기편중세가 매우 심합니다. 그런데, 일주에서 목기가 오면 수기를 흡수하며 정화가 오면 오히려 월지임수는 합목되어 상부의 수기편중세를 완화시킵니다. 그리고, 경자월 경임구간까지 합목은 주기적으로 형성될 수 있으며 이 원리에 의해 신해월과 임자월 우상향세가 나온 듯합니다. 반면, 기유월 전후로 약세가 나온 이유는 경신금이 내재되며 수기편중세에 설기세가 되며 금기지향에게 직접적인 설기영향이기에 약세가 나온 듯합니다.

겨울국 해수-자수월 임수가 편중되어도 지수가 상승되는 경우가 적지 않은데 월주 임수가 일주의 정화와 만나면 합목이 되며 줄기체 임수와 소통되면서 줄기체 임수의 편중세가 완화되는 경향이 있습니다. 교량-다리 효과와도 유사한데 아직 검증이 좀 더 요구됩니다.

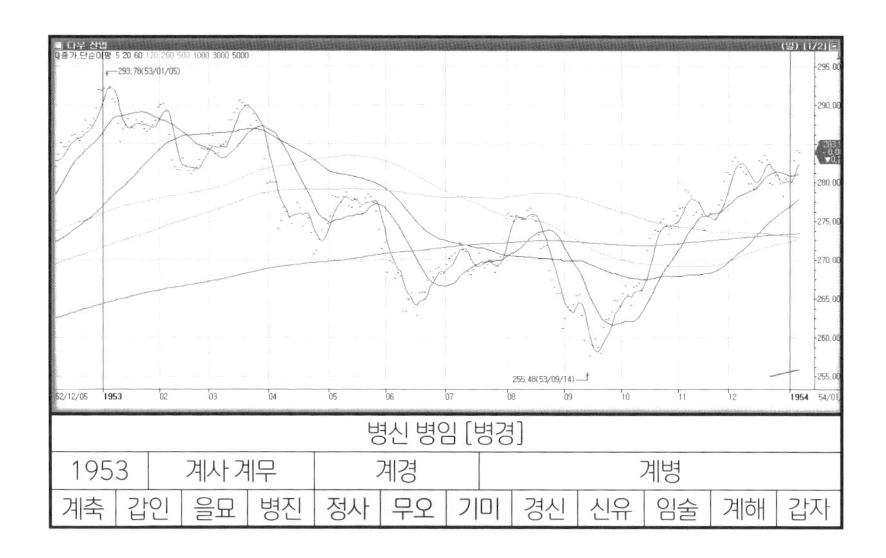

병신 병임 [병경]											
1953		계사 계무		계경			계병				
계축	갑인	을묘	병진	정사	무오	기미	경신	신유	임술	계해	갑자

특주가 병임과 병경의 접경구간입니다. 임수를 밀면서 경금이 다가오는 형세인데 병화의 합수화와 임수를 고려할 때 큰 운기가 경금지향의 설기와 인연이 됩니다. 이에 금기지향은 전반적으로 우하향이 나올 수 있는 운기입니다. 이에 년주에서 어떻게 대응하느냐에 따라 달라질 수 있는데 계무년주는 합화가 되며 특주와 조화롭지 않으며 계경년주는 경금이 보강되니 설기는 완화되는데 금기와 수기가 편중되어 묵중한 운기이며 계병년주에서는 병화의 합수화 및 년간계수가 늘어 수기편중에 경금의 설기는 커지는데 월주에서 금국 금기가 늘고 계해월-갑자월 갑목이 배치되어 수기가 완화되면서 소통세가 늘어 무난한 운기가 된 듯합니다.

병임/계무 구간 년주 합화가 임수 및 병화의 합수화에 불편해집니다.

갑인월 갑갑구간 2갑목이 계무합화 년주를 받쳐줍니다. 반면, 2갑목은 편중세로 일주와의 관계는 제한됩니다.

을묘월 을갑구간 을목은 경금지향과 합금화되며 갑목을 불편하게 하며 갑목은 계무합화를 받쳐줍니다. 을을구간 을목은 경금지향과 합금화되며 합화에 불편해지는데 합화는 수극화 되어 화극금은 제한됩니다.

병진월 병무구간 병화는 합수화된 후 무토 위에 있어서 극 받지는 않지만 조화롭지 않습니다.

병임특주 대신 병경특주로 하면 특간병화의 합수화에 합화는 여전히 불편하나 특지임수 대비 수극화는 완화됩니다.

계경년주 부터는 병임특주 대신 병경특주를 적용해도 될 듯합니다.

병경/계경 구간 2경금으로 금기편중세입니다. 특간병화는 신금지향과 합수화가 되며 금생수로 소통세는 무난합니다.

정사월 정화는 년간계수에 불편한데 정무구간에서는 계수가 합화되며 이때 정화는 무난해집니다. 반면, 정무구간 계무합화가 되며 합화는 특간병화의 합수화에 불편해집니다. 정경구간 경금이 늘어 무거워 집니다. 정병구간 월지병화도 신금지향과 합수화가 되며 수기편중세가 심해집니다.

무오월 계무합화가 되며 특간병화의 합수화에 합화는 불편해집니다. 무병구간 월지병화도 신금지향과 합수화되므로 계무합화는 좀 더 불편해지며 총국상 불리격입니다. 반면, 년지경금은 합화가 충극되니 반드시 불리하다고 보기 어렵습니다. 무기구간 수극화에다가 기토는 경금에 설기됩니다. 무정구간 정화는 일주와 합목이 되거나 일주에서 목기가 오면 합화는 버팀력이 높아집니다.

그러면, 년지경금이 화극되어 금기지향은 불편해집니다. 다행히, 다가오는 기미월 기토가 다가올수록 화생토생금 되어 금기지향은 긍정됩니다.

기미월 기토는 경금을 생해주니 금기지향은 무난합니다. 반면, 기토는 경금에 설기되나 기기구간 2기토에서는 설기가 보완되며 계경년주는 지나가고 계병년주가 오니 설기는 소멸합니다.

병경/계병 년주 신금지향은 병화들과 합수화가 되며 수기가 편중됩니다. 다행히, 임술월 임수, 계해월 속 갑목과 임수, 갑자월 갑목과 임수에서 갑목이 수기를 흡수하고 임수가 일주의 정화와 합목되면 수기편중세는 완화되면서 소통세도 무난해집니다.

월주에서 임수의 경우 일주에서 목기도 오겠지만 일주의 정화와 주기적으로 합목되면 교량-다리 효과와 유사하게 임수의 줄기가 완화되면서 목기와 소통세가 넓어집니다. 특히, 합목되면 년주의 수기까지 흡수할 수 있어서 편중세는 급격하게 완화됩니다. 그리고, 주변에 갑목과 함께하면 실효성이 크게 늘어납니다.

경신월 월간경금이 늘어 특지경금의 설기에 협조되기는 하나 수기가 너무 편중되어 금기들은 여전히 설기세입니다. 경기구간 수기편중세에 경금은 설기되며 기토 역시 경금에 설기됩니다. 경무구간 계무합화가 되며 합수화에 합화는 수극화됩니다. 경임구간 경금의 설기세는 더욱 심해집니다. 경경구간 2경금으로 수기편중세에 버팀력 늘었으나 경금이 편중되며 일주와의 관계는 제한됩니다. 또한, 다가오는 신유월 병신합수에 의해 2경금 임에도 설기세는 다시 늘어납니다.

신유월 신경구간 월간신금은 합수되며 수기 편중세가 커져 월지경금은 설기됩니다. 신신구간 2신금1병화는 순차합수되며 수기가 편중됩니다. 다가오는 임술월 임수까지 수기는 늘어나는데 오히려 지수는 상승세가 나왔습니다.

임술월 임신구간 병신합수가 되며 수기가 심한 편중세입니다. 임정구간 정화는 수극되어 합목은 쉽지 않습니다. 임무구간 계무합화가 되는데 수기들에게 시달립니다. 임수가 일주의 정화와 합목되면 상부 수기편중세가 완화되면서 소통세가 넓어집니다.

계해월. 계무구간 2계수1무토로 순차합화되며 합수화들에게 불편합니다. 계갑구간 갑목이 수기편중세를 완화시킵니다. 계임구간 수기가 편중세입니다. 임수가 일주와 합목되면 총국상 운기는 편중세가 완화되고 소통세도 무난해집니다.

갑자월 수기가 편중세이나 갑목이 조율하여 편중세는 완화되고 수생목 소통세가 됩니다.

다우지수는 임술월 중심 상승세가 시작되었습니다. 주요 원리는 다가오는 갑오년 갑병구간의 갑목을 목표점으로 수기편중세가 완화될 예정이며 계해월, 갑자월 갑목구간에서도 수기를 흡수하여 수기편중세가 완화되면서 소통세가 넓어지며 월주 임수들의 일주와의 주기적 합목에 의해 긍정율이 또 늘어나 결국 우상향이 되었으며 그 시작점이 임술월 임무구간부터로 추정됩니다. 또한, 병임-병경 특주의 임수기간이 끝나 경금의 설기가 완화된 점도 큰 요인입니다.

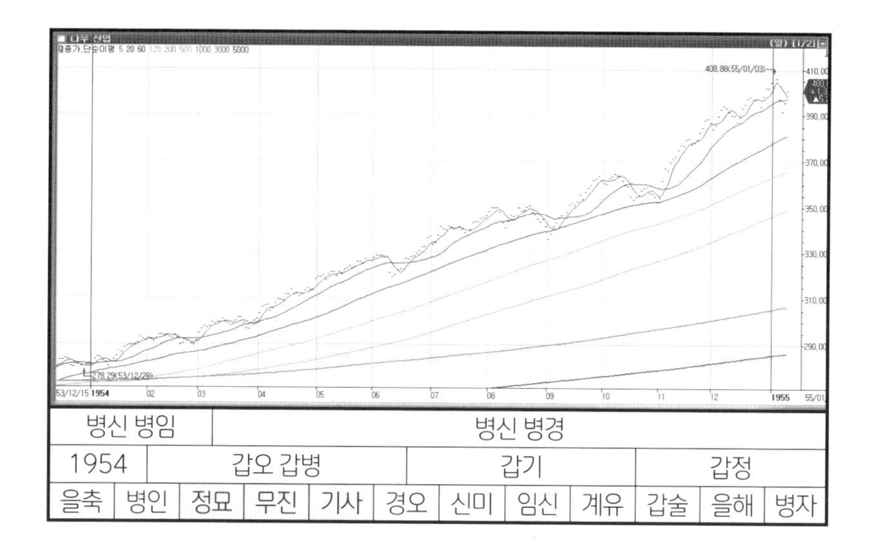

병신 병임		병신 병경									
1954	갑오 갑병					갑기			갑정		
을축	병인	정묘	무진	기사	경오	신미	임신	계유	갑술	을해	병자

년중 우상향세가 강했습니다. 병경특주가 들어서면서 병화는 신금지향과 합수화가 되며 경금이 생해줍니다. 경금지향은 경금과 동기화가 되면서 갑기년주 합토의 생을 중심부에 강하게 받으면서 우상향세가 명료해집니다. 기타, 기사월, 경오월, 신미월 갑기합토가 늘어납니다. 종합해보면 다우지수 금기지향의 요소 경금지향과 신금지향 모두 생을 받고 있습니다.

병경/갑병 구간의 경우 특간병화가 화기를 유지한다면 특지경금을 불편하게 하지만 신금지향이 병화를 합수화 시키므로 갑목이 생을 받고 경금의 불편함도 줄어들며 신금지향은 합수화로 경금의 생을 받으니 무난하게 됩니다.

병인월 병갑구간 3병화는 신금지향과 합수화가 되며 수기가 편중되는데 갑목들이 조율하니 편중세는 완화되며 소통세도 무난해집니다. 단, 신금지향은 합수화 후 목기를 지원하는 형세로 득은 적을 수 있습니다.

정묘월 정을구간 을목은 경금지향과 합금화가 되며 합수화를 생해주며 정화와는 조화롭지 않습니다.

무진월 무무구간 합수화생을 받는 년간갑목이 극하나 2무토로 버팀력 내재되며 기사월이 다가올수록 갑목은 합토화율이 높아지니 목극토는 점차 완화됩니다.

기사월 갑목이 합토된 후 경금을 받쳐주니 금기지향의 긍정율은 높아집니다.

경오월 경병구간 2경금 3합수화로 총국상 편중됩니다.

병경/갑기 구간은 합토생 경금생 합수로 소통세며 병화가 합수화가 되지 않아도 소통세입니다. 신금지향이 합수화 후 경금의 생을 받아 좋고 경금 또한 합토의 생을 받으니 좋습니다. 월주에서 순수 수기가 오면 토극되는데 임신월과 계유월 수기는 금기와 동반 되므로 역생되어 무난합니다.

경오월 경기구간 토생금생수로 소통세입니다. 토기가 금기에 약간 설기됩니다. 경정구간 정화생 합토생 경금생 합수화로 소통세입니다. 토기가 금기에 설기됩니다.

신미월 신기구간 합토의 범위가 늘었으며 토생금으로 소통세입니다.

임신월 임경구간 합토가 임수를 극하려 하나 월지경금에 의해 역생됩니다.

계유월 계신구간 토생 금생 수로 소통세입니다.

병경/갑정 구간 신금지향이 병화와 합수화 되면 경금생 합수화생 갑목생 정화로 소통세입니다. 단지, 갑목은 정화를 생함에 있어서 실효율은 낮습니다.

갑술월 갑무구간 합수화생 갑목생 정화생 무토로 소통세이나 2갑목은 정화와 실효성이 낮습니다.

을해월 을임구간 정임합목되며 갑목과 함께 특간병화의 합수화에 생을 받습니다. 월간을목은 경금지향과 합금화 된 후 합목을 불편하게 할 수 있으나 합목은 수생되고 있으며 다가오는 병자월 자수가 다가오면서 역생율이 점점 높아집니다. 합금화는 다가오는 병자월 병임구간 병화의 합수화 및 임수와 점차 소통세가 넓어집니다.

병자월 병임구간 임수는 년지정화와 합목되며 경금생 2병화의 합수생 갑목합목으로 소통세입니다. 병계구간 수생목생화로 소통세입니다.

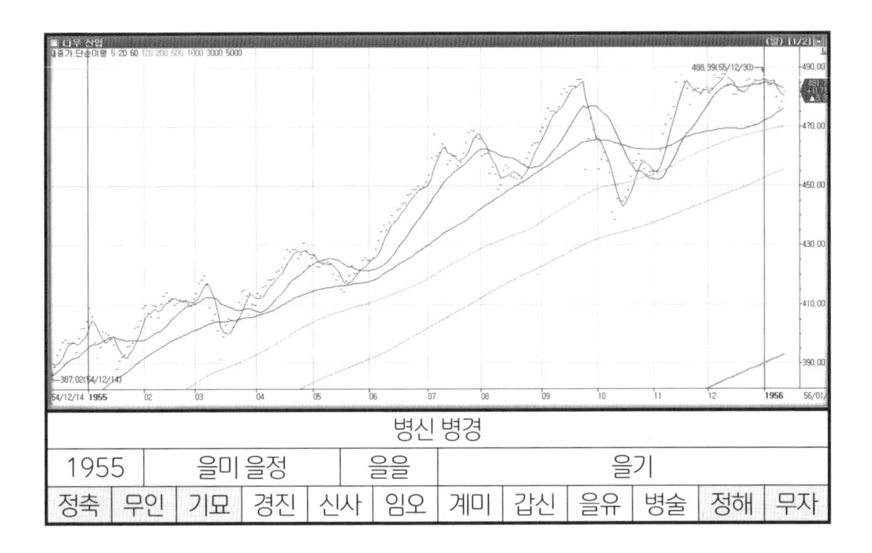

병신 병경											
1955	을미 을정			을을		을기					
정축	무인	기묘	경진	신사	임오	계미	갑신	을유	병술	정해	무자

큰 맥점의 운기는 을경합금이 되어 운기가 강조되는데 월주의 토기와 을기년주의 기토가 지속적으로 받쳐주니 경금지향에게 긍정되며 신금지향 역시 특간 병화와 합수화 된 후 합금의 생을 받으니 긍정되어 상승세가 지속된 듯합니다. 특히, 을을년주 중심으로 상승세가 강했는데 을경합금의 운기에 을기년주 기토가 다가오면서 소통세가 커지니 나온 현상인 듯합니다. 또한, 월주에 토기가 많아 합금을 생해주지만 합금의 을목과 접촉되어 소통세는 제한되며 을기년주에서는 경금과도 접촉되니 소통세가 급격히 강해집니다.

특지경금은 년주 을목과 합금이 되는데 경금지향 역시 (특지경금과 동기화가 되어) 을목과 합금화가 됩니다. 경금이 특간병화에 극 받는다면 합금이 어려운데 신금지향이 병화와 합수화가 되므로 경금과 을목의 합은 성사됩니다.

합금은 토생되어야 긍정인데 무인월 무토, 기묘월 기토, 경진월 속 무토, 신사월 속 무토, 임오월 속 기토, 계미월 속 기토와 갑신월, 병술월, 정해월, 무자월 속 토기등등 계속 내재되며 을기년주의 기토까지 지속적으로 내재되니 합금

속 경금지향의 운기는 긍정되며 신금지향도 병화와 합수화 후 합금의 생을 받으니 긍정됩니다.

을기년주 기토는 을경합금에 설기세인데 갑신월과 정해월 속 갑목과 합토되며 이외의 월주에서 토기가 지속적으로 내재되니 버팀력 내재됩니다. *을미년 합금을 받쳐주는 토기 관계는 교량, 다리 효과에도 속합니다.*

병경/을정 구간 을경합금이 되며 병화는 신금지향과 합수화가 되는데 년지정화는 수극화로 불편합니다. 다행히, 목국에서 어느 정도 받쳐주니 버팀력 내재됩니다.

무인월 무갑구간 갑목이 정화를 받쳐줍니다. 사실, 갑목은 정화를 생함에 자칫 꺼질수도 있으나 정화가 갑목 위에 있으니 무난합니다.

기묘월 기을구간 경금지향은 을목과 합금화가 되어 년지정화를 받쳐주지 못합니다. 그럼에도 다우지수는 상승세가 나왔는데 총국상은 수극화로 불리격이지만 금기지향에게는 수극화가 나쁘다고만 볼 수 없으며 수극화 이외의 전반적인 운기는 토생금으로 금기지향에게 무난하며 교량, 다리 효과가 내재됩니다.

경진월 경무구간 정화생 무토생 2합금으로 소통세이며 금기가 다소 무겁습니다.

신사월 신무구간 월간금기가 경금에서 신금으로 완화되나 다가오는 신경구간 금기가 다시 늘어나니 설기세도 점차 늘어납니다.

병경/을을 구간 2을목 1경금으로 순차합금되며 경금지향은 2을목과 모두 합금화가 됩니다.

신사월 신병구간 합수되며 합금이나 합금화의 생을 받아 무난합니다.

임오월 임병구간 수극화이나 신금지향은 월지병화와 합수화되며 임수와 더불어 2을목 합금화의 생을 받습니다. 임기구간 기토는 합금 및 합금화에 설기됩니다. 그런데, 다가오는 을기년주 기토에 의해 설기세는 점차 완화됩니다. 임정구간 합목은 상부 합금이나 합금화에 불편한데 을목과 접촉된 금극목이라 버팀력은 내재될 듯합니다. 또한, 다가오는 계미월 계수가 다가올수록 역생율은 높아집니다.

병경/을기 구간 토생 합금생 합수화로 소통세이나 기토는 합금에 설기세입니다. 월주에서 토기가 보강되면 긍정될 듯합니다.

계미월 계기구간 기토가 년지기토를 보강해 줍니다.

갑신월 갑경구간 경금이 늘었으나 년지기토는 월간갑목과 합토되니 기토의 설기도 보완됩니다.

을유월 을경구간 을경합금이 되며 총국상 금기편중세이며 년지기토는 설기됩니다. 을신구간 을목은 경금지향과 합금화가 되며 금기편중세이며 토기는 설기됩니다.

병술월 병무구간 월지무토가 년지기토의 설기에 협조됩니다. 기토와 무토는 서로 무기충 관계이지만 경금이 오면 모두 경금을 향합니다. 또한, 월간병화는 신금지향과 합수화가 되면 합금의 생을 받아 무난합니다. *을신구간부터 병신구간까지 하락세가 나왔는데 추정으로 을유월 금기편중세에 토기설기로 약세되며 병신구간 병신합수는 편중세로 일주와의 관계가 제한됩니다. 특히, 주식시간대는 사오미 화국으로 수극화도 인연됩니다. 이에 격국 주변에 목기가 내재되면 역생되나 금기가 수기를 부추기고 있습니다.*

정해월. . 정무구간 무토가 합금을 생해주니 년지기토의 설기는 제한되며 합금은 강화됩니다. 정갑구간 갑목은 년지기토와 합토되어 년지기토의 설기를 받쳐주며 교량, 다리 효과를 강화시켜 줍니다. *병무-정무-정갑구간 년지기토의 설기를 보강해주는 구간으로 다시 상승세가 나왔습니다.* 정임구간 합목이 되며 상부 합금에 다소 불편합니다. 만약, 접촉이 을목이 아닌 경금이였다면 충극은 좀 더 컸을 듯합니다. 또한, 다가오는 무자월 자수에 의해 금극목은 점차 역생됩니다. 반면, 무자월 무토는 합목에 다가갈 때 여기만큼 불편해집니다. 다행히, 합목이 을목격이며 합목은 2목격이지만 월간목기에만 월간 무토가 극 받으므로 기토와 더불어 불편함은 제한적입니다.

무자월 무토는 상부 합금을 지원해줍니다. 임수는 상부 합금에 보호 받으며 계수는 합화되며 기토와 소통됩니다. 반면, 합화는 편중세로 일주와의 관계는 제한적입니다.

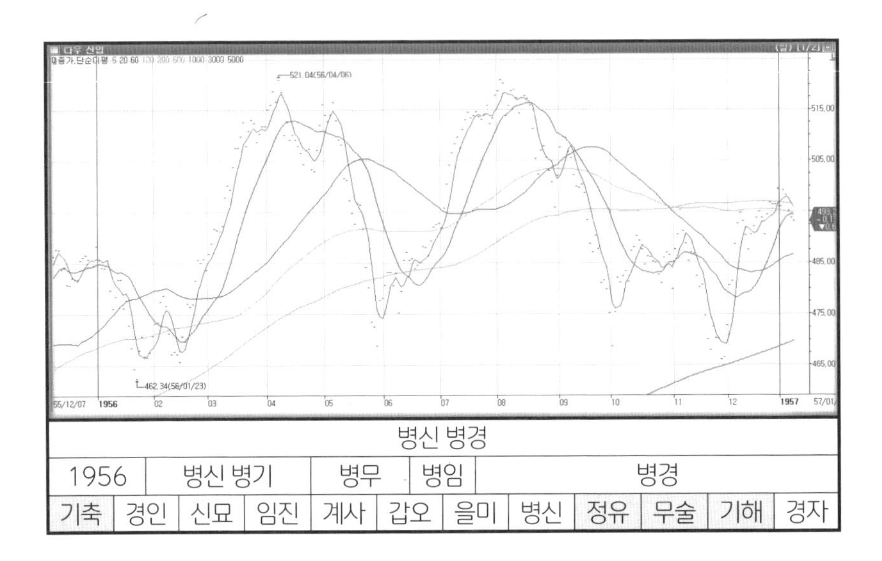

병신 병경											
1956	병신 병기			병무		병임	병경				
기축	경인	신묘	임진	계사	갑오	을미	병신	정유	무술	기해	경자

금기지향 속 신금지향은 2병화와 2합수화가 되며 수기 편중세가 됩니다. 이에 경금이 생해주니 소통세는 무난하지만 경금은 설기세가 내재됩니다. 또한, 병경년주는 경금이 늘어 설기세는 완화되며 소통세도 무난하지만 수기와 금기의 단조로운 편중세입니다. 이에 토기가 내재되면 소통세가 늘어날 듯합니다.

병경/병기 구간 신금지향이 병화들과 합수화되며 토생금생합수로 소통세가 되나 경금이 합수들에 설기되며 년지기토 역시 특지경금에 설기됩니다.

경인월 경금이 늘어 특지경금의 설기를 보완해 줍니다. 경갑구간 갑목이 년지기토와 합토되니 년지기토의 설기를 보완해 줍니다. 다가오는 신묘월 병신합수는 다가올수록 경인월 경금과 소통됩니다.

신묘월 병신합수가 되며 특간병화의 합수화와 함께 수기편중세입니다. 신갑구간 갑기합토로 년지기토의 설기를 보완해 주며 특지경금을 받쳐줍니다. 신을구간 을목은 경금지향과 합금화가 되며 금기를 보완하며 편중된 수기와 소통됩니다.

임진월 임무구간 2병화의 합수화와 임수는 수기 편중세입니다. 또한, 무토 위 임수와 병화의 합수화로 수기가 토극되지는 않지만 조화롭지 않습니다.

병경/병무 구간 계사월주 계수와 년지무토가 합화된 후 병화의 합수화에 수극화가 내재되니 총국상 조화롭지 않습니다. 갑오월 갑목이 다가올수록 역생율이 높아집니다. 가장 큰 맥점은 수기 편중세에 경금의 설기가 늘어나고 수극화 불리격도 내재되어 운기가 혼란스러운 구간입니다. 수극화가 금기지향에게 반드시 불리하다고 할 수는 없지만 수극화 불리격이 큰 영역을 차지하고 있고 이외의 구간이 금기지향에게 긍정의 운기라 할 수 없기에 약세가 나온 듯합니다. 또한, 신금지향의 합수화를 적용하지 않을 때 2병화와 계무합화의 화기편중세로 금기지향에게 불편한 운기입니다.

병경/병임 구간 수기가 많은데 갑오월 갑목에 의해 수기편중세가 완화되면서 소통세가 넓어지며 갑정구간은 정화와 임수의 합목에 수기편중세가 더욱 완화되면서 소통세도 넓어집니다. 을미월 을정구간까지는 병임년주에 속할 수 있는데 합목이 유지되며 무거운 수기가 완화 소통되니 역시 무난합니다. 맥점은 수기가 많은데 갑목의 등장에 수기편중세가 완화되며 소통세가 넓어지고 임정합목까지 인연되면서 수기 편중세가 더욱 완화되고 있습니다.

병경/병경 구간은 2병화의 합수화와 2경금으로 소통되기는 하나 단조롭고 무거운 금생수 편중세입니다. 월주에서 어떻게 보강되는냐에 따라 하락세가 멈추고 보합세를 유지합니다.

을미월 을기구간 을경합금되며 기토생 합금생 합수화로 소통세는 넓으나 기토는 금기에 설기됩니다. 다우지수는 상승세가 둔화되고 횡보적 운기가 나왔는데 사실 하락세가 적절하나 상승중 약세임을 감안하여 횡보한 듯합니다.

병신월 병기-병무-병임구간은 3병화의 합수화와 임수에 의해 수기편중세이며 2경금이 설기세로 다소 약세가 나왔습니다. 병경구간은 3병화 3경금으로 역시 편중되어 조화롭지 않으나 다행히 경금이 병화의 합수화에 설기가 심하지 않아 잘 버틴 듯합니다.

정유월 정화는 년간병화의 합수화에 불편해집니다. 수극화가 되어도 이외격국이 금기지향에게 긍정되면 하락하지 않고 상승도 가능할 수 있으나 수기와 금기의 편중세로 무거운 형세입니다.

무술월 무무구간은 무토 편중세로 일주와의 관계는 제한적입니다. 반면, 경금과 소통되니 상부 단조로움에 조금이나마 긍정됩니다.

기해월 기무-기갑구간 토기가 상부 경금과 소통되어 무난합니다. 단지, 상부 2병화의 합수화와 2경금의 편중세로 무겁습니다. 기임구간 임수가 늘어 수기 편중세가 심해지고 경금은 설기세입니다. 다가오는 경자월 경금이 늘어 점차 수기와 소통되고 금기의 설기는 보강됩니다.

경자월 경임구간 금생수로 소통세이나 금기와 수기의 편중세입니다. 경계구간 편중된 수기가 임수에서 계수로 상대적으로 완화됩니다.

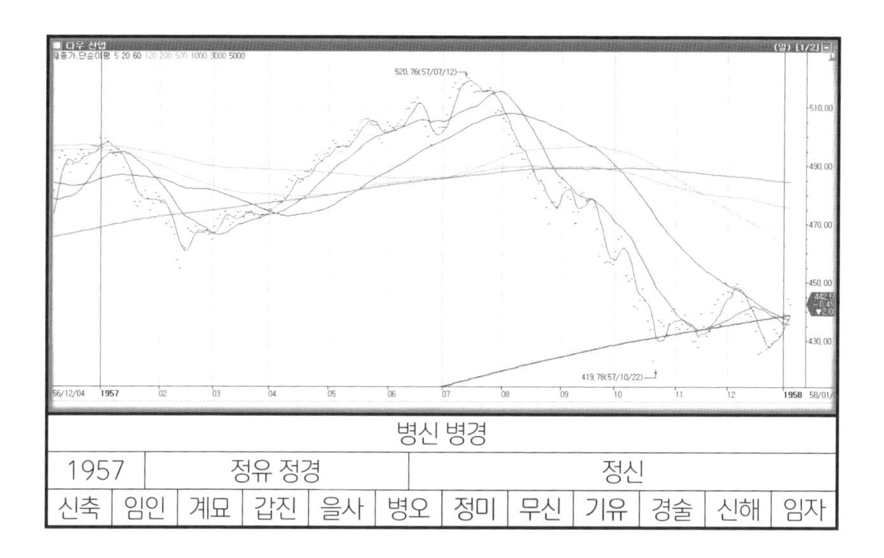

병신 병경											
1957	정유 정경					정신					
신축	임인	계묘	갑진	을사	병오	정미	무신	기유	경술	신해	임자

병경/정경 구간 신금지향은 특간병화와 합수화되며 2경금의 생을 받아 소통세이나 년간정화는 수극화됩니다. 이에 월주 봉국에서 갑목이 정화를 받쳐주니 정화는 역전의 용사격으로 버팀력 내재되며 정화가 생존해도 년지경금은 크게 불편하지 않습니다. 2경금은 무거워지는 편중세입니다. 그런데, 편중된 2경금이 수기를 생하게 되면 일을 하여 다이어트 효과에 편중세가 완화될 수 있는데 특간병화가 합수화되어 2경금이 생하게 되어 경금 편중세가 완화됩니다.

병경/정신 구간은 기본적으로 정화가 신금을 극하니 병신합수는 쉽지 않습니다. 병신합수에 년간정화가 수극화 될 듯 하지만 정화가 먼저 신금을 극하면 합수는 어렵습니다. 그런데, 신금지향은 특간병화와 합수화가 되며 그러면 년간정화는 불안정해지기에 병신합수는 간헐적으로 가능할 수 있습니다. 그런데, 다음년도 무신구간은 특간병화와 병신합수가 되며 병경특주의 병화는 합수가 되어 6개월 정도 여기될 수 있으며 이 때는 년간정화는 수극화가 심화 되어 결국 정신구간 병신합수는 성립되고 년간정화는 수극화되며 특주나 년주처럼 큰 주기의 불리세는 총국상 큰 불안정에 해당됩니다. 또한, 특지경금은 합수에 약간 설기되며 정경년주에 비해 상대적으로 설기세는 좀 더 커집니다. *많은 격국들을 분석해보면 금기지향에게 수극화가 반드시 불편한 것만은 아닌데 수극화임에도 하락하지 않은 경우는 수극화 되는 운기보다 더 넓은 이외의 격국이 금기지향에게 긍정이 되었을 때 입니다. 그런데, 이번의 경우는 년간정화가 충극되며 이외의 구간도 긍정이지 못하니 약세가 나온 듯합니다.*

또한, 정신년주의 수극화는 월주에서 목기가 받쳐주면 년간정화는 버팀력이 높아지는데 목기가 매우 부족합니다. 그리고, 년간정화가 생존하면 년지신금이 불편할 수 있습니다.

병경/정경 구간

임인월 특간병화가 합수화 되어 년간정화가 불편해지니 월간임수와의 합목은 제한 됩니다. 만약, 합수화가 아닌 합수였다면 합목율은 더 낮았을 것입니다. 임갑구간 갑목은 년지경금에 금극목 되는데 합목되지 않았을 때의 임수나 다가오는 계묘월 계수에 의해 역생율은 점점 높아집니다. 또한, 갑목이 년간정화를 실효성있게 생해주진 못하지만 수극화된 정화를 받쳐줍니다.

계묘월 계갑구간 갑목이 정화를 실효적으로 생하지는 못지만 수극화된 정화를 받쳐줍니다. 계을구간 을목은 년지경금과 합금되며 수기를 부추깁니다.

갑진월 갑무구간 갑목이 년간정화를 받쳐주며 갑목생 정화생 무토생 경금으로 소통세이며 무토가 경금을 생하니 금기지향에게 긍정됩니다.

을사월 을무구간 을경합금되며 무토가 생해주니 금기지향에게 긍정됩니다.

을경구간 합금되며 금기가 무거운 편중세입니다. 을병구간 을경합금되면 상하 병화들은 신금지향에 의해 합수화되며 합금의 생을 받습니다. 소통세이나 금기와 수기가 편중되며 년간정화는 수극화로 총국상 불리격입니다.

병오월 병병구간 합수화가 늘어나며 금기에 생을 받아 소통세이나 금기와 수기가 편중세로 수극화 년간정화와 더불어 조화롭지 않습니다.

병경/정신 구간. . 년간정화는 수극화 불리격이며 특지경금생 합수는 소통세이나 금기가 줄었고 수기가 늘어 특지경금이 설기됩니다.

병오월 병기구간 합수가 늘어나며 기토 위의 합수는 조화롭지 않습니다. 특히, 정경년주와 정신년주의 접경구간 주변으로 2경금에서 1경금으로 줄어들면서 수기는 늘어나니 상대성에 의해 경금의 설기는 늘어납니다. 병정구간 합수가 늘고 년간정화와 더불어 월지정화도 수극화 됩니다.

정미월 정기구간 기토는 상부 합수와 조화롭지 않습니다.

무신월. 무기-무무-무임구간 상부 합수 극 정화와 조화롭지 않습니다. 년간정화는 수극화에 월주토기에 설기까지 됩니다. 무경구간 월지경금이 특지경금의 설기에 협조합니다. 그러나, 수기와 금기의 편중세로 상승세는 아닌 듯하며 하락세를 멈추는 보합세 정도 되는 듯합니다.

기유월 기경, 기신구간 년간정화는 수극화되며 금기도 무거워지며 수극화를 부추깁니다. 당장은 기경에서 기신으로 금기가 다소 완화되었지만 다가오는 경술월 경신금까지 고려해 보면 금기도 무거워지는 구간입니다. 특지경금의 합수에 대한 설기세는 월주의 금기들에 의해 보강되고 있지만 총국상 수기와 금기의 편중세로 무거워 집니다.

경술월 경무구간 년간정화는 수극화되며 금기와 수기 편중세입니다.

신해월 신임구간 년간정화는 수극화로 월지임수와의 합목은 어려우며 월지임수가 일주와 합목되면 상부의 합수를 조율하여 년간정화의 버팀력은 늘어나지만 비율은 많지 않습니다.

임자월 년간정화가 수극되어 월주 임수와 합목은 어려우며 월주임수가 일주정화와 합목되면 상부 합수를 조율하여 년간정화는 수극화에 버팀력이 높아지지만 합목의 비율이 많지 않습니다. 신해월 신임구간 년간정화는 수극화로 월지임수와의 합목은 어려우며 월지임수가 일주와 합목되면 상부의 합수를 조율하여 년간정화의 버팀력은 늘어납니다.

임자월 년간정화가 수극되어 월주 임수와 합목은 어려우며 월주임수가 일주 정화와 합목되면 상부 합수를 조율하여 년간정화는 수극화에 버팀력이 높아집니다.

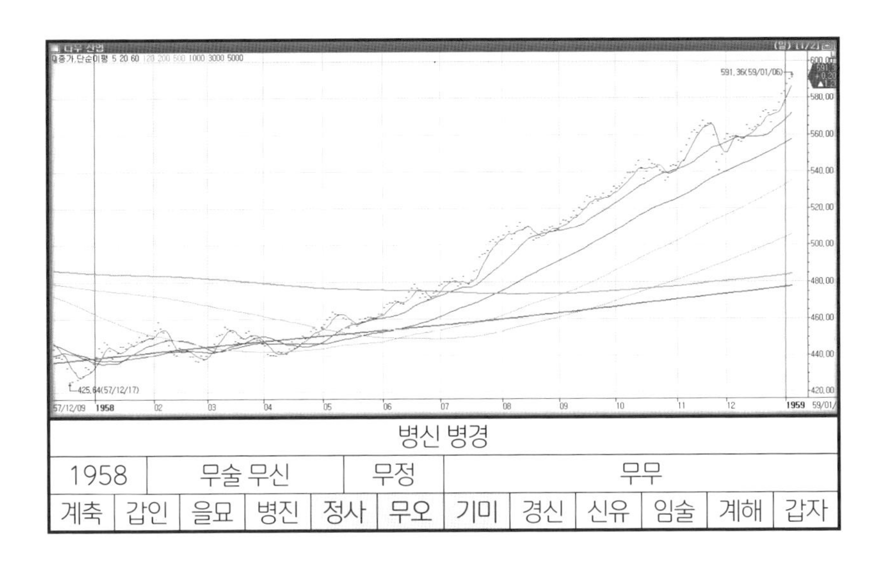

병신 병경											
1958	무술 무신			무정		무무					
계축	갑인	을묘	병진	정사	무오	기미	경신	신유	임술	계해	갑자

병화생 무토생 경신금으로 화생토 소통세가 좋고 특간병화는 신금지향과 합수화되어 무토생 경금생 합수화가 되며 역시 소통세가 좋습니다. 지수의 관점으로 금기지향이 상승하기 위해서는 여러 유형이 있지만 대표적으로 신금지향이 합수화 된 후 경금생되며 동시에 경금지향이 토생되었을 때입니다. 또한, 기토보다는 합토, 합토 보다는 무토가 실효적 소통이 강합니다. 올해는 무토생 경금생 합수화로 소통세가 명료합니다.

또한, 상부 큰 주기에서 운기가 명료하게 긍정되면 하부의 주기에서 불리격이 와도 지수의 관점으로 약세는 제한됩니다. 만약, 하부의 주기가 상부의 주기와 합으로 변화 되면서 충극등으로 불리격이 되면 이 때는 크게 약세가 올 수 있습니다.

병경/무신 구간 무토생 경금생 합수로 소통세이며 월주의 봄국 목기와도 무난한 운기입니다.

갑인월 갑갑구간 상부 합수에 생을 받아 소통세지만 2갑목은 편중세로 일주와의 관계는 제한되며 일주의 무토는 불편해집니다.

을묘월 을을구간 경금지향과 합금화가 되며 상부 무토와 소통되나 2합금화는 편중격이며 일주와의 관계는 제한적입니다.

병진월 병무구간 2병화1신금으로 순차 병신합수가 되며 신금지향과는 2합수화가 됩니다. 수기는 월지무토 위에 있어서 월지무토에는 극 받지 않으며 년간무토에는 불편할 수 있으나 특지경금에 의해 역생됩니다.

병경/무정 구간. 특간병화는 합수화되며 정화생 무토생 경금생 합수화로 소통세지만 정화는 합수화에 수극화되는 아차격입니다. 다행히, 수극화 적용기간이 짧아 대세의 긍정운기에 불리영향은 미미한 듯합니다.

정사월 정병구간 년지정화는 특간병화의 합수화에 불편하나 큰 흐름은 무토생 경금생 합수화로 금기지향에게는 무난합니다. 또한, 월간정화가 일주와 간혹 합목되면 이때는 년지정화를 받쳐줍니다.

무오월 년지정화는 특간병화의 합수화에 불편하나 큰 흐름은 무토생 경금생 합수화로 금기지향에게 무난합니다. 무병구간 2무토와 2병화는 편중세이며 월지병화의 합수화는 무토에 다소 불편합니다. 무기구간 토기가 늘었으나 금기지향에게는 무난합니다. 무정구간 정화가 무토에 설기되지만 년지정화의 수극화를 함께하려 합니다.

병경/무무 구간. 화생토생금으로 소통세이며 신금지향은 병화와 합수화되므로 토생금생합수화가 되며 역시 소통세입니다. 대비점으로 무무토는 편중격으로 월주와의 관계는 제한적입니다. 또한, 토기 편중세에 약간 무거울 수 있으나 금기지향에서는 어느 정도의 토기 여유는 상대적 무거움이 제한적일 듯하며 특지경금과 월주에서의 금기를 생하니 다이어트 효과로 편중의 무거움은 완화됩니다.

다이어트 효과란 편중된 요소들이 생을 하려 하면 무거운 편중세가 완화되는 효과를 말합니다.

또한, 월주에서 1계수를 만나면 년주의 1무토가 합화되며 2무토중 1무토 합화면 대기 1무토와 화생토로 소통되니 긍정율이 높아질 수 있습니다.

무무년주 아래 월주에서 불편한 곳은 순수 수기로 임술월 임무구간 임수가 토극됩니다. 다행히, 2무토는 특지경금을 향하니 토극수는 제한적이 됩니다. 오히려 임술월 임무구간 무토까지 3무토가 되면 편중세가 다시 커져 무거워질 수 있는데 다행히 다가오는 계해월 계수에 의해 합화율이 인연되니 무거움도 계수가 다가올수록 제한적이 됩니다.

기미월 기기구간 토기가 편중되나 경신월 경금이 다가올수록 소통세가 좋아집니다.

경신월 경경구간 무무년주의 토기편중세를 완화시켜 줍니다. 반면, 경금편중세에 일주와의 관계는 제한됩니다.

신유월 신신구간 무무년주의 토기편중세를 완화시켜 줍니다. 반면, 신금편중세로 일주와의 관계는 제한됩니다. 다가오는 임술월 임수가 다가옴에 소통세가 좋아집니다.

임술월 임무구간 임수는 년간무토에 불편하며 토기들과 조화롭지 않습니다. 다행히, 토기들은 특지경금을 향하며 다가오는 계해월 계수에 의해 점차 순차 합화되려 하니 토극수는 제한될 수 있습니다.

계해월 계무구간 순차 합화가 되며 대기무토와 합화는 소통됩니다. 이 때 특간 병화의 합수화가 합화를 극할 수 있으나 다가오는 갑목들이 주기적으로 받쳐 주니 점차 역생소통율이 높아집니다. 계갑구간 갑목생 합화생 대기무토생 경금으로 소통세가 넓어집니다. 계임구간 임수는 대기무토에 불편할 수 있으나 무토는 특지경금을 향하니 무토극임수는 제한됩니다.

갑자월 갑계구간 계수는 무무토년주와 순차합화되며 특간병화의 합수화가 합화를 수극화하며 갑목은 합화를 받쳐주어 역전의 용사격이 됩니다. 종합해 보면 계해월과 갑자월 합화를 갑목들이 주기적으로 교량-다리 역할로 받쳐주고 있으며 갑목생 합화생 대기무토생 경금생 합수화로 소통세가 넓어집니다.

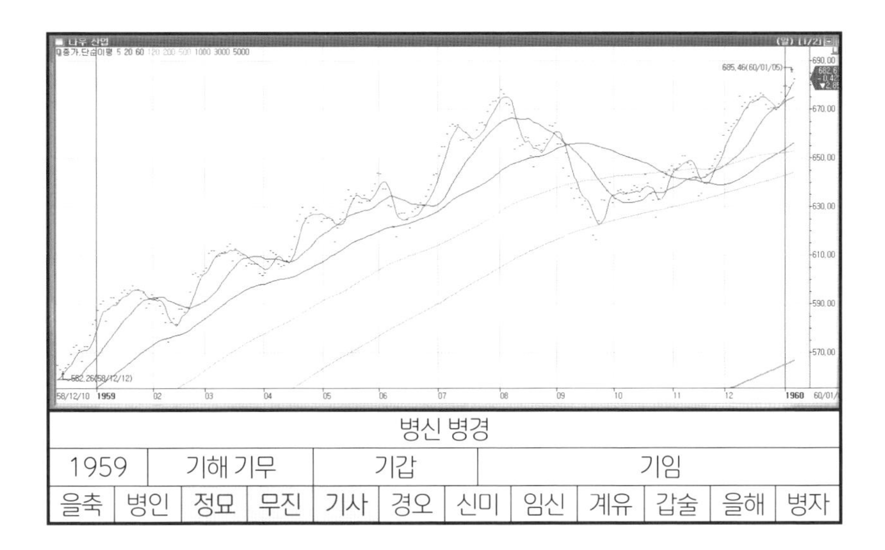

병신 병경											
1959	기해 기무			기갑			기임				
을축	병인	정묘	무진	기사	경오	신미	임신	계유	갑술	을해	병자

병화생 토생 경금으로 소통세가 좋으며 신금지향에서의 합수화로 적용해도 토생 경금생 합수화로 소통세가 좋습니다. 세밀 관점으로 경금은 무토의 생이 적절하며 기갑합토가 무토보다는 약하지만 기토보다는 강하게 경금을 생해주는 듯합니다. 또한, 무토는 합화가 되면 오히려 금기를 불편하게 하지만 기토는 변하지 않아 안정되게 토생금이 될 수 있습니다.

병경/기무 구간 일반격국은 화생토생금으로 소통세이며 신금지향의 병화와 합수화로 재분석해보면 토생금생합수로 역시 소통세입니다.

병인월 병갑구간 기갑합토가 되며 병화생 토생 금으로 소통세가 넓어집니다. 신금지향과 합수화시 토생금생수로 소통세이나 월간병화의 합수화는 합토에 불편할 수 있으며 다행히, 토기들은 특지경금을 향하니 토극수는 제한됩니다. 다우지수는 상승세가 강했는데 특주와 년주의 관계에 의한 영향력이 우선된 듯합니다.

정묘월 정을구간 경금지향은 을목과 합금화가 되며 토생되며 소통세가 무난합니다. 월간정화는 상부토기들과 다가오는 무진월 무토에 설기세가 점차 커집니다.

무진월 무을구간 을목은 합금화되며 토생금 소통세가 무난합니다. 무계구간은 합화가 되니 잠시 토기편중세가 완화되고 화생토로 소통세가 넓어집니다. 사실, 월지계수는 년간기토에 토극수 되어 합화가 쉽지 않지만 기토는 특지경금을 향하여 간헐적으로 합화율이 성사됩니다. 또한, 무을구간 접경구간 주변은 을목의 합금화에 합화율이 높아집니다. 무무구간 토기 편중세입니다.

병경/기갑 구간 일반격국은 갑목이 경금에 극 받아 합토는 어렵고 이에 불안정운기가 인연됩니다. 그러나, 신금지향은 특간병화와 합수화 되어 갑목은 합토가 가능해지고 경금을 생하고 경금은 합수화를 생하니 소통세가 좋습니다. 신금지향은 합수화된 후 경금에 생을 받아 좋고 경금지향은 경금과 동기화후 합토의 생을 받으니 긍정됩니다. 특히, 기갑합토로 토기가 보강되는데 기사월 기토와 경오월 기토와 신미월 기토가 연속하여 합토를 추가로 보강하니 다우지수는 중심부가 불쑥 올라온 듯합니다. 그러면서, 다가오는 기임년주에서는 토기 보강이 상대적으로 약해지니 약세가 나온 듯합니다.

기사월 기병구간 합토되며 상부 토생금 운기는 강화됩니다. 반면, 월지병화는 신금지향과 합수화된 후 토극수 되는데 토기는 특지경금을 향하며 다가오는 경오월 경금이 다가올수록 토극수는 역생됩니다.

경오월 경금이 늘어나니 금기가 무거워지려 하며 기갑년주 합토는 상대적으로 설기되며 다우지수는 경오월 초반 잠시 밀린 듯합니다. 경병구간 병화는 신금지향과 합수화되며 합토생 경금생 합수로 소통세가 무난합니다. 경기구간 기토가 늘어나며 토생금 운기로 금기지향은 무난합니다. 경정구간 화생토생금으로 소통세이나 정화가 일주와 합목되면 금극목됩니다.

신미월 신기구간 합토가 보강됩니다.

기갑년주 경오월에서 기임년주 접경구간 까지 경금이 늘어 토기가 다소 설기되려 하는데 월주에서 토기도 같이 늘어나며 다가오는 기임년주의 임수를 금기들이 생하려 하므로 다이어트 효과에 금기편중세가 점차 완화되어 점진적 상승세가 나온 듯합니다.

병경/기임 구간 토생금생수로 소통세이나 경금이 병화의 합수화와 임수에 설기되며 기토는 경금에 설기됩니다. 월주에서 금기가 오면 금기 설기세는 완화되나 년간기토의 설기는 심해지는데 가을국 금기가 인연됩니다. 반면, 갑술월 갑목이 년간기토와 합토되어 설기를 보강시키면 총국도 좋아지고 금기지향도 무난해집니다.

임신월 수기금기 편중세이며 임경구간 기토는 금기에 설기되며 월지경금은 수기에 설기됩니다.

계유월 수기금기 편중세이며 계경구간 년간기토는 금기에 설기됩니다. 계신구간 년간기토는 금기에 설기되나 월지경금에서 월지신금으로 상대적으로 설기는 완화됩니다.

갑술월 갑무구간 갑목이 년간기토와 합토되며 월지무토와 더불어 토기는 보강됩니다.

을해월 을임구간 수기가 편중되며 경금지향은 을목과 합금화되어 금기도 편중되며 년간기토는 금기에 설기됩니다. 합금화는 다가오는 병자월 수기와도 소통되지만 설기 됩니다. 다행히, 임수가 일주의 정화와 합목되면 수기편중세가 완화되고 소통세가 넓어져 상대적으로 긍정율이 높아집니다.

병자월 병화의 합수화와 임계수에 수기가 편중됩니다. 다행히, 임수가 일주의 정화와 합목되면 수기편중세가 완화되고 소통세가 넓어지며 다가오는 정축월 정화와 년지임수와 합목되며 합목의 여기성에 병자월 수기편중세는 점차 완화됩니다. 또한, 병계구간 임수에서 계수로 수기편중세는 좀 더 완화됩니다.

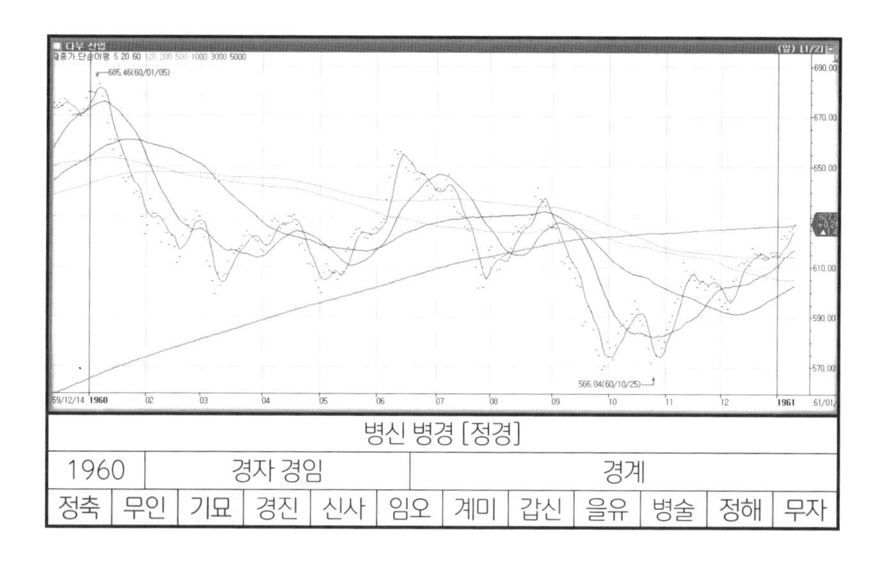

병신 병경 [정경]											
1960	경자 경임					경계					
정축	무인	기묘	경진	신사	임오	계미	갑신	을유	병술	정해	무자

특주는 병경특주를 밀어내고 정경특주가 다가오는 형세입니다. 그런데, 신금지향에서는 병화가 합수화되므로 특간정화는 다가오면서 수극화되며 년주에서 목기가 받쳐주면 역생되는데 목기가 부족합니다. 경임특주의 임수가 다가오는 특간정화와 잠시 합목이 되면 수극화는 일시적으로 역생되지만 정화가 수극화 상태면 합목이 어렵습니다. 다행히, 합수가 아닌 합수화이기에 간헐적으로 합목은 가능할 듯 하며 이 간헐적 합목으로도 불편함을 제한할 듯합니다. 경임년주는 병경특주로 경계년주는 정경특주로 적용해 봅니다.

병경/기임/정축 구간
월간정화는 년지임수와 합목되며 합수화생 되며 축토를 극합니다.

병경/경임 구간 금기와 수기가 무겁습니다. 2경금에 금기 편중세이며 임수와 병화의 합수화에 수기도 편중세입니다. 다행히, 금생수로 소통세여서 무거움은 제한되며 월주에서 토기가 오면 소통세가 넓어져 무거움이 좀 더 완화됩니다.

무인월 무갑구간 무토생 금생수생 갑목으로 소통세입니다.

기묘월 기갑구간 합토생 금생 수로 소통세입니다. 기을구간 을경합금되며 기토생 금생 수로 소통세입니다. 그러나, 금기편중세이며 기토는 설기세인데 기토가 월간이 아닌 월지였다면 하락세가 컸을 듯합니다.

경진월 3경금으로 무거운 편중세입니다. 경무구간 무토생 경금생 수기로 소통세이나 역시 금기 편중세로 무겁습니다.

신사월. 신무구간 월간경금에서 월간신금으로 금기편중세가 상대적으로 완화되었으며 월지무토와 소통세가 무난합니다. 신경구간 다시 금기 편중세로 무거워집니다. 그러나, 다가오는 신병구간 합수와 소통되며 다이어트 효과에 금기편중세는 상대적으로 점차 완화됩니다. 신병구간 합수되며 수기도 편중됩니다. 경임년주 임수가 다가오는 정경특주와 간헐적 합목되면 수기편중세는 완화됩니다.

임오월 임병구간 신금지향은 병화와 합수화 하여 수기가 편중됩니다. 임오월은 경임년주와 경계년주의 접경구간으로 수기가 상대적으로 완화되며 경임년주 임수가 다가오는 정경특주 정화와 간헐적으로 합목이 되면 편중된 수기가 조금이라도 완화되고 금생 수생 목으로 소통세도 넓어져 신사월 신병구간과 더불어 잠시 긍정된 듯합니다. 또한, 월간 임수도 일주와 주기적으로 합목됩니다.

정경/경계 구간 수기는 완화되었으나 2경금으로 금기는 여전히 무겁습니다.

임오월 임기구간 소통세이나 월지기토는 설기세입니다. 임정구간 계수극정화로 임정합목은 쉽지 않습니다.

계미월 계정구간 정화는 년지계수에 충극됩니다. 계을구간 을경합금되며 금생수 소통세이나 금기 편중세로 무겁습니다. 계기구간 소통세이나 기토가 금기에 설기세입니다. 다행히, 다가오는 갑신월 갑목이 다가올수록 합토되려 하니 설기세는 접경구간에 가까울수록 완화됩니다.

갑신월 갑기구간 갑기합토 되며 합토생 경금생 수기로 소통세가 무난합니다. 갑무구간 갑목이 무토를 극하니 계무합화는 쉽지 않을 수 있고 무토는 금기지향에게 무난한 요소입니다. 갑임구간 금생수생목으로 무난합니다. 갑경구간 3경금으로 금기편중세가 심해집니다.

을유월 을경구간 금기편중세가 심합니다. 을신구간 경금에서 신금으로 편중세가 완화되나 을목의 합금화등 아직 금기 편중세입니다. 다가오는 병술월 병신합수가 다가올수록 경금은 일을 하려 하니 금기편중세는 다이어트 효과에 점차 완화됩니다.

병술월 병무구간 무토는 년지계수와 합화되며 월간병화의 합수화에 불편해집니다.

정해월 정갑구간 경금생 계수생 갑목생 정화로 소통세입니다. 정임구간 합목되며 금생수생목으로 무난합니다.

무자월 무임, 무계구간 모두 무계합화되며 금기는 합화 위에 있어서 무난하며 합화는 자수 위에 있어서 충극되지 않으나 조화롭지 않습니다. 다가오는 기축월 기토와 합화는 점차 소통됩니다.

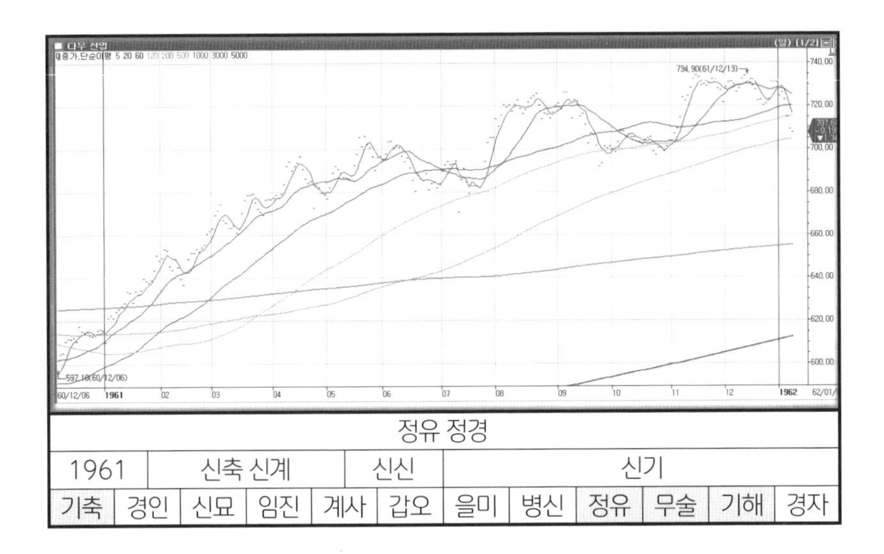

정유 정경											
1961	신축 신계			신신		신기					
기축	경인	신묘	임진	계사	갑오	을미	병신	정유	무술	기해	경자

금기지향은 토생금 되어야 긍정인데 기토가 내재된 신기년주는 보합세였으며 토기가 없는 신계년주에서 상승세가 나왔습니다. 좀 더 자세히 살펴보면 기축월과 경인월과 신묘월에서 연속 상승하였고 이외의 구간은 전반적으로 횡보세를 보이고 있습니다.

정경/경계/기축 구간 년간경금이 년간신금으로 금기 편중세가 완화되려는 분기점이며 기축월 기기구간 토생 금생수로 소통세가 무난하며 금기가 토생되니 금기지향에게 긍정됩니다.

정경/신계 구간 신경금 생 계수는 소통세지만 정화가 신경금을 극하는 운기는 조화롭지 않습니다. 다행히, 1음화가 여러 금기를 극하는 형세이니 인해전술격으로 금기들의 버팀력은 내재됩니다. 또한, 금기는 신경금으로 다소 무거워지려 하나 년지계수를 생하고 있기에 소통세가 넓어지며 다이어트 효과에 편중세는 다소 완화됩니다.

경인월 경갑구간은 신경금이 갑목을 극하려는데 년지 계수에 의해 역생소통됩니다.

신묘월. 신갑구간 금생 계수생 갑목으로 소통세가 넓어집니다. 신을구간 계수에 의해 신극을이 역생됩니다. 을목은 경금지향과 합금화가 되며 금기가 많은 편중세가 됩니다. 다행히, 다가오는 임진월 임수가 다가올수록 금기가 생하려하기에 다이어트 효과로 금기 편중세는 완화되며 소통세는 늘어납니다.

임진월 임무구간은 계무합화가 되며 임수가 극하여 조화롭지 않습니다.

계사월 계무구간은 2계수1무토로 순차합화가 되며 상부 금기와 조화롭지 않습니다.

정경/신신 구간 1음정화가 여러 금기를 극하여 조화롭지 않으나 금기가 많으니 인해전술격으로 정화에 버팀력은 내재됩니다.

계사월 계병구간 병화는 신신년주와 순차 합수되며 대기신금과 특지경금의 생을 받습니다.

갑오월 갑병구간은 순차 신병합수가 되며 갑목과 소통됩니다. 갑기구간은 합토된 후 2신금과 소통됩니다. 갑정구간은 금기들과 조화롭지 않으며 정화가 일주와 합목되면 신극 되어 불편율이 내재됩니다.

정경/신기 구간은 기토의 등장에 화극금이 역생소통됩니다. 반면, 1기토는 여러 금기들에게 설기됩니다. 또한, 특간정화는 다가오는 임무년주에서 형성된 합목에 의해 합목으로 보며 경신금에 충극되지는 않지만 조화롭지 않습니다. 년지기토 또한 경신금이 합목을 막아 합목에 충극되지는 않지만 조화롭지 않습니다.

을미월 을목은 년간신금에 불편한데 다가오는 병신월 신병합수의 여기에 의해 점차 역생율이 높아집니다. 그러면, 수생을목에 월지기토가 불편하게 되는데 금기지향에서의 을목은 경금지향과 합금화가 되므로 운기가 강조되면서 월지기토와 년지기토의 보강된 토기에 생을 받으니 소통세가 넓어지고 긍정됩니다.

병신월 병신합수가 되며 병경구간 기토생 2경금생 합수로 소통세이나 최종 특간정화의 합목이 합수생 되어 년지기토는 불편하게 됩니다. 다행히, 합목은 긴 정화 속 일시적 합목으로 긴 정화를 향하므로 기토극은 제한되어 하락은 하지 않은 듯합니다. 또한, 2경금에 금기 편중세이며 기토가 설기되는데 금기가 합수를 향하니 금기편중세는 다이어트 효과에 완화됩니다. 기토는 여전히 설기세입니다.

정유월 정경구간 년지기토의 설기가 심하며 정신구간은 경금에서 신금으로 상대적으로 금기편중세가 완화되니 년지기토의 설기세도 다소 완화됩니다.

무술월 무무구간 화생토생금으로 소통세이며 금기가 줄고 토기가 늘어나니 년지기토의 설기세도 완화됩니다. 단지, 무무토 자체도 편중세이기에 일주와의 관계는 제한적입니다.

*무무-기무 구간 잠시 상승세가 강했는데 여러 요소들의 복합작용에 무무-기무의 특수 운기만을 알아 내기가 어렵습니다. 무무-기무를 또 분해하여 분석

해 보면 무-기의 관계로 볼 수 있고 무토는 무기력과 인연이 많으며 기토는 기살아와 인연이 많습니다. 무토는 수평적 운기가 강하고 기토는 수직적 운기가 강합니다.*

기해월 기무구간 무술월과 같이 금기가 줄고 토기가 늘어 년지기토의 설기세도 완화됩니다. 기갑구간 합토되며 토생금으로 소통세가 무난합니다. 기임구간 토생금생수로 무난합니다.

경자월 경임구간 금기가 늘어 년지기토의 설기는 다시 늘어납니다. 다행히, 월지임수를 월간경금이 생하니 경금은 다이어트 효과로 금기편중세는 약간 완화됩니다. 경계구간 경금이 늘어 금기편중세이며 경금이 계수를 생하며 일을 하니 편중세는 약간 완화됩니다.

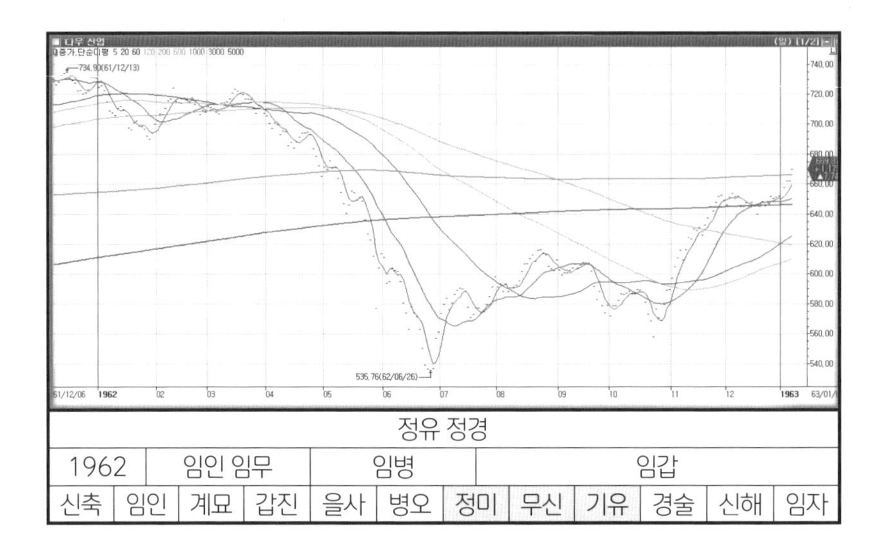

정유 정경											
1962		임인 임무		임병		임갑					
신축	임인	계묘	갑진	을사	병오	정미	무신	기유	경술	신해	임자

정경특주 임인년 정임합목이 형성되며 특지경금 위에 있어서 충극되지는 않으나 조화롭지 않습니다. 합목과 경금 사이에 수기가 형성되면 금생수생목으로 소통세가 넓어지나 토기는 목기에 충극됩니다.

정경/임무 구간 정임합목이 년지무토를 극하려 하며 특지경금이 무토를 보호하려 합니다. 월주에서 수기가 오면 년지무토는 합목에 충극율이 높아집니다.

임인월 월간임수가 합목을 지원하니 년지무토는 합목에 충극율이 높아집니다. 임병구간 합목이 병화를 거쳐 토기를 생하게 됩니다. 금기지향에서는 병화는 신금지향과 합수화 되므로 년지무토는 합목에 충극됩니다. 임갑구간 갑목이 늘어 년지무토는 좀 더 불안해집니다. 다가오는 계묘월 계수가 합화되면 목극토는 역생되는데 년지무토가 충극되니 무계합화는 쉽지 않습니다. 그런데, 임갑구간과 계갑구간 사이 하락하지 않았으므로 계무합화가 간헐적으로는 성립된 듯합니다. 정임합목은 을목격으로 무토극이 제한적이지만 합목으로 2목격이기에 충분한 목극토로 예상했는데 간헐적 합화가 성립되었다면 다른 요인이 있을 듯합니다. 추정으로 특지경금이 어느 정도 보호하여 간헐적으로 성립된 듯합니다.

계묘월 계수는 년지무토와 합화되려 하나 합목이 무토를 극하여 쉽지 않고 특지무토의 보호 아래 간헐적으로 성립될 듯합니다. 계을구간 경금지향은 을목과 합금화하며 계수를 거쳐 합목으로 소통됩니다. 반면, 년지무토는 합목에 충극됩니다.

갑진월 갑무구간 합목갑목이 년지무토, 월지무토를 불편하게 합니다. 년지무토는 특지경금이 보호하려 하나 다가오는 임병년주 병화가 신금지향과는 합수화되므로 점차 합목이 득세하여 무토를 극하게 됩니다.

정경/임병 구간 정임합목 되며 병화는 신금지향과 합수화되어 합목은 득세합니다. 그러면, 월주의 토기는 충극됩니다.

을사월 을무구간 무토는 합수화 생 합목에 충극됩니다. 을경구간 합금되며 합수화로 소통됩니다. 을병구간 병화는 신금지향과 합수화되며 을목은 경금지향과 합금화되며 금생수생목으로 소통됩니다.

병오월 병병구간 합수화가 편중세입니다. 병기구간 기토는 합목에 충극됩니다. 병정구간 2정화1임수로 순차합목되며 대기정화는 목생화 됩니다.

정미월 정정구간 3정화1임수로 순차합목되며 대기2정화는 목생화 됩니다.

임병년주는 월주의 토기가 불편하기는 하나 이 하나의 이유만으로는 다우지수의 급락을 설명하기 부족합니다. 추정으로 합수화를 생해주는 특지경금은 토생되어야 긍정되는데 토생되지 못하니 설기됩니다. 신금지향은 병화와 합수화 된 후 경금생 되어 긍정되나 2요소격인 합목을 생하니 역시 설기세가 됩니다. 또한, 다가오는 임갑년주 갑목이 늘어나니 설기세는 좀 더 커집니다. 맥점은 수생합목에 토기의 충극과 더불어 신금지향이 동기화된 합수화가 합목갑목의 목기에 심하게 설기됨이며 특지경금이 토생만 되었어도 급락세는 완화되었을 듯합니다.

정경/임갑 구간 합목과 갑목에 의해 목기편중세가 되며 특지경금이 년지갑목을 극하니 불리격이나 인해전술격으로 버팀력 내재됩니다. 특히, 임병년주 근처에서는 합수화에 역생되며 신해월과 임자월에서는 수기에 역전의 용사격이 됩니다.

정미월 정기구간 기토는 년지갑목과 합토가 되면 합목에 충극될 듯 하나 2정화1임수로 합목 후 대기하는 1정화에 소통됩니다. 년지갑목은 특지경금에 충극되어 월지기토와 합토가 쉽지 않으나 임병년주 접경구간 근처에서는 병화의 합수화에 합토율이 높을 듯합니다.

무신월 무경구간 무토는 합목에 불편합니다. 월지경금은 목기들과 조화롭지 않지만 충극되지 않습니다.

기유월 기토는 년지갑목과 합토되려하나 갑목은 충극상태라 쉽지 않으며 월간기토 역시 합목에 충극되니 합토는 실패합니다. 만약, 합토되면 합목이 극할 수 있습니다.

경술월 경무구간과 신해월 신무구간 월지무토는 합목갑목이 극하려 하나 특지경금과 월간경신금이 목기를 조율하며 토기를 보호합니다. 그런데, 상승까지 나온 점에 대해서는 명확히 알아내지 못하였습니다. 신해월과 임자월의 수기가 점차 가까워 오는데 그 기간에서는 토기는 배치되지 않고 수생목이 강조됩니다.

신해월과 임자월 수기가 들어서자 월지무토 구간 이외에는 토기가 없으니 목극토는 소멸되고 목기들이 수기를 만나 역생률이 높아져 총국상 긍정됩니다. 특히, 년지갑목은 금극목에 역생율이 높아집니다. 신갑구간 갑목은 신금극에 무난하며 다가오는 신임구간 임수에 목기들은 금기에 역생율이 높아집니다. 신임구간 임수가 목기들을 지원하며 금생 수생 목으로 소통됩니다.

총국상은 금극목에서 금생수생목으로 소통세가 넓어져 상대적으로 긍정율이 높아져 상승세가 나온 듯합니다. 그런데, 다우지수의 실제 상승세의 대부분은 금기지향에게 긍정되는 토생금이거나 신금지향이 합수된 후 토생금생합수가 되었을 때 자주 나오고 있습니다.

임자월 임임구간 임수는 상부 목기들을 지원하여 소통세가 넓어지고 일주의 정화를 만나면 합목됩니다. 임계구간 임계수는 상부 목기들을 지원합니다.

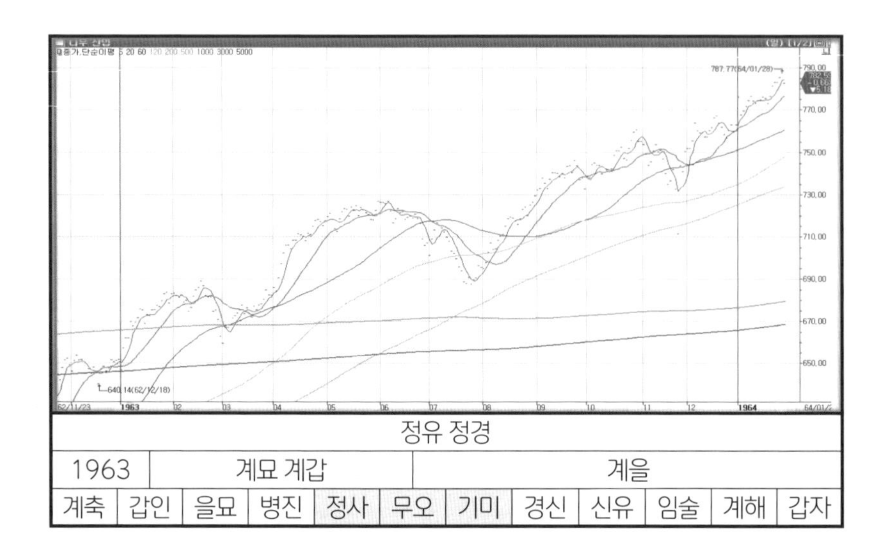

정유 정경											
1963	계묘 계갑					계을					
계축	갑인	을묘	병진	정사	무오	기미	경신	신유	임술	계해	갑자

정경/계갑 구간 경금생 계수생 갑목생 정화로 소통세입니다. 단지, 갑목은 정화를 생함에 실효성이 낮으며 정화가 경금을 극하지만 음화에 대한 양금이라 버팀력 내재됩니다.

갑인월 갑갑구간 3갑목으로 목기편중세입니다. 년간 계수는 설기됩니다.

을묘월 을갑구간 을목은 경금지향과 합금화가 되며 금생 수생 목으로 귀결되어 소통되나 금기지향에 특별히 유리하지는 않습니다. 을을구간 합금화가 늘어나고 금기 편중세입니다. 다가오는 병진월 병화의 합수화가 다가올수록 합금화와 소통되며 합금화의 편중세는 다이어트 효과에 완화됩니다.

병진월 병을구간 신금지향은 병화와 합수화 되며 경금지향은 을목과 합금화되며 금생수등으로 소통세가 무난합니다. 병계구간 수생목등으로 소통세이나 수기가 편중됩니다. 병무구간 신금지향은 병화와 합수화되며 갑목을 생하고 갑목은 계무합화를 생합니다. 갑목은 월지무토를 극하기 전에 특간정화를 향하니 계무합화는 성사됩니다.

정사월 정무구간 계무합화가 되며 특간정화와 월간정화등 4화기로 갑목은 설기됩니다. 정경구간 하부는 월지경금생 년간계수생 년지갑목생 월간정화로 소통되며 최종 월간정화가 월지경금을 극하는 조화롭지 않은 격국입니다. 다행히, 음정화에 양경금은 버팀력 내재됩니다. 정병구간 신금지향은 월지병화와 합수화되며 수생목생화등으로 소통세이나 신금지향에게는 득이 적은 환경입니다.

무오월 무병구간 병화는 신금지향과 합수화되며 무토는 합화되며 수생목생화등으로 소통세가 되나 금기지향에게는 득이 적은 환경입니다. *계갑년주의 상승세는 월주보다는 특주와 년주의 관계로 상승한 듯 하며 월주에서는 대부분 조화롭지 못하고 그나마 불편함이 적은 을을구간과 병을구간의 합금화 생 합수에 상승세가 집중된 듯합니다.

정경/계을 구간 을경합금이 되니 금기지향은 운기가 강조됩니다. 이에 토기가 오면 긍정율이 커질 수 있는데 무오월 무토는 오히려 합화가 되어 조화롭지 않으나 무오월 무기구간 기토는 토생금되어 긍정됩니다. 또한, 기미월 기기토는 상부 합금과 다가오는 경신월 경금에 큰 협조를 합니다. 계해월과 갑자월 갑목은 금생수생목으로 소통세가 넓어지니 무난합니다.

무오월 무기구간 무계합화생 기토생 합금등으로 소통됩니다. 무정구간 합화와 정화는 상부 합금과 조화롭지 않습니다. 다행히, 다가오는 기미월 기토가 다가올수록 화생토생금으로 역생율이 높아집니다.

기미월 기정구간 정화생기토는 소통세이며 기토가 합금을 생하나 을목을 접촉하여 토생금 실효성은 제한됩니다. 기을구간 을목은 경금지향과 합금화가 되며 기토는 금기에 설기됩니다. 기기구간 기토가 보강되니 설기는 완화되며 상부 합금 및 다가오는 경신월 경금과도 소통세가 좋아집니다.

경신월과 신유월 초반까지 금기 편중세임에도 하락하지 않고 상승까지 하였습니다. 편중세가 상승까지 나오려면 여러 가지가 받쳐주어야 하는데 우선적으로 합금이 되면서 운기가 강조되고 년간계수를 향하니 다이어트 효과에 편중세가 다소 완화되면서 경경금에서 신신금으로 금기가 완화됩니다. 이에 상승탄력 받은 기미월 기기구간에서 강력하게 토생금으로 받쳐주어 나온 결과인 듯합니다.

신유월 신신구간 경금에서 신금으로 금기편중세는 완화되었으나 단조로운 편중세로 일주와의 관계는 제한됩니다.

임술월 임신구간 합금신금생 계수임수등으로 소통됩니다. 임정구간 정화는 년간계수에 극 받아 합목이 어렵습니다. 다행히, 주기가 짧아 영향력은 제한적입니다. 임무구간 합화가 임수에 불편합니다.

계해월 계무구간 1무토2계수로 순차합화되며 합금과 조화롭지 않습니다. 계갑구간 금생수생목으로 무난하며 계무구간 합화를 받쳐 줍니다. 계임구간 금생수 소통세이나 수기가 많은 편중세입니다. 다행히, 다가오는 갑자월과 소통됩니다.

갑자월 금생수생목으로 소통세입니다.

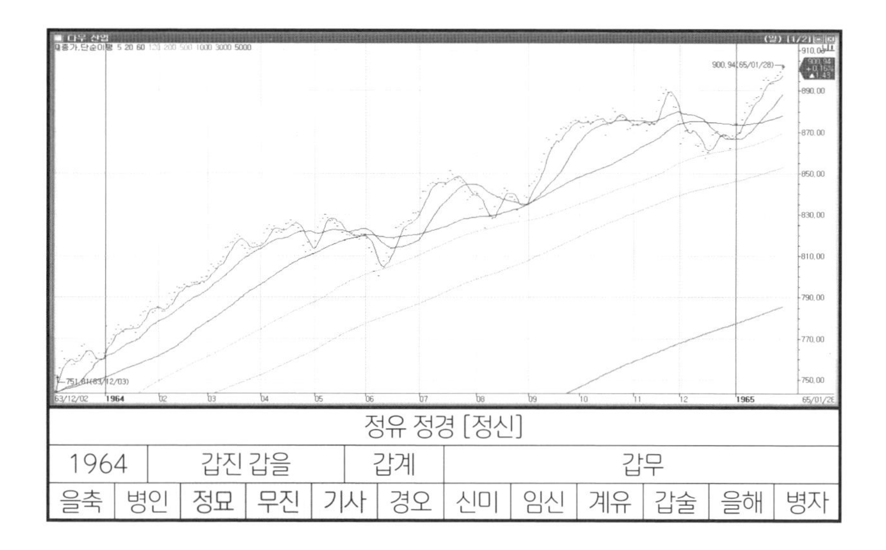

정유 정경 [정신]											
1964		갑진 갑을			갑계	갑무					
을축	병인	정묘	무진	기사	경오	신미	임신	계유	갑술	을해	병자

특주는 여기가 1년 정도 되지만 갑을년주는 정경특주를 적용해 보며 갑계년주와 갑무년주는 정신특주를 적용해 봅니다.

정경/계을 구간의 을축월 을기구간 경을합금과 월간을목의 합금화에 토생금 소통세이나 월지기토는 설기세입니다. 다가오는 병인월 병무구간 무토가 다가올수록 년간계수와 합화되어 기토를 받쳐주며 금기들은 병인월 병화의 합수화를 향하니 다이어트 효과에 금기편중세는 다소 완화되며 소통세는 넓어집니다. 월간병화는 신금지향과 합수화되어 합화를 불편하게 할 수 있으나 갑진년 갑목의 여기성이 합수화를 조율하니 합화는 역생됩니다.

정경/갑을 구간 경을합금되며 병인월과 정묘월 갑목이 일주와 합토되면 토생금되며 무진월은 양무토가 합금을 실효적으로 생하여 주며 기사월은 년간갑목과 합토된 후 합금을 생하여 주며 모두 토생금 운기가 좋은 구간입니다. 무엇보다 갑을년주 갑목이 전년도 계을년주 계수로 다가갈수록 계수의 생을 받고 소통세도 무난하여 긍정의 구간입니다.

병인월 병갑구간 병화는 신금지향과 합수화되며 합금생 합수화생 갑목 등으로 소통세입니다.

정묘월 정갑구간 갑목은 상부 합금에 불편한데 접촉요소가 을목으로 불편율은 제한되며 월지갑목이 일주와 합토되면 합금을 생하여 주므로 금기지향에게 무난합니다. 정을구간 을목은 경금지향과 합금화되며 상부합금과 더불어 금기 편중세이나 다가오는 무진월 무토가 다가올수록 소통세는 넓어집니다.

무진월 무무구간 상부 합금을 생하니 금기지향에게는 무난하나 무무토는 무토 편중세로 일주와의 관계는 제한적입니다.

기사월 기토는 년간갑목과 합토되고 합금을 생하니 금기지향에게 무난합니다. 기무구간 합토무토가 합금을 생하여 줍니다. 기경구간 2경금1을목으로 순차합금되며 토생금으로 소통세이나 금기가 편중됩니다.

정신/갑계 구간 금생수생목생화로 소통세가 좋으나 계수는 갑목에 설기되며 정화는 갑목의 생이 부담될 수 있으나 갑목상부에 있으니 무난합니다.

기사월 기병구간 병화는 신금지향과 합수화되며 기토는 년간갑목과 합토되며 합토가 합수를 불편하게 할 수 있습니다. 다행히, 합토는 특지신금을 향하며 다가오는 경오월 경금이 다가올수록 역생율이 높아집니다.

경오월 경병구간 병화는 신금지향과 합수화되며 경금의 생을 받으며 무난합니다. 경기구간 갑기합토되며 금기를 생하여 줍니다. 경정구간 년지계수를 년간 갑목이 흡수하여 계정충은 완화됩니다.

정신/갑무 구간 갑목생 정화생 무토생 신금으로 소통세입니다. 정화는 무토에 설기되며 갑목이 부담인데 상부에 자리잡으니 설기와 부담율은 제한됩니다.

신미월 신기구간 합토되며 토생금등으로 소통세입니다.

임신월 임경구간 화생토생금생수생목으로 요소들이 다양하고 소통세가 넓습니다.

계유월 합변화 속 보강-충치 효과에 해당되며 긴 무토 속 부분 계무합화가 형성되며 합화는 무토를 향하니 월지유금은 합화의 불편율이 제한됩니다. 일주에서 토기가 오면 역생율이 높아지는데 12지지에 있어서 진술축미로 토기 비율이 높으며 실제 토기가 많은 편이였습니다.

갑술월 갑무구간 월간갑목이 월지무토를 불편하게 합니다. 그런데, 년지무토와 더불어 버팀력 내재됩니다.

을해월 을임구간 을목은 경금지향과 합금화가 되며 임수와 다가오는 병자월 병임구간 임수와 병화의 합수화에 점차 설기되나 년간갑목이 수기를 흡수하므로 버팀력 내재됩니다.

병자월 병화는 신금지향과 합수화가 되며. 병임구간 수기가 편중세이나 년간 갑목에 어느 정도 완화됩니다. 병계구간 합화가 되며 하부는 합수화생 갑목생 합화로 소통세가 됩니다.

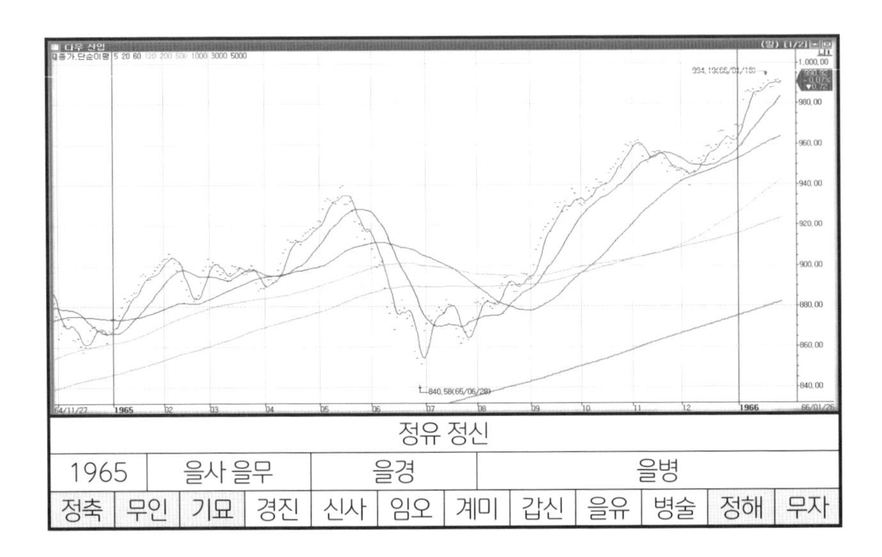

정유 정신											
1965	을사 을무			을경		을병					
정축	무인	기묘	경진	신사	임오	계미	갑신	을유	병술	정해	무자

정신/을무 구간 을목은 경금지향과 합금화되며 정화생 무토생 합금화, 신금으로 무난한 운기입니다. 다가오는 을경년주 을경합금이 을무년주 무토에 다가올수록 소통됩니다.

무인월 무갑구간 갑목은 합금화에 불편하지만 합금에 비해 버팀력 내재됩니다.

기묘월 기갑구간 을목의 합금화 이기에 갑목은 합금화의 극에 어느 정도 버티어 기갑합토는 간헐적으로 성립될 수 있습니다. 기을구간 2을목의 합금화는 특지신금과 함께 점차 무거워지려 합니다. 정화생 토생 금기로 소통세는 무난합니다.

경진월 경무구간 을경합금이 직접적으로 내재되며 신금과 함께 다소 무겁지만 2무토의 생을 받으니 소통력이 좋아집니다.

정신/을경 구간 정화는 신금과 을경합금을 극하여 조화롭지 않으나 인해전술격으로 금기들이 많아 버팀력 내재됩니다.

신사월 신무구간 무토생 금기로 소통세는 좋으나 무토는 금기편중세에 설기됩니다. 신경구간 금기가 편중됩니다. 신병구간 합수되며 합금생 합수로 소통세지만 다가오는 을병년주 병화의 합수화까지 고려하면 을경합금 년주는 설기됩니다. 또한, 편중된 신병합수 월주 아래 일주는 제한적이며 주식시간대가 사오미 화국이기에 불편율이 높을 수 있습니다.

임오월은 5년마다 반복되는데 임병구간 임수극병화의 수극화에 주변에 목기가 없으면 불안정한 경우가 많고 목기와 소통되면 긍정되는 경우가 많습니다. 임오월 임병구간은 수극화로 불리세인데 신금지향은 병화와 합수화 되며 수기가 편중세이며 다가오는 을병년주의 병화의 합수화까지 고려하면 을경합금 년주는 설기됩니다. 임기구간은 기토가 합금에 설기됩니다. 임정구간 합목되며 수기편중세들을 흡수하니 균형되며 합목된 후 을경합금에 불편해지는데 다가오는 을병년주 합수화 및 계미월 계수에 역생력이 높아집니다.

정신/을병 구간 특지신금은 정화극을 받아 년지병화와 합수가 어렵습니다. 위 격국에서 상승세가 나오려면 년지병화가 합수화가 되고 합금화의 생을 받아야 하며 을목이 경금지향과 합금화된 후 월주에서 토기의 생을 받아야 합니다. 특지신금은 년지병화와 합수가 어려운데 신금지향은 년지병화와 합수화가 가능합니다. 이에 특지신금도 간헐적으로 합수가 성립될 듯합니다. 그리고 경금지향은 을목과 합금화가 되며 월주에서 주기적으로 토생되며 토생 합금화생 합수화가 성립되는 곳에서는 긍정되는 듯합니다.

계미월 계기구간 기토가 합금화를 생하여 주고 합금화는 계수 및 합수화를 생하여 줍니다.

갑신월 갑기-갑무 구간 합토 및 무토는 합금화를 생하여 주고 합금화는 합수화를 생하여 줍니다. 갑임구간 임수는 갑목과 소통됩니다. 갑경구간 을경합금이 되며 합수화를 받쳐주며 합수화는 갑목과 소통됩니다. 갑목은 일주와 합토될 경우 합금을 생하여 줍니다.

을유월. 을경구간 2을목1경금으로 순차합금되며 경금지향과는 모두 합금화가 되며 합수화와 소통됩니다. 을신구간 병신합수가 되며 합금화와 소통됩니다. 그리고, 합금화는 다가오는 병술월 병신구간 합수와도 점차 소통됩니다. 금기편중세는 수기를 생하게 되면 다이어트 효과로 금기편중세가 완화되면서 소통세도 넓어집니다.

병술월 병무구간 무토생 합금화생 합수화로 소통세이나 2병화의 합수화에 합금화는 약간 설기될 듯합니다. 그러나, 을목의 합금화는 천간자리이므로 버팀력 내재됩니다. 다가오는 정해월 정화는 다가올수록 합수화에 불편해집니다.

정해월 정무구간 정화는 병술월을 향할수록 수기들에 충극됩니다. 정임구간 합목되며 상부 합수화 및 다가오는 무자월 자수에 생을 얻지만 다가오는 무토는 수생합목에 불편해집니다.

무자월 무임구간 무토생 합금화생 합수화, 임수로 소통세입니다. 무계구간 합화가 되며 합수화에 다소 불편하지만 합수화는 년지이며 합화는 월간월지 2화격으로 버팀력 내재됩니다. 또한, 합수가 아닌 합수화이므로 버팀력은 좀 더 늘어나며 정해월 갑목과 정임구간 합목이 줄기오행상 수기를 흡수하니 버팀력은 좀 더 높아집니다. 그리고, 합화는 다가오는 기축월 기토와 화생토 됩니다.

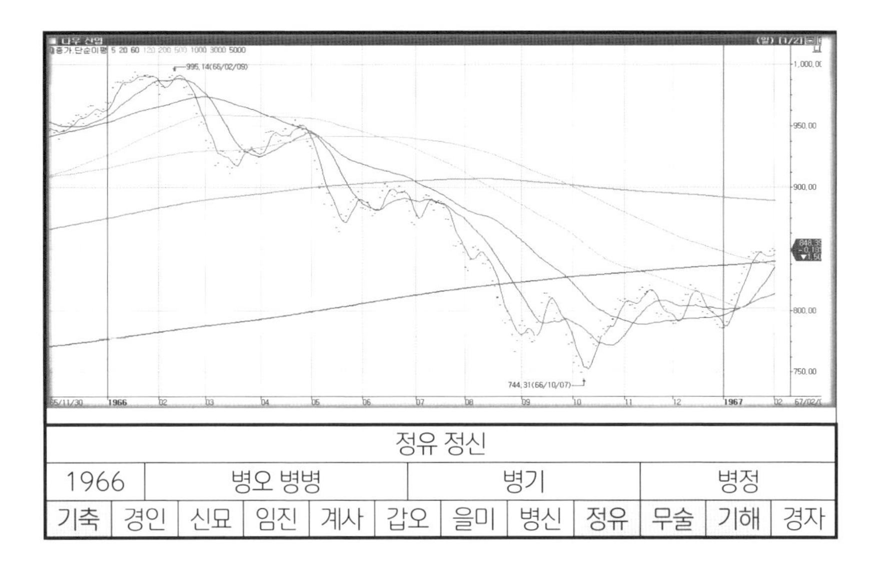

정유 정신											
1966		병오 병병				병기			병정		
기축	경인	신묘	임진	계사	갑오	을미	병신	정유	무술	기해	경자

매우 어려운 격국입니다. 신금지향이 아닌 일반적 격국과 신금지향의 격국은 많이 다를 수 있습니다.

병병년주 특지신금과 합수는 어려우나 신금지향과 합수화는 가능하며 2합수화로 수기편중세이며 특간정화와 조화롭지 않습니다. 병기년주 기토에 의해 병신합수는 가능해지며 특간정화와 조화롭지 않습니다. 을미월 을목의 합금화는 상부 합수에 설기되며 다가오는 병신월 합수화에 설기는 더욱 커집니다. 병술월과 정유월 경금은 수기에 설기되며 정유월 정화는 수극화됩니다. 병정구간 년지정화는 년간병화의 합수화에 수극화됩니다.

정신/병병 구간 정화극신금에 특지신금은 신병합수가 어려우나 신금지향은 년주병화와 합수화가 가능합니다. 이에 간헐적으로 신병합수도 가능할 듯합니다.

경인월 경금은 2병화의 합수화에 설기세이며 경갑구간 금생 수생 갑목으로 소통세이며 갑목이 수기를 흡수하니 경금의 수기편중세에 대한 설기는 완화됩니다. 반면, 다가오는 신묘월 병신합수가 추가되어 다가오니 1갑목으로는 실효적 흡수가 어렵고 다시 경금은 설기세가 늘어납니다. 또한, 월지갑목이 2합수화와 다가오는 합수에 수생됨을 넘어 물에 잠기는 것은 아닌가도 유추해 봅니다.

신묘월 월간신금은 병병년주와 순차합수되며 신금지향은 2합수화 되며 수기편중세입니다. 신갑구간 수기가 갑목과 소통되며 수기가 흡수되니 편중세는 완화됩니다. 신을구간 경금지향은 을목과 합금화되며 수기와 소통되지만 합금화는 수기에 설기세이며 신갑구간 갑목이 어느 정도 완화시켜 주나 다가오는 임진월 임수가 늘어나니 다시 점차 설기됩니다.

임진월 임무구간 임수와 합수화는 무토 위에 있어서 충극되지 않으나 조화롭지 않습니다. 또한, 합수화와 임수는 수기편중세로 무겁습니다.

계사월 계무구간 합화되며 임진월로 다가갈 때 임수에 불편하며 병병년주 합수화에도 불편합니다. 계경구간 경금이 계수와 합수화를 생하여 주나 설기세입니다. 계병구간 수기 편중세입니다. 다행히, 다가오는 갑오월 갑목이 다가올수록 수기편중세는 완화됩니다.

정신/병기 구간 기토가 들어 정화극신금은 역생되며 매우 반가운 운기입니다. 그런데, 지수는 약세가 나왔습니다. 상부의 큰 주기에서 긍정으로 반전되었는데 하락할 정도면 하부의 운기가 매우 심하게 불편해야 합니다.

갑오월 갑기구간 갑목은 월지년지 기토와 합토되어 수기 흡수율은 줄어듭니다. 그리고, 수기와 조화롭지 않습니다. 갑정구간 갑목은 년지기토와 합토되고 수기와 조화롭지 않으며 월지정화는 수기에 불편합니다.

을미월 을기구간은 수생을목이 기토를 극하나 경금지향에서는 을목이 합금화됩니다. 그러면, 기토들의 생을 받아 긍정되는데 상부 합수와 다가오는 병신월 병화의 합수화에 점차 설기세가 심해집니다.

병신월 병화는 합수화되며 상부 합수와 더불어 수기 편중세이며 신(申)금 구간은 금생수 소통세는 좋으나 설기됩니다.

정유월 정경구간 경금은 수기에 설기되며 정화는 수극화됩니다. 정신구간 병신합수가 되며 정화는 수극화 됩니다. 병기년주 약세의 주원인들은 수기가 편중되는데 월주의 경금이 상부 수기에 설기되면서 월주의 정화가 수극화되며 다가오는 병정년주 정화도 여기되는 만큼 수기에 수극화되니 약세가 된 듯합니다.

정신/병정 구간 년간병화는 정화극의 특지신금과는 합수가 어렵지만 신금지향과는 합수화가 가능하다고 볼 때 년지 정화는 수극화로 불편하게 됩니다. 물론, 합수보다는 합수화에 버팀력은 높을 수 있습니다.

무술월은 무토가 합수화를 약간 흡수하므로 정화의 불편함은 약간 완화됩니다. 무무구간 무토편중세로 일주와의 관계는 제한됩니다.

기해월 기무구간 수기를 약간 흡수하며 기갑구간에서도 갑목이 합토되어 수기를 약간 흡수하여 정화의 불편함은 약간 완화됩니다.

토기의 수기 흡수율은 목기의 흡수율에 비하면 일부에 지나지 않습니다. 또한, 토기 위의 수기는 토기 위에 수기를 저장한다는 표현이 적절하며 충극관계는 아니지만 조화롭지 못하며 사람의 운세에서는 노력여하에 지식정보의 저장력과 인연이 되곤 합니다.

기해월이나 경자월 속 임수는 년지정화와는 합목이 어렵지만 일주와 합목되면 년지정화를 받쳐주어 역생율이 높아집니다.

경자월 경임구간 경금은 수기들에 설기세입니다. 단지, 임수가 일주의 정화와 합목되면 소통율이 넓어집니다. 경계구간 경금은 수기들에 설기세입니다. . 월간경금은 수기에 설기되기는 하지만 월지자리 보다 버팀력이 월등히 커질 수 있습니다. 정신/병정 구간 년간병화는 정화극의 특지신금과는 합수가 어렵지만 신금지향과는 합수화가 가능하다고 볼 때 년지 정화는 수극화로 불편하게 됩니다. 물론, 합수보다는 합수화에 버팀력은 높을 수 있습니다.

무술월은 무토가 합수화를 약간 흡수하므로 정화의 불편함은 약간 완화됩니다. 무무구간 무토편중세로 일주와의 관계는 제한됩니다.

기해월 기무구간 수기를 약간 흡수하며 기갑구간에서도 갑목이 합토되어 수기를 약간 흡수하여 정화의 불편함은 약간 완화됩니다.

토기의 수기 흡수율은 목기의 흡수율에 비하면 일부에 지나지 않습니다. 또한, 토기 위의 수기는 토기 위에 수기를 저장한다는 표현이 적절하며 충극관계는 아니지만 조화롭지 못하며 사람의 운세에서는 노력여하에 지식·정보의 저장력과 인연이 되곤 합니다.

기해월이나 경자월 속 임수는 년지정화와는 합목이 어렵지만 일주와 합목되면 년지정화를 받쳐 주어 역생률이 높아집니다.

경자월 경임구간 경금은 수기들에 설기세입니다. 단지, 임수가 일주의 정화와 합목되면 소통률이 넓어집니다. 경계구간 경금은 수기들에 설기세입니다. 월간경금은 수기에 설기되기는 하지만 월지자리보다 버팀력이 월등히 커질 수 있습니다.

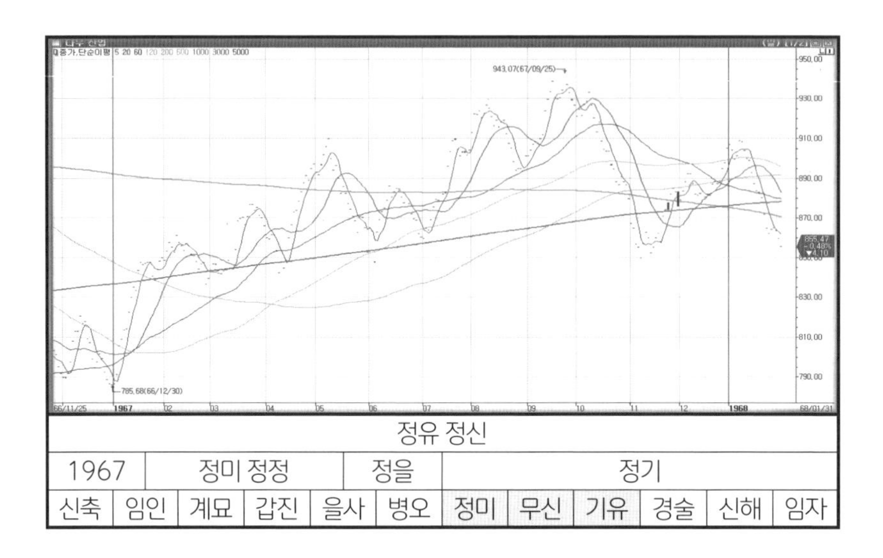

정유 정신											
1967		정미 정정			정을	정기					
신축	임인	계묘	갑진	을사	병오	정미	무신	기유	경술	신해	임자

정신/병정 구간 신축월 년간병화는 특지신금과 합수가 어렵지만 월간신금과는 합수가 가능합니다. 이에 년지정화는 수극화 됩니다. 그런데, 다가오는 임인월 임수는 정정년주 정화와 순차 합목이 되며 목기가 여기되니 수기가 편중된 신축월 병정년주 정화도 합목이 성사되며 소통세가 넓어집니다. 그리고, 신기월주와 임무월주 접경구간은 정정년주의 대기 정화의 여기성과 기무토가 점차 소통됩니다.

정신/정정 구간은 정화극신금에 불편합니다.

임인월 임수는 정정년주 정화들과 순차합목이 되며. 임병구간 병화는 신금지향과 합수화되며 합목을 지원합니다. 임갑구간은 목기가 편중되려 하며 갑목이 간혹 일주와 합토되면 대기정화생을 받아 무난하게 됩니다.

계묘월 계갑구간 계수생갑목생정정화로 소통세이나 특지신금은 여전히 화극됩니다. 일주에서 기토가 오면 갑목은 합토되며 정정화는 합토를 향하니 특지신금의 불편함은 완화되며 소통세가 넓어집니다. 다우지수는 계갑구간 잠시 큰 반등세가 나왔는데 기사일, 경오일, 신미일, 정축일등 기토가 제법 자리잡고 있었습니다. 계을구간은 을목이 2정화에 설기되며 경금지향은 을목과 합금화되어 정화에 대한 설기는 소멸하나 2정화에 다소 불편해집니다.

갑진월 갑무구간은 무토가 2정화의 생을 받아 소통되며 3정화중 2정화가 무토를 향하며 소진되니 특지신금의 불편함은 다소 줄어듭니다. 이 원리는 을사월 을무구간까지 이어집니다.

정신/정을 구간

을사월 을병구간 2을목은 합금화되며 병화는 합수화되며 합금화생 합수화 부분은 무난하며 이외의 화극금 구간은 다가오는 정기년주 기토에 의해 점차 무난해집니다.

병오월. 병병구간 신금지향과 2합수화가 되며 편중세가 되며 일주와의 관계도 제한적입니다. 병기구간 년지을목의 합금화가 월간병화의 합수화를 생해주며 기토는 정화극 합금화를 역생해주니 소통세가 넓어집니다. 병정구간 3정화로 화기가 편중되며 년지을목의 합금화를 불편하게 합니다. 반면, 다가오는 정기년주의 기토에 점차 합금화는 화기에 역생됩니다. 월간병화는 합수화된 후 월지정화를 충극합니다.

정신/정기 구간 기토의 등장으로 정화극신금은 역생소통됩니다. 그러면, 지수는 상승세가 강해야 하는데 다우지수는 우상향세인 듯 하면서도 경술월 전후는 급락세가 나왔습니다.

정미월 정기구간 정화생 기토생 신금으로 소통세입니다.

무신월 무경구간과 기유월과 경술월 경무구간 모두 화생토생금 소통세이나 경술월 전후 유독 하락세가 심했습니다. 년지기토는 특지신금을 생해주고 있으며 할당능력이 끝났습니다. 그런데, 월주에서 금기가 늘어나면 설기되기 시작하며 지지체보다 천간체의 금기에 설기가 심해집니다.

여기까지 종합해보면. 특주는 정화극신금으로 불편한 상황인데 정기년주에서 기토에 의해 역생소통되며 이 곳 중심으로 긍정운기가 확보되어 우상향세가 운기됩니다. 그러면서, 갑진-을사의 무토구간에서도 불편이 다소 완화되며 우상향세가 좀 더 확보됩니다. 반면, 무신-기유-경술 구간에서는 금기에 년지기토가 설기되어 상승세가 둔화되며 경술구간은 경금이 천간자리로 년지기토의 설기가 심화되어 하락까지 나온 듯합니다.

신해월 신무구간 월간경금에서 월간신금으로 금기가 완화되니 년지기토의 설기도 완화됩니다. 신갑구간 갑목은 년지기토와 합토되며 화생토생금 소통세가 강해집니다. 신임구간 월지임수는 년간정화와 합목된 후 월간신금에 극 받는데 다가오는 임자월 수기에 점차 역생됩니다.

임자월 임임구간 년간정화와 순차합목되며 합목생 특간정화생 년지기토생 특지신금으로 소통세가 무난합니다. 임계구간 계수생 합목생 정화생 기토생 신금으로 소통세입니다.

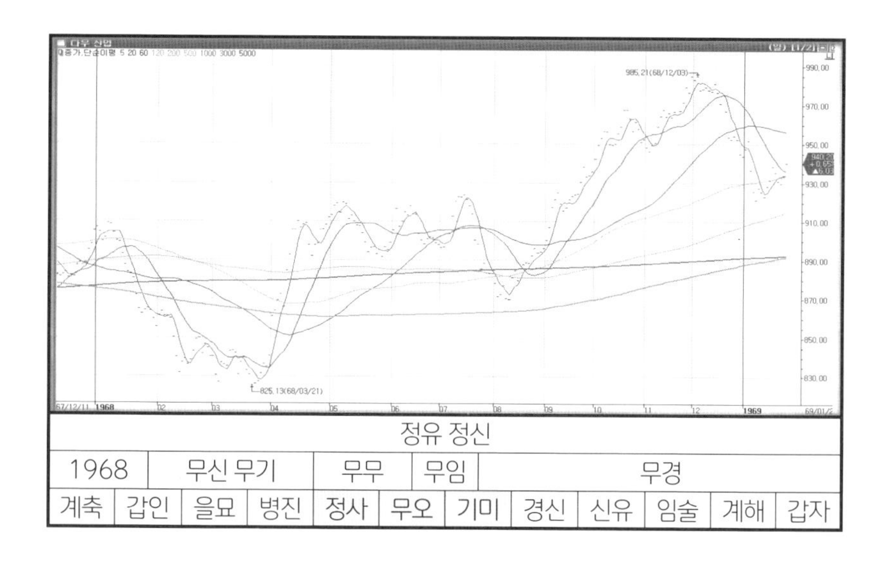

정유 정신											
1968	무신 무기			무무		무임	무경				
계축	갑인	을묘	병진	정사	무오	기미	경신	신유	임술	계해	갑자

정신/정기/계축월 정화들은 다가오는 무기년주 토기에 설기가 점차 커집니다. 정기년주에서는 년지기토와 월지기토 2기토이며 무기년주에서는 갑인월 갑무구간 월지무토와 년간무토와 년지기토의 월간갑목과의 합토로 토기가 급격히 무거워지고 있고 화기의 설기가 급격히 커질 수 있습니다. 그런데, 계축월에서 을묘월까지 하락세의 또 다른 요인은 무기충 환경에서 월주의 갑목들이 갑기합토 실패로 인한 불안정 운기일 수도 있습니다. 또 다른 추정은 무임년주 임수가 특간정화와 합목되고 특지신금에 금극목 되나 무오월 무병구간 병화의 합수화에 약간의 힘을 얻어 토기들이 목극토 되나 무토는 양토로 버팀력 내재되고 기토가 극 받을 수 있는데 합목의 여기성이 무기년주 기토를 약화시켜 약세가 나온 것은 아닌까 추정해 봅니다. 물론, 이 원리는 무임년주가 짧아 여기성이 6개월까지 미치지는 못할 수도 있습니다.

정신/무기 구간 특간정화는 무기토에 약하게 설기세입니다.

갑인월 년간무토와 년지기토는 무기충이 내재되는데 갑목은 기토와 합토가 불안정해집니다. *무기충 무-기 구조에서 기토가 무토 아래나 뒤에 있으면 갑기합토가 어렵습니다. 반면, 기토가 무토 위에 있으면 합토의 불안정성은 완화되며 합토율이 많이 높아질 것으로 분석합니다. 이 원리는 좀 더 검증이 요구됩니다.*

을묘월 을갑구간 갑목은 무기충된 기토와 합토가 불안정해집니다. 을을구간 2합금화가 되며 토생되는데 다가오는 병진월 병화는 신금지향과 합수화가 되면서 다가올수록 합금화에 생을 받으니 소통세가 넓어집니다. 특히 신금지향의 합수화를 경금지향의 합금화가 생해주며 합금화도 토생되니 금기지향에게 긍정된 운기입니다.

병진월 병을구간 병화는 합수화되며 을목은 합금화되며 토생 합금화생 합수화로 소통세가 무난합니다. 병계구간 기간이 짧아 생략합니다. 병무구간 병화는 신금지향과 합수화가 되는데 년간무토에 불편합니다. 다행히, 년간무토는 특지신금을 향하니 토극수는 제한적입니다.

정신/무무 구간 특간정화는 2무토에 약하게 설기세입니다.

정사월 정병구간 병화는 신금지향과 합수화된 후 토극되니 불편할 수 있습니다. 다행히, 토기들은 특지신금을 향하니 토극수는 제한적입니다.

무오월 무병구간 병화는 신금지향과 합수화되며 3무토에 토극수 됩니다. 다가오는 무임년주 합목이 여기되어 토기들을 조율하니 합수화는 충극율이 제한됩니다.

정신/무임 구간 정임합목이 되고 특지신금에 금극목 되니 불편한 운기입니다.

반면, 토기들은 합목의 극에 버팀력이 생깁니다. 또한, 월지임수와 특간정화의 합목은 월지임수가 짧아 여기가 6개월이 아닌 3달 정도로 짧을 듯합니다. 그러나, 무오월 무병구간 병화의 합수화에 합목은 다시 약간의 힘을 얻어 금극에 버팀력 높아지고 토기들은 불편해지는데 무토는 버팀력 내재되나 기토가 불편율이 높아질 수 있으며 무기년주 약세의 원인이 될 가능성도 있습니다.

무오월. 무병구간 병화가 합수화되면 합목은 신금에 역생되나 토기들이 불편해집니다. 무기구간 합목이 금극됩니다. 무정구간 2정화1임수로 순차 합목이 되며 합목은 여전히 특지신금에 불편하며 합목 후 대기 정화는 토기들과 소통되며 대기정화는 토기에 설기세입니다.

기미월 기정구간 2정화1임수로 순차합목이 되며 대기정화는 토기들과 소통되며 토기가 무토에서 기토로 완화되니 대기정화의 설기세는 완화됩니다.

정신/무경 구간 정화가 무토에 설기되기는 하나 상부 큰 주기로 버팀력이 내재됩니다.

기미월 기기구간 년지경금과 소통되며 다가오는 경신월 경금과도 점차 소통됩니다. 그런데, 금기가 무거워 토기들은 점차 설기가 심해집니다. *기기구간 하락세의 주 요인이 금기에 대한 토기 설기뿐인지 아니면 무-기 충의 내연도 추가된 것인지 명확히 알아내지는 못하였습니다.*

경신월 경경구간 화생 무토생 금기로 소통세이나 금기가 편중됩니다.

신유월 화생 무토생 금기로 소통세이나 금기가 편중됩니다. 다행히, 금기가 경금에서 신금으로 편중세가 상대적 완화되며 무토는 금기들 위에 있어서 상대적 설기세가 완화됩니다.

임술월 임수는 신유월로 다가갈수록 금생수 되며 년지경금에도 금생수 됩니다. 임무구간 토생금생수로 소통세이나 다가오는 계해월 계무구간 합화는 임수에 불편해집니다.

계해월 계수는 년간무토와 합화가 됩니다. 그러면, 합변화 속 보강-충치 효과와 인연되며 무토 속 합화로 화생토 소통세이나 화기 안에서는 금기가 잠시 불편해질 수 있습니다. 다행히, 합화는 금기를 향하기 전에 무토를 향하기에 전반적으로 무난한 운기가 됩니다. 계무구간 2무토1계수로 순차합화되며 금기와 소통됩니다. 계갑구간 갑목은 합화와 소통되나 합화는 금기와 조화롭지 않으며 갑목은 년지경금의 극을 받습니다. 계임구간 무계합화되며 합화는 월지임수 위에 있어서 충극되지 않으며 년지경금은 합화에 불편할 수 있으나 월간계수가 곧 끝나므로 합화는 년간무토를 향하여 화생토 소통됩니다.

갑자월. 갑임구간 무토생경금생 임수생갑목으로 소통세이나 일주에서 토기가 오면 목극토 됩니다. 갑계구간 합화되며 합변화 속 보강-충치 효과로 합화가 년간무토를 향하려 하나 다가오는 을축월 을계구간 역시 합화가 형성되니 화생토는 저 멀리 있고 잠시 년지경금은 불편하게 됩니다. 또한, 다가오는 을축월 을목은 경금지향과 합금화되어 합화로 다가오니 역시 불편한 운기입니다.

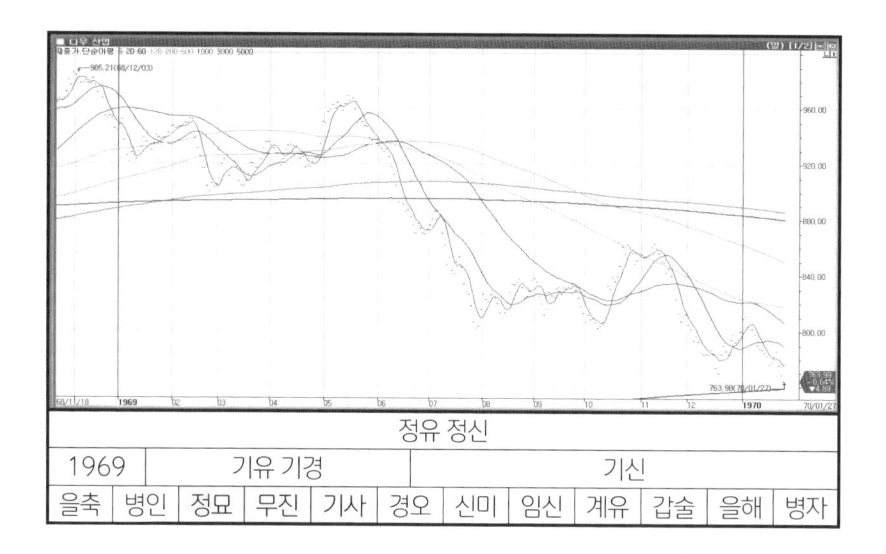

정유 정신											
1969	기유 기경					기신					
을축	병인	정묘	무진	기사	경오	신미	임신	계유	갑술	을해	병자

정화극신금의 특주에 년간기토가 등장하여 역생소통 시켜주며 신금지향에게는 행운입니다. 그런데, 다우지수는 하락세였으며 여름 화국에서 하락세가 심했습니다. 소통세임에도 약세가 된 것은 설기가 되었다는 것인데 년간기토는 특지신금과 년지 경-신금에 설기되며 월주에서 금기가 늘어나면 설기가 심해집니다. 경오월과 신미월의 추가되는 경신금에 의해 설기가 늘어나 약세가 심한 듯합니다. 특히, 금기가 월지보다 월간에 배치될 때 설기가 더 심해집니다.

임신월과 계유월의 경신금 추가도 설기가 심하지만 월지의 금기라 월간의 금기에 비해 설기력은 상대적으로 약할 듯합니다. 그래도 설기가 심할텐데 하락하지 않고 보합세를 유지한 것은 주식장의 선반영 특성 때문인 듯 하며 실제 사람들의 운기라면 설기세에 힘든 상황이 인연될 수 있으니 신중하실 필요가 있습니다. 주식장의 특성중 하나로 앞에서 악재로 한 번 크게 빠지면 이후는 악재가 또 와도 왠만해서는 잘 하락하지 않는 경향이 있습니다.

정신/기경 구간. 화생 토생 금으로 소통세이나 기토가 경신금에 설기됩니다.

병인월 병갑구간 병화는 신금지향과 합수화되며 이에 갑목은 경극갑을 극복하고 년간기토와 합토되어 기토설기를 보강합니다.

정묘월 정을구간 년간기토는 월간정화의 생을 받아 힘을 얻지만 월지을목은 년지경금과 합금되며 년간기토는 다시 설기가 심해집니다. 다행히, 다가오는 무진월 무토가 금기를 받쳐주니 년간기토의 설기는 버팀력 늘어납니다.

무진월 무무구간 상부 기토의 설기를 보완해주고 금기와 소통되는데 무무토는 편중되어 일주와의 관계는 제한됩니다. 다가오는 기사월 기무구간과 무무-기무의 관계가 되며 무-기로 정리해 보았을 때 수평적 무토를 수직적 기토가 밭갈이 하여 일으켜 세우니 잠시 불쑥 올라온 듯합니다. 무-기의 관계는 주변 요소에 따라 달라질 수 있습니다.

경오월 경병구간 2경금으로 년간기토는 설기가 급격히 심해집니다.

정신/기신 구간. 정화생 기토생 2신금으로 균형적 소통세입니다. 2신금으로 편중될 듯 하나 음금이며 지지자리이며 기토는 천간자리로 설기는 거의 없는 편입니다.

경오월 경기구간 2기토가 2신금1경금을 생하려니 설기가 심해집니다. 경정구간 금기가 편중되어 년간기토는 설기되며 월지정화가 일주와 합목되면 금극됩니다.

신미월 신정구간 금기가 월간경금에서 월간신금으로 완화되기는 하나 아직 편중세이며 정화가 일주와 합목되면 금극됩니다. 신을구간 을목은 2신금에 충극됩니다. 경금지향과 합금화는 가능할 수 있으나 금극목으로 합금화율은 불안정해질 듯합니다. 또한, 합금화되면 금기 편중세는 좀 더 심해집니다. 신기구간 2기토 3신금으로 어느 정도 균형되며 소통세입니다.

임신월 임경구간 금기가 다시 무거워지려하나 월지경금으로 년간기토의 설기는 아직 버팀력이 내재됩니다.

갑술월 잠시 반등세를 보인 것은 갑목과 년간기토가 합토되니 금기에 대한 설기가 보완되어 나온 현상인 듯합니다.

을해월 을임구간 을목은 경금지향과 합금화가 되며 이에 년간기토는 다시 설기가 심해집니다. 또한, 을목의 합금화는 임수와 다가오는 병자월 합수에 점차 설기됩니다.

병자월 병임구간 합수와 임수가 되며 수기편중세입니다. 일주에서 정화가 오면 월지임수와 합목되며 수기편중세는 완화되면서 균형적 소통세가 될 수 있는데 상부 합수에 의해 일주의 정화가 충극되어 합목되기 쉽지 않습니다. 병계구간 역시 수기편중세인데 임수에서 계수로 수기가 상대적으로 완화됩니다.

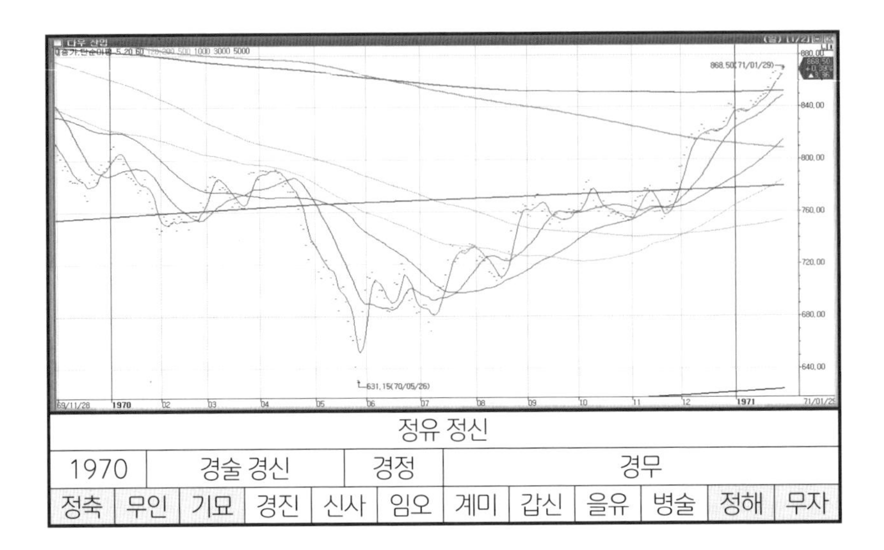

정유 정신											
1970	경술 경신			경정		경무					
정축	무인	기묘	경진	신사	임오	계미	갑신	을유	병술	정해	무자

정정신/경신 구간 정화가 금기들을 극하나 금기가 많으니 버팀력 내재됩니다. 반면, 금기 편중세로 무겁고 조화롭지 않습니다.

무인월 무토가 경신금을 생하니 소통세는 늘어납니다. 무갑구간 갑목은 금극목 되니 총국상 불편합니다. 갑목지향의 지수는 하락세가 심할 듯합니다.

기묘월 기을구간 을경합금되며 기토와 소통됩니다. 반면, 기토는 설기세가 심해집니다.

경진월과 신사월 무토구간은 토기가 월지자리에 있으며 월간자리에 늘어난 금기들과 상부 경신금에게 설기가 심해집니다. 기묘월 기토는 월간자리이지만 음토로 금기들에게 설기가 심할텐데 하락하지 않고 잘 버텼습니다. 경진월과 신사월 무토는 비록 양토이지만 지지자리이면서 월간자리 금기가 추가로 늘어나니 설기가 심해져 하락세가 심해진 듯합니다.

사실, 기묘월 기토도 천간자리이지만 음토이기에 상부 경신금들에게 설기가 심해지며 하락세가 나와야 하나 무인월 무무구간 2무토이며 무토의 옆이기에 어느 정도 버틴 듯합니다. 또한, 주식장에서 세력들의 의지에 의해 버틸만큼 버티다가 결국 갑자기 급락하는 경우가 많은데 이러한 결과일 수도 있습니다. 즉, 기묘월도 하락세가 충분히 될 수 있습니다. 만약, 기묘월 하락하였다면 경진월과 신사월의 하락은 급락이 아닌 완만한 하락세가 되었을 듯합니다. **또는 기을구간 을목이 년간경금과 다가오는 경진월 경금과 합금되려 하면 운기가 강조되어 이에 버팀력이 내재될 수도** 있습니다. 특히, 경금지향이나 을목지향에게 나타나는 특수운기일 수도 있습니다.

경진월 경을구간 합금되면 금기 편중세가 심해집니다. 경계구간 금생수 소통세지만 금기가 편중됩니다. 경무구간 금기편중세에 월지무토는 설기가 매우 심해집니다.

다수의 금기 아래 무토는 직접적으로 무토가 매우 심하게 설기되고 있다는 운기를 뜻합니다. 만약, 무토가 배치되지 않고 금기들만 배치되었다면 금기편중세의 무거움에 하락하지만 무토가 배치된 하락보다는 완만할 수도 있습니다. 이와같은 관점이 중요한데 천지장 격국에 목기없이 금기가 강조되어 있으면 목기지향에서는 불편하기는 한데 직접적으로 금기가 목기를 극하는 격국을 만나면 더욱 심하게 불편할 수 있고 지수는 하락세가 커질 수 있습니다.

신사월 신무구간 무토는 금기들에게 설기가 심해집니다. 경진월 경금에서 신사월 신금으로 1금이 완화되었는데 신사월 신경구간이 다가오니 다시 무거워집니다. 신경구간 무거운 금기편중세입니다.

정신/경정 구간

신사월 신병구간 합수되며 금생수로 소통세입니다. 1신금이 합수되어 금기는 다소 완화되었으나 합수는 2수격으로 편중되어 일주와의 관계는 제한됩니다. 다가오는 임오월 임정합목에 금생수생목으로 소통세가 넓어집니다.

임오월 임정합목이 되면서 경신금에 금극목 됩니다. 신사월 신병합수 근처에서는 역생율이 내재되지만 이후부터는 금극목 운기입니다. 임병구간 신금지향은 병화와 합수화되니 합목은 아직 역생율을 유지합니다. 임기구간 합목은 다시 금극 되며 기토는 경금에 설기되고 합목의 눈치를 봅니다. 임정구간 합목은 금극되며 계미월 계수가 다가올수록 역생되면 좋겠지만 계수가 년지무토와 합화되니 역생되지 못해 불편한 운기입니다.

정신/경무 구간 무토의 등장으로 금기편중세가 화생토생금 소통 활기가 되며 월주에서 합변화로 충극이 되지 않는 이상 전반적으로 긍정을 유지할 듯합니다.

계미월 계기구간 계무합화가 되며 기토를 거쳐 금기와 소통됩니다. 기토는 합화의 생을 받지만 경금에 설기세입니다.

갑신월 갑기구간 경극갑되어 갑기합토는 쉽지 않습니다. 갑무구간 갑목은 금극되나 무토의 등장으로 금기들과 소통력이 강해집니다. 갑임구간 임수의 등장으로 갑목도 역생되며 무토생 경금생 임수생 갑목으로 소통세가 넓어집니다. 갑경구간 갑목은 금극되며 총국상 조화롭지 않습니다. 금기가 다소 무겁지만 토생금 운기로 금기지향에게는 버팀력 내재됩니다.

을유월 을경구간 을경합금되며 금기가 편중되어 다소 무겁지만 토생금으로 소통되며 금기지향에게는 버팀력 내재됩니다. 을신구간 을목은 합금화되며 금기가 편중되어 무겁습니다. 다가오는 병술월 병신합수의 여기에 을신구간 신금도 합수를 지향하며 금기편중세가 완화되고 금생수 소통세가 넓어집니다.

금기가 편중세로 무거워지는데 잘 버티고 있습니다. 년지무토 대신 년지가 기토이면 하락세가 커졌을 듯합니다.

병술월 병무구간 병화는 신금지향과 합수화가 되고 경금생되어 무난하며 토생금생수로 소통세입니다. 반면, 다가오는 정해월 정화는 점차 수극화됩니다.

정해월 정임구간은 합목이 되며 년간경금에 금극목 되지만 무자월 무임구간 임수가 다가올수록 역생됩니다.

무자월 무임구간 토생금생수로 소통됩니다. 2무토는 약간 편중되지만 금기와 소통되며 금기지향에게는 무난합니다. 무계구간 순차합화가 되며 합화생 대기무토생 경금으로 소통세가 좋으며 무토편중세도 완화됩니다. 또한, 다가오는 기축월 기토와도 점차 소통됩니다.

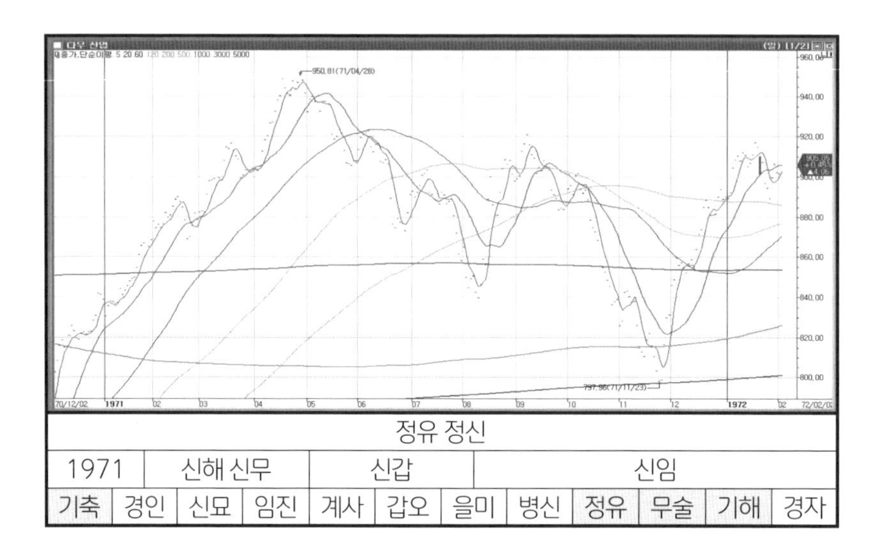

정유 정신											
1971	신해 신무			신갑			신임				
기축	경인	신묘	임진	계사	갑오	을미	병신	정유	무술	기해	경자

신임년주 임수가 특간정화와 합목되면 신금들에게 금극목 됩니다. 그리고 합목의 여기는 신갑년주까지 넘어옵니다. 그런데, 병신월 전후 병신합수가 내재되는 구간에서는 합목이 역생되어 하락세중 잠시 반등이 나온 듯합니다.

정신/신무 구간 화생 토생 금으로 소통세입니다.

경인월 경갑구간 금극목 이외에는 화토금으로 전반적으로 금기지향에게 무난합니다.

신묘월 신을구간은 신극을이 내재되지만 다가오는 임진월 임수에 의해 역생율이 점점 높아집니다. 을목은 경금지향과 합금화된 후 토생되며 주변 신금과 함께 다가오는 임수와 소통됩니다.

임진월 임을구간 을목은 경금지향과 합금화되며 년간신금과 함께 무토생되며 임수를 생해줍니다. 임계구간 계수는 년지무토와 합화되며 임수에 불편해지나 다가오는 신갑년주 갑목의 여기성에 버팀력 내재됩니다. 임무구간 토생금생수로 소통세이며 2무토로 약간 무거워지려 합니다.

정신/신갑 구간 정화극신금으로 불리격이지만 2신금으로 버팀력은 어느 정도 내재됩니다. 또한, 1신금이 1갑목을 극하지 못하지만 2신금부터는 극하기 시작하며 3신금부터는 1경금과 같은 수준으로 갑목을 극할 수 있습니다. 그런데, 2신금이 정화에 불편하기 때문에 갑목은 버팀력이 내재될 듯 하나 실제 다가오는 신임년주의 정임합목이 여기되어 정신특주 정화는 합목으로 보며 금기와 조화롭지 않으며 년지갑목은 금극목 됩니다.

계사월. 계무구간 갑목이 무토를 극하면 합화는 실패하며 합화가 성립되도 금기와는 조화롭지 않습니다. 계경구간 금생수생목으로 소통세가 넓어집니다. 반면, 여기되는 정임합목과 갑목에 월간계수는 설기됩니다. 계병구간 신병합수되며 갑목과 다가오는 합목의 여기성과 소통됩니다. 특히, 계수의 설기를 보완합니다.

갑오월 갑병구간 신병합수되며 갑목들과 다가오는 합목의 여기성과 소통됩니다. 합수는 다소 설기될 수 있습니다. 갑기구간 기토는 순차합토되며 합토는 다가오는 합목의 여기성에 갑병구간 합수 근처에서는 불편하며 갑정구간 화기 근처에서는 목생화생토로 역생됩니다. 갑정구간 2갑목이 내재되며 다가오는 정임합목과 더불어 금극목에 버팀력 내재됩니다.

을미월 을정구간 을목은 합금화되며 금기와 정화와 조화롭지 않으며 금기와 목기도 조화롭지 않습니다. 을을구간 경금지향과 합금화 되며 금기가 무거운 편중세입니다.

정신/신임 구간 정임합목이 되니 정화극신금이 소멸하고 신금들이 합목을 극합니다.

을미월 을기구간 을목은 경금지향과 합금화가 되며 월지기토는 금기들에 설기되면서 다가오는 정임합목에 목극토 됩니다. 합목은 금극목되고 있지만 다가오는 병신월 병화가 년간신금과 합수가 되면서 역생되니 토기를 극할 수 있습니다.

병신월 신병합수가 되어 신금극합목은 역생됩니다.

정유월 2정화1임수로 순차합목되며 대기정화가 상부일 때와 하부일 때 합목을 극하는 금기들을 제압하려 합니다. 그러나, 합목은 수기가 부족하여 금극목 상태입니다.

무술월 무신-무정-무무로 나뉘며 모두 합목은 금극목 상태입니다.

기해월 기무-기갑-기임으로 나뉘며 기무-기갑 구간 합목은 금극목 상태이며 기임구간에 접어 들어야 수생되어 역생됩니다. 그런데, 수기가 미리 여기 된다면 기무구간 무토나 기갑구간 합토는 수생합목에 불편해질 수 있는데 그 여기성이 어느 정도까지 다가올지는 아직 명확하지 않습니다.

경자월 자수는 합목을 역생시켜주며 금생수생합목으로 소통세입니다.

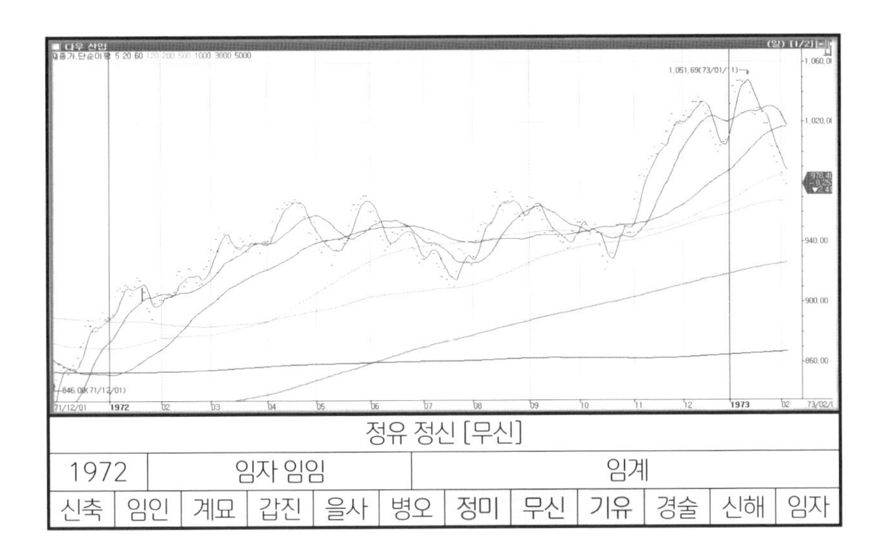

정유 정신 [무신]											
1972	임자 임임					임계					
신축	임인	계묘	갑진	을사	병오	정미	무신	기유	경술	신해	임자

정신/신임 구간 정임합목이 형성되며 2신금에 불편합니다. 그러나, 다가오는 임자월 임임구간 대기임수에 의해 합목은 역생율이 높아지며 신축월 신기구간 기토는 역생합목에 불편해집니다.

특주는 정신구간과 무신구간의 접경구간이며 임자년 임임년주는 정신특주로 적용하며 임계년주는 무신특주로 적용함이 적절할 듯합니다. 그런데 임임년주에서는 수생합목이 형성되고 임계년주에서는 무계합화가 형성되면 임계년주에서는 합화가 임수에 수극화됩니다. 임임구간 근처에서는 합목이 내재되니 수극화는 역생되지만 임계년주로 접어들면 합목이 소멸하니 수극화가 됩니다. 또한, 임임-임계 접경구간에서 임임년주의 합목이 임계년주의 무계합화 무토를 극하면 합화가 풀릴 수 있습니다.

정신/임임 구간 정임합목이 대기 임수의 생을 받으며 소통세입니다. 반면, 월주에서 토기가 오면 수생합목에 불편하게 됩니다.

임인월. 임병구간 병화는 임수극되어 조화롭지 않습니다. 신금지향은 병화와 간헐적으로 합수화가 가능하나 그러면 수기가 편중됩니다. 그러나, 상부 합목에 왠만한 수기는 조율됩니다. 임갑구간 합목과 갑목이 2임수의 생을 받아 소통됩니다.

계묘월 계갑구간 합목과 갑목이 대기1임수와 1계수의 생을 받으며 무난합니다. 계을구간 을목은 경금지향과 합금화가 되며 합금화생 수생 합목으로 소통세가 넓어집니다. 합금화는 대기1임수와 1계수에 약간 설기되나 다른 격국이 소통세여서 무난한 결과가 나온 듯합니다.

갑진월 갑무구간 수생된 합목과 갑목은 월지무토를 불편하게 합니다.

을사월 을무구간 을목은 경금지향과 합금화가 되며 무토의 생을 받고 대기임수를 지원합니다. 반면, 월지무토는 수생합목에 충극됩니다. 을경구간 합금이 되며 대기임수를 받쳐주며 소통세가 넓어집니다. 을병구간 을목은 경금지향과 합금화가 되며 병화는 임수에 극 받아 불리격인데 신금지향과 합수화가 간헐적으로 가능할 수 있으며 합금화의 생을 받습니다. 다가오는 병오월 병병구간 2병화의 합수화가 다가올수록 수기편중세가 됩니다.

병오월 병병구간 2병화의 합수화와 대기임수는 합목에 조율은 되나 상대적으로 수기 편중세가 심한 환경입니다.

정신/임계 구간은 다가오는 무술특주 무신구간으로 적용합니다.
무신/임계 구간 무계합화가 형성되며 합화가 특지신금을 극하려 하나 년간임수가 합화를 충극합니다. 합화가 수극화되면 총국상 불리격이며 합화가 건재하면 특지신금이 화극되어 금기지향에게 불리격입니다. 금기지향에게는 화기가 수극화되는 점이 오히려 긍정될 수도 있습니다. 그러나, 총국상 불리격이기에 긍정율은 제한되며 주로 보합세이면서 부분적 상승, 하락세를 동반할 것으로 추정됩니다.

병오월 병기구간 합화를 임수가 충극하며 금기지향에게는 불리하지 않지만 총국상 불리격입니다. 병정구간 년간임수와 월지정화가 합목되어 합화를 받쳐줍니다. 소통세는 넓어 졌는데 특지신금이 합화에 충극됩니다.

정미월 정기구간 월간정화는 년간임수와 합목되며 무계합화와 소통되며 합화는 특지신금을 충극할 수 있으나 우선적으로 월지기토와 소통되니 특지신금은 버팀력 내재됩니다. 종합적으로 소통세가 좋으며 특지신금은 버팀력 내재됩니다.

무신월 2무토1계수로 순차합화가 되며 대기무토와 합화는 화생토 소통됩니다. 그러나, 년간임수에 의해 합화는 충극됩니다. 무기-무무-무임-무경 모두 순차합화가 되며 년간임수에 합화가 충극되는데 다우지수는 초반 상승세가 나온 후 약하게 흘러내리고 있습니다. 초반 상승세는 무신월의 운기 때문이 아니라 바로 앞 정미월 임수가 합목되니 수극화가 소멸하여 소통세가 넓어진 영향력에 나온 현상인 듯합니다.

기유월 상부 합화는 임수에 여전히 수극화 상태입니다. 기경-기신 구간에 있어서 기토는 경금보다 신금과 소통력이 좋습니다.

경술월-신해월-임자월을 살펴보면 신해월 중심으로 큰 상승이 나왔습니다. 그리고, 그 상승의 원리에는 월주에서의 임수가 맥점일 듯합니다. 즉, 월주의 임수가 일주의 정화와 만나 합목되면 수기가 급격히 줄어들고 목기가 성립됩니다. 그리고, 상부 임수에 의한 수극화 불편함이 줄어들어 총국상 소통율이 높아집니다.

이러한 원리는 겨울국마다 종종 나오고 있는데 근원적 문제가 수기의 과다로 인한 문제점이였고 대응 원리는 일주의 정화를 만나 임수의 합목화로 상대적 수기완화와 소통세 증가입니다.

그런데, 이번 격국에서는 과거의 경우와 달리 총국적 긍정율은 늘어났지만 수극화가 소멸하면 특지신금이 화극금 되어 불편할 수 있습니다. 그래서, 좀 더 세부적으로 분석해 보았습니다.

이 점에 있어서 경술월 경무구간과 신해월 신무구간 무토는 2무토1계수의 순차합화 및 대기무토로 구성되며 화기의 방향이 화극금 보다 화생토를 우선하여 특지신금의 버팀력은 내재된 구간으로 해석됩니다. 예로, 특간무토와 년지계수가 합화될 때는 월지무토가 대기무토가 되고 년지계수와 월지무토가 합화되면 특간무토가 대기무토가 됩니다. 특간무토가 대기무토가 될 때는 오히려 특지신금은 역생소통됩니다.
종합해보면 경술월-신해월 무토에 의해 화생토가 형성되나 년간임수가 수극화합니다. 반면, 신해월-경자월 임수구간 일주와 합목되면 상부 임수를 조율하고 합화를 역생시킬 수 있습니다. 그러면, 특지신금이 불편할 수 있습니다. 결국 그 중간값인 신해월에서는 합화가 역생되면서 화생토되어 특지신금도 역생되는 중심점이 되며 이 기준값으로 상승과 상승후 꺽임이 나온 듯합니다. .
아직 명료하게 분석하지 못한 년도이며 너무 억지스럽습니다. 앞으로 많은 분들은 명료한 원리를 찾아 내실것으로 판단됩니다.

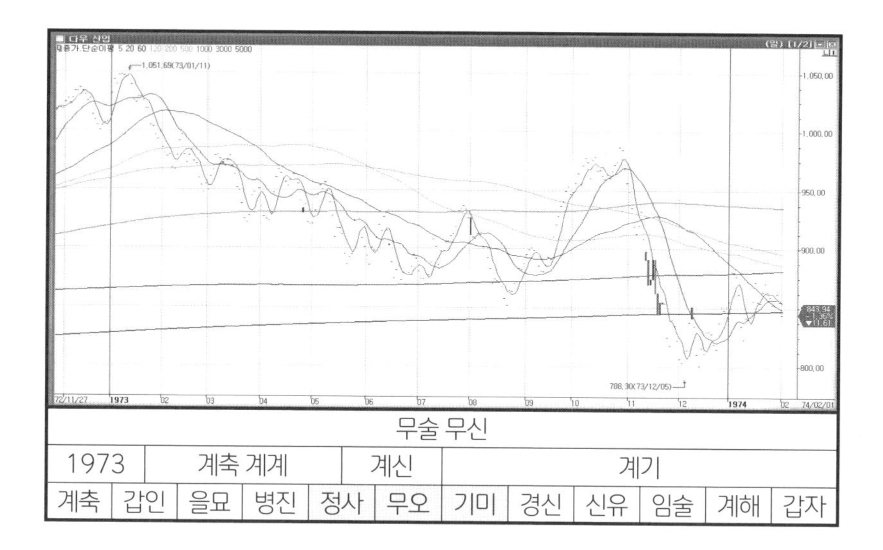

무술 무신											
1973	계축 계계			계신		계기					
계축	갑인	을묘	병진	정사	무오	기미	경신	신유	임술	계해	갑자

무신/계계 구간 무계합화가 특지신금을 불편하게 합니다. 월주에서 토기가 오면 화기의 방향을 어느 정도 돌릴 수 있는데 년주가 2계수이므로 무토가 오면 합화가 늘어나 오히려 금기지향에게는 불편하며 기토가 와야 안정성이 높아집니다.

갑인월 갑갑구간 합화되고 남은 대기 계수의 생을 받아 소통세이나 목기가 합화를 부추겨 특지신금은 좀 더 불편해집니다.

을묘월 을을구간 경금지향과 합금화된 후 대기계수를 받쳐주나 합화와 조화롭지 않습니다.

병진월 병무구간 2무토 2계수로 2합화가 형성되며 병화는 신금지향과 합수화되어 합화를 불편하게 합니다. 총국상 분명 불안정하나 금기지향에게는 수극화가 크게 불편하다고 볼 수 없습니다.

정사월 정무구간 2합화로 화기가 편중되며 특지신금은 불편합니다. 정경구간 경금은 화기와 조화롭지 않습니다.

무신/계신 구간 합화가 2신금을 극하며 2신금에 버팀력은 늘어나나 합화역시 2화격이므로 충극은 심합니다. 다행히, 겹치는 무오월 대기 무토에 의해 역생율도 내재되며 다가오는 계기년주 기토에 의해 역생율이 높아집니다.

정사월 정병구간 년지신금은 화극상태로 월간병화와 합수가 어렵습니다. 그런데, 다가오는 무오월 대기무토에 의해 신금은 점차 합수가 가능하게 되고 화기들과 조화롭지 않습니다.

무오월 무토가 늘어 2무토1계수로 합화 후 대기하는 무토와 소통될 수 있습니다. 무병구간 대기무토에 의해 년지신금은 월지병화와 간헐적으로 합수가 가능하며 신금지향과도 합수화되며 합수 위의 합화는 충극관계는 아니지만 조화롭지 않습니다. 무기구간은 기토가 합화와 소통됩니다. 무정구간은 정화가 늘어 화기가 지나칩니다. 그러나, 다가오는 기미월 기토가 다가올수록 소통율이 높아지며 금기지향에게 긍정됩니다.

무신/계기 구간 기토가 내재되니 합화극신금은 역생됩니다. 그런데, 다우지수는 잠시 반등하는 듯 하다가 다시 급락하였습니다.

기미월 기기토는 상부 합화와 소통됩니다.

경신월과 신유월은 상부 무계합화 생 기토생 경-신금으로 소통세가 좋으며 금기지향에게 긍정되는 구간입니다. 대비점으로 경신월 금기편중세로 년지기토의 설기가 커질 듯한데 경경금에서 신신금으로 년지기토의 설기는 상대적으로 완화세이므로 다행입니다. 또한, 년주의 기토는 월주의 경-신금 보다 상부이므로 설기세에 버팀력은 내재됩니다.

경신월 경경구간은 년지기토의 설기가 가장 큰 곳인데 하락세는 미리 선반영되어 경경구간까지 하락하다가 금기편중세 완화로 반등이 시작된 듯합니다.

임술월 임무구간 2무토1계수로 순차합화 되며 월지무토의 합화시 임수가 불편하게 합니다.

계해월 계무구간 합화되며 임술월로 다가갈수록 월간임수에 수극화됩니다. 계갑구간 월지갑목은 년지기토와 합토되며 합화생합토로 부분 소통됩니다. 월간계수는 합토 위에 있어서 충극되지 않지만 조화롭지 않습니다. 계임구간 상부 합화와 하부 계임수와 충극관계는 아니지만 조화롭지 않습니다. 년지기토가 월지임수를 극하나 음기토에 대한 양임수이므로 버팀력 내재됩니다. 그런데, 다가오는 갑자월 갑기합토가 계임수를 점차 강하게 토극수 시킬 수 있습니다.

갑자월 갑임-갑계구간으로 구분되며 월간갑목은 년지기토와 합토되며 계해월 계임구간으로 다가갈수록 수기를 불편하게 할 수 있고 갑임-갑계구간의 임수-계수를 불편하게 할 수 있습니다. 다행히, 다가오는 을축월 을목은 경금지향과 합금화 되므로 다가올수록 토극수에 대한 역생율은 높아집니다.

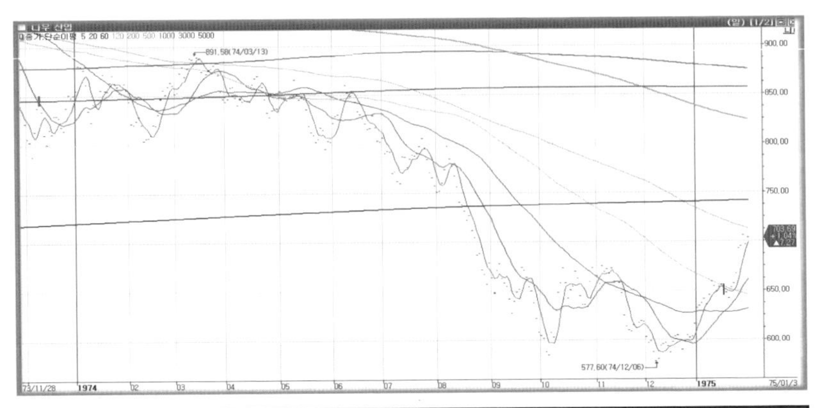

무술 무신											
1974	갑인 갑무			갑병		갑갑					
을축	병인	정묘	무진	기사	경오	신미	임신	계유	갑술	을해	병자

무신/갑무 구간 년간갑목이 년지무토를 극하니 불편한 운기이나 특간무토가 더해지니 무토들의 버팀력은 늘어납니다.

병인월 병화가 갑목극무토를 역생시킵니다. 그러나, 신금지향은 병화와 합수화되니 수생갑목이 되어 년지무토를 좀 더 불편하게 합니다. 그러나, 다가오는 정묘월 정화에 의해 역생소통율이 높아집니다.

정묘월 정을구간 경금지향은 을목과 합금화되며 갑목생 정화생 무토생 합금화 등 소통세가 무난합니다.

무진월 무무구간 4무토가 되어 년간갑목이 극해도 인해전술격으로 무난합니다. 그러나, 무토 편중세로 일주와의 관계는 제한적입니다.

무신/갑병 구간 신병합수되며 무토가 합수를 불편하게 합니다. 갑목 또한 월주와 합토되면 불편하게 합니다. 경오월 경금과 신미월 대기신금에 의해 토극수는 역생율이 늘어납니다.

기사월 기무구간 기갑합토가 늘어나 합수를 좀 더 불편하게 합니다. 기경구간 경금이 토극수에 역생율을 높여 줍니다. 기병구간 병화는 신금지향과 합수화가 되며 합수와 더불어 토극수 되는데 다가오는 경오월 경금이 다가올수록 역생율이 높아집니다.

경오월 경금이 상부 합수를 받쳐줍니다. 경병구간 월지병화는 신금지향과 합수화가 되며 상부 신병합수와 더불어 경금의 생을 받습니다. 경기구간 갑기합토가 되며 합토생 경금생 합수로 소통세는 무난합니다. 경정구간 정화는 합수에 수극화 됩니다.

신미월 신정구간 2신금1병화는 순차합수되며 대기신금과 소통됩니다. 반면, 정화는 합수에 불편합니다. 신을구간 을목은 경금지향과 합금화되며 합수를 받쳐줍니다.

무신/갑갑 구간 2갑목은 편중세로 월주와의 관계가 제한적이며 토기는 충극이 많으며 수기는 설기세가 많습니다. 다우지수는 충극보다 설기에 의해 약세가 좀 더 강하게 나왔습니다.

신미월 신기구간 기토는 2갑목과 순차합토가 되며 부분적 토생금 소통세가 내재됩니다.

임신월과 계유월 임-계수는 2갑목에 설기됩니다. 금생 수생 갑갑목으로 소통세이기는 하나 임수와 계수는 2갑목에 설기되며 임수보다 계수가 특히 설기가 심해집니다. 다우지수 차트를 살펴보면 임신월이 계유월 보다 더 가파르게 하락하였으나 방향이 임신월과 계유월 모두 하락세이며 계수가 더욱 설기가 심하니 모두 선반영되어 나타나는 흐름으로 임신월이 계유월 보다 더 불리해서 더 하락한 것이 아닐 듯합니다.

을해월 을임구간 임수는 2갑목에 설기가 심해집니다.

병자월 자수는 병화의 합수화와 함께 2갑목에 대한 설기세가 약간 완화됩니다.

갑술월 갑무구간 무토는 3갑목에 극이 심해지는데 지수는 보합세였습니다. 아주 특수한 결과인데 명확하게 원리를 찾아내지 못하였습니다. 추정으로는 특간무토가 내재되며 건재하니 버팀력이 늘어난 것일 수도 있고 나라별 대표오행 금기국에서는 갑목이 힘을 쓰지 못해 토기가 버팀력이 내재된 것일 수도 있습니다. 물론, 총국상 수기가 내재되면 금기국에서도 토기는 충극될 듯합니다. 또한, 금기지향이 아닌 곳에서는 약세가 나올 듯한 총국운기입니다.

그러나, 명확한 원인은 아직 알아내지 못하였습니다. 앞으로 데이터가 좀 더 늘어나야 명료한 분석이 가능할 듯 하며 추정으로는 특간무토의 존립에 대한 영향력이 가장 클 듯 하며 이 조건에 금기지향 안에서의 갑목의 제한성에 대한 특수현상이지 않을까 추정됩니다.

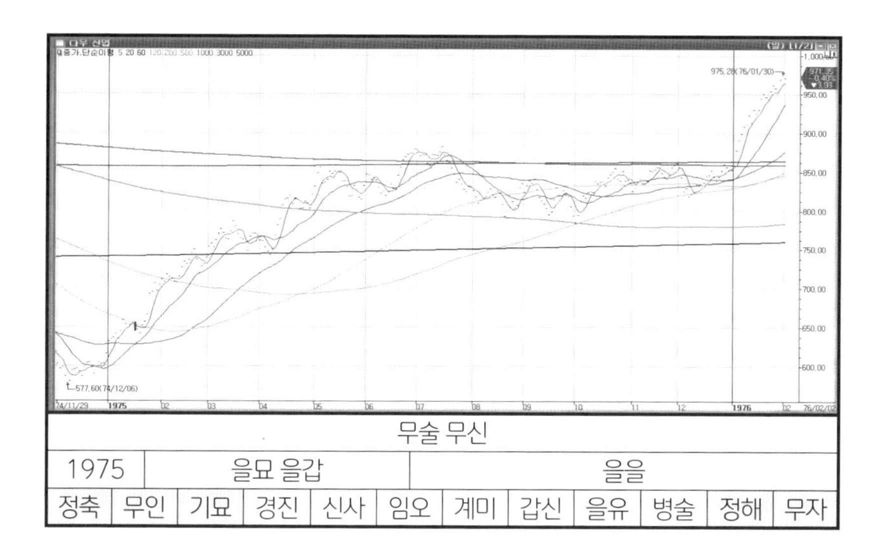

<table>
<tr><td colspan="12">무술 무신</td></tr>
<tr><td>1975</td><td colspan="4">을묘 을갑</td><td colspan="7">을을</td></tr>
<tr><td>정축</td><td>무인</td><td>기묘</td><td>경진</td><td>신사</td><td>임오</td><td>계미</td><td>갑신</td><td>을유</td><td>병술</td><td>정해</td><td>무자</td></tr>
</table>

무신/을갑 구간에서 특지신금이 년지갑목을 극하나 음신금에 양목으로 버팀력 내재됩니다. 그런데, 년간을목은 경금지향과 합금화되어 년지갑목을 극하니 년지갑목은 금극율이 높아져 불편해집니다. 다행히, 월주에서 갑목이 늘어나면 버팀력이 늘어나며 월주에서 수기가 오면 힘을 얻습니다. 또한, 금극목이 총국상 불리격이지만 금기지향에게 크게 불편하다고 할 수 없으며 이외의 주요격국은 토생금으로 금기지향에게 무난한 운기입니다.

무신/을을 구간에서 년지을목은 특지신금에 충극됩니다. 2을목으로 버팀력은 내재되며 월주에서 수기가 오면 역생은 되지 못해도 역전의 용사격처럼 버팀력은 높아지며 임오월 임수, 계미월 계수, 갑신월 임수, 병술월 합수, 정해월 해수, 무자월 자수등 수기가 지속적으로 오니 버팀력 내재됩니다. 신극을에 경금은 합금이 실패하지만 경금지향은 합금화가 가능하며 합금화되면 토생되어 무난한 운기가 됩니다. 또한, 다가오는 무정특주의 여기가 을유월부터는 적용될 듯 하여 신극을은 점차 소멸합니다.

무신/을갑 구간 특간무토는 특지신금과 년간을목의 합금화를 생해주어 금기지향에게 무난한 운기입니다. 반면, 년지갑목은 특지신금과 년간을목의 합금화에 불편해집니다.

무인월 무갑구간 토기들과 경금지향의 합금화 및 특지신금과 소통세가 됩니다. 반면, 갑목들은 금극되어 불편해집니다. 다행히, 2갑목으로 버팀력은 내재됩니다.

기묘월 기갑구간 2갑목1기토로 순차합토되며 을목의 합금화 및 특지신금은 합토무토의 생을 받아 금기지향에게 무난합니다. 반면, 2갑목은 순차합토가 되지만 합금화 및 특지신금에 불편율은 내재됩니다. 기을구간 기갑합토되며 2을목은 2합금화가 되며 무토합토가 합금화 및 신금을 생하니 금기지향에게 무난한 운기입니다.

경진월 경무구간 을경합금되며 토생금으로 금기지향에게 무난한 소통세입니다. 반면, 년지갑목은 금기에 불편합니다.

신사월 신병구간 합수되며 년지갑목은 역생되고 합금화 생 합수로 소통세도 무난합니다. 반면, 합수는 2수격이며 편중세로 일주와의 관계는 제한적입니다.

임오월 임병구간 임수극병화에 년지갑목이 역생소통시켜주며 갑목도 역생됩니다. 임오월 임병구간은 신사월 신병구간 신병합수와 더불어 임수극병화의 수극화가 내재되는 줄기로 5년마다 반복되며 목기로 역생시켜주지 못하면 지수의 관점으로 하락하는 경우가 적지 않습니다 무신/을을 구간 특지신금이 년지을목을 극하는 점은 불리격입니다. 그러나, 금기지향에서는 경금지향이 을목과 합금화가 가능하며 결과적으로 무토가 특지신금과 2을목의 2합금화를 생하여 주는 점은 금기지향에게 긍정됩니다. 다가오는 무정특주를 여기적용시켜보면 을유월부터는 무정특주로 적용해야 할 듯합니다.

임오월 임기구간 년주 2을목의 2합금화는 특지신금과 함께 무토기토의 생을 받고 임수를 생하여 소통세가 넓어집니다. 반면, 월지기토는 2합금화에 설기됩니다. 임정구간 임정합목이 되며 2을목의 2합금화에 불편해지는데 계미월 계수가 다가올수록 역생율이 높아집니다.

계미월 계기구간 2을목의 합금화는 무토기토생 받으며 계수를 생해주니 소통세입니다. 반면, 월지기토는 2합금화에 설기세입니다.

갑신월 갑경구간 2을목과 경금은 순차합금되며 경금지향과는 2합금화됩니다. 이 때 월간갑목은 년간을목의 합금 및 합금화에 불편해집니다.

무정/을을 구간 특지정화는 특간무토에 설기세가 내재됩니다. 2을목이 정화를 받쳐주지만 금기지향에서는 2을목은 2합금화가 되며 정화생 무토생 2합금화로 소통됩니다.

을유월 을경구간 3을목 1경금으로 순차합금되며 경금지향과는 3합금화와 1경금으로 금기가 무거워집니다. 을신구간 3을목은 3합금화가 되며 월지신금과 함께 금기편중세로 무겁습니다. 다가오는 병술월 병신구간 병신합수가 다가올수록 소통세가 늘어나며 금기가 일을하려 하니 다이어트 효과에 편중세는 약간 완화됩니다. 배치상 4요소가 금기이면 편중세가 심하여 무거워 하락세가 되어야 하는데 하락하지 않고 잘 버틴 이유는 후반 합수를 생하려 일을 하는 것 이외에도 을경합금은 경금격이 아닌 신금격이기 때문에 버팀력이 가능한 듯합니다.

병술월 병무구간 무토들은 2합금화를 생하며 월간병화는 합수화가 된 후 합금화에 생을 받으니 긍정됩니다. 대비점으로 다가오는 정해월 정화는 다가올수록 합수화에 불편해집니다.

정해월 정임구간 정임합목이 되며 2합금화에 불편합니다. 다행히 다가오는 무자월 무임구간 임수가 다가올수록 역생율은 높아집니다. 반면, 무자월 무토는 역생되는 합목에 불편해집니다.

무자월 무임구간 무토생 2합금화생 임수로 소통세입니다. 무계구간 합화가 되며 무임구간 접경구간에선 수극화가 되지만 이후부터는 수극화는 소멸합니다. 또한, 2합금화는 합화 위에 있어서 불편하지는 않지만 조화롭지 않습니다. 다행히, 다가오는 기축월 기토가 다가올수록 합금화와 합화는 역생소통율이 높아집니다.

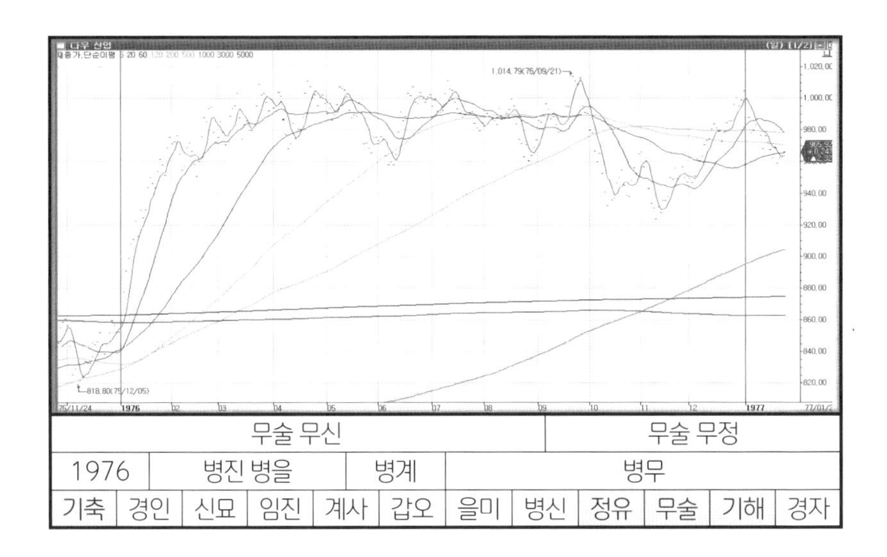

무술 무신							무술 무정				
1976	병진 병을			병계		병무					
기축	경인	신묘	임진	계사	갑오	을미	병신	정유	무술	기해	경자

무신특주 대신 무정특주로 적용해 봅니다. 무신특주에서는 토생금으로 소통세이며 금기지향에게 유리한 격국입니다. 반면, 무정특주는 화생토 소통세이기는 하나 정화가 무토에 설기됩니다. 그래도, 무토내재에 금기지향에게 무난한 운기입니다.

무정/을을 구간 기축월 2합금화는 무토와 기토에 힘을 얻으며 금기지향에게 긍정되는 운기입니다. 또한, 전월 무자월 무계구간 무계합화와 기축월 기토는 소통되며 기축월 기기구간과 경인월 경무구간과도 토생금 소통세입니다.

무정/병을 구간 을목은 경금지향과 합금화 되며 병화는 신금지향과 합수화되며 정화생 무토생 합금화생 합수화로 소통세가 무난합니다. 반면, 특지정화는 특간무토에 설기세입니다. 종합해보면 약간 상승세의 운기입니다. 이에 월에 따라 조금씩 달라질 수 있습니다.

경인월 경갑구간 경극갑에 불안정하나 년간병화의 합수화와 신묘월 병신합수가 다가올수록 역생율이 높아집니다.

신묘월 신을구간 병신합수되며 특간무토에 불편할 수 있으나 년지, 월지 을목은 경금지향과 합금화되어 역생소통율이 높아집니다. 다가오는 임진월 임수가 다가올수록 신을구간 을목의 합금화는 신병합수와 임수에 소통세이기는 하나 설기됩니다.

임진월 임무구간 정화생 무토생 합금화생 합수, 임수로 소통세입니다. 내부적으로는 특지정화는 특간무토에 약간 설기되며 년지을목의 합금화는 년간병화의 합수화 및 월간임수에 설기됩니다.

계사월 계무구간 합화되며 병화의 합수화에 불편해집니다. 계경구간 년지을목과 월지경금은 합금되며 계수와 병화의 합수화에 약간 설기됩니다.

무정/병계 구간 무계합화가 되며 정병화와 함께 화기편중세입니다. 신금지향은 병화와 합수화되며 합화를 불편하게 합니다.

계사월 계병구간 병화는 신금지향과 합수화되며 합화와 조화롭지 않으며 상부는 합화가 합수화에 수극화 상태입니다. 다가오는 갑오월 갑목이 다가올수록 수극화는 역생율이 높아집니다.

갑오월 갑목은 합수화의 생을 얻고 합화를 생해줍니다.

무정/병무 구간 화생토로 소통세이나 년간병화는 신금지향과 합수화가 되며 특간무토에 불편해집니다. 월주에서 병신월, 정유월, 경자월등 금기가 오면 역전의 용사격으로 버팀력은 높아집니다. .

을미월 을기구간 을목생 화생토로 소통세이며 경금지향은 을목과 합금화 된 후 토생되니 무난합니다. 또한, 년간병화의 합수화를 합금화가 받쳐주니 합수화는 역전의 용사격으로 버팀력이 높아집니다.

병신월 병경구간 월간병화는 년간병화와 함께 합수화되며 월지경금과 소통됩니다.

정유월 정경구간 역시 경금이 합수화를 받쳐줍니다. 정신구간 병신합수되며 경금이 소멸하니 토극수 됩니다. 이에 월간정화는 수극화에 버팀력 내재됩니다. 금기지향에게는 정화의 수극화는 오히려 불리함이 제한적이며 신금지향의 합수화가 토극수 됨이 크게 불편하게 됩니다.

무술월 무신구간 신금은 년간병화와 합수되면서 토극수 됩니다. 무정구간 정화는 무토들에게 설기됩니다. 무무구간 토기 편중세가 심해지며 일주와의 관계는 제한됩니다. 또한, 년간병화의 합수화는 무무토 위에서는 무난하나 특간무토에는 여전히 불편합니다.

기해월 기임구간 임수는 토기에 불편해지며 다가오는 경자월 경금이 다가올수록 역생됩니다.

경자월 년간병화의 합수화는 경금에 역전의 용사격이 되며 경임구간 토생금생수로 무난합니다. 경계구간 무계합화가 되며 합수화에 불편합니다.

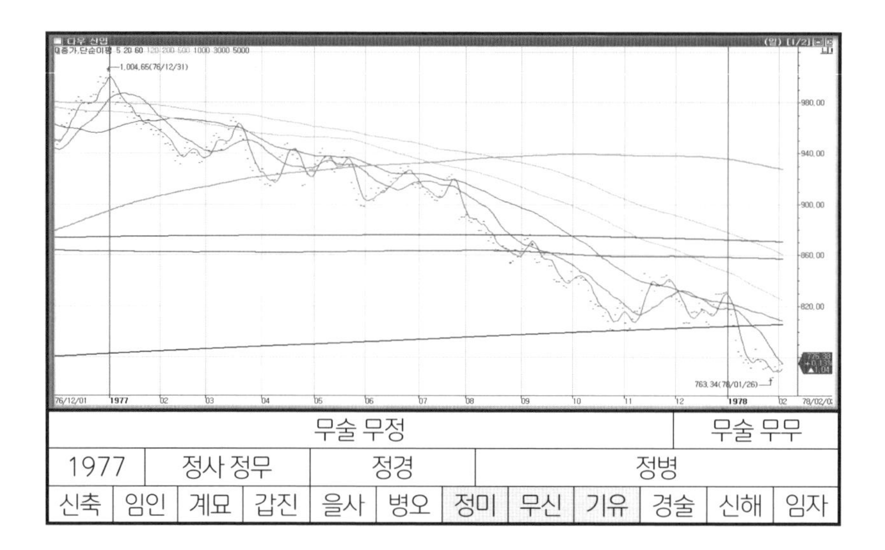

무술 무정									무술 무무		
1977	정사 정무			정경		정병					
신축	임인	계묘	갑진	을사	병오	정미	무신	기유	경술	신해	임자

무정특주와 무무특주의 접경구간입니다. 정화는 다가오는 2무토에 상대적으로 설기가 심해집니다. 지수상으로는 중심부 전후로 접경구간까지 약세가 심할 듯합니다. 무정특주 대신 무무특주를 여기시켜 봅니다.

무무/정무 구간 정화는 3무토에 설기가 심해집니다. 또한, 3무토는 편중세입니다. 정화는 설기되어 총국상 약세구간이지만 금기지향에게는 3무토가 무난할 수 있습니다.

임인월 임갑구간 임수는 년간정화와 합목되며 정화의 설기는 소멸하였으나 합목이 년지무토를 불편하게 합니다. 그런데, 무토가 많아서 버팀력은 내재되며 다가오는 계묘월 계수의 합화가 다가올수록 목기와 토기의 역생소통율을 높여줍니다.

계묘월 계을구간 계수는 년지무토와 합화가 되어 토기편중세를 완화시키고 년간정화의 설기를 보완시켜줍니다. 반면, 월지을목은 화기에 설기가 심해집니다. 경금지향은 을목과 합금화되는데 접촉된 합화에 불편해집니다. 합화는 대기무토를 향하여 극심한 화극금은 아니지만 접촉되었기 때문에 불편율은 내재될 듯합니다.

갑진월 갑무구간 갑목생 정화생 무토로 소통세이나 정화는 설기세이며 무토는 편중세입니다. 그런데, 금기지향에게는 무토 편중됨이 크게 불리하다고 할 수 없으며 다가오는 을사월 을목은 년지경금과 합금되며 토기와 점차 소통됩니다. 반면, 월간갑목은 다가오는 을목의 합금에 점차 불편해집니다.

무무/정경 구간 정화는 2무토에 설기되지만 3무토 보다 상대적으로 설기가 완화되며 2무토는 경금을 향하니 다이어트 효과에 편중세가 완화되며 소통세가 넓어집니다. 정경년주와 정병년주 접경구간에서 잠시 반등하다가 다시 하락하였습니다. 다가오는 정병년주 병화는 신금지향과 합수화가 되며 무무특주에 토극수가 되는데 정경년주와의 접경구간에서는 잠시 경금에 역생소통되니 반등한 듯합니다.

을사월 을병구간 을목은 년지경금과 합금되며 병화는 신금지향과 합수화되며 금생수로 소통세입니다.

병오월 병정구간 병정화는 년지경금과 조화롭지 않습니다. 병화가 신금지향과 합수화되면 월지정화는 불편해집니다.

정미월 정기구간 화생토생금으로 소통세입니다.

무무/정병 구간 년지병화가 늘었으나 신금지향에서는 합수화되고 토극수되어 불안정해집니다. 월주에서 금기가 오면 합수화의 토극수는 역전의 용사격으로 버팀력 내재됩니다. 반면, 년간 정화의 설기는 여전히 심한 상황입니다.

정미월 정기구간 정경년주와 정병년주의 접경구간이며 년지병화의 합수화가 무무특주에 토극수되는데 접경구간에선 정경년주 경금에 의해 잠시 역생소통됩니다.

무신월 무경구간 경금이 병화의 합수화는 역생시키나 년간정화는 늘어난 무토에 설기가 더욱 심해집니다.

기유월 기신구간 병신합수로 토극수되며 다가오는 경술월 경금에 점차 역생률이 높아집니다.

경술월 경무구간 년지병화의 합수화는 월간경금에 역전의 용사격이 되며 정화는 토기에 설기가 심해집니다. 다가오는 신해월 신금은 년지병화와 합수가 되며 다가올수록 월간경금과 소통됩니다.

신해월과 임자월 속 임수는 년간정화와 합목되어 년간정화의 설기세는 소멸합니다. 반면, 합목이 토기들을 어느 정도 조율하지만 년지병화의 합수화는 여전히 무무특주에 토극수 됩니다.기유월 기신구간 병신합수로 토극수되며 다가오는 경술월 경금에 점차 역생률이 높아집니다.

경술월 경무구간 년지병화의 합수화는 월간경금에 역전의 용사격이 되며 정화는 토기에 설기가 심해집니다. 다가오는 신해월 신금은 년지병화와 합수가 되며 다가올수록 월간경금과 소통됩니다.

신해월과 임자월 속 임수는 년간정화와 합목되어 년간정화의 설기세는 소멸합니다. 반면, 합목이 토기들을 어느 정도 조율하지만 년지병화의 합수화는 여전히 무무특주에 토극수됩니다.

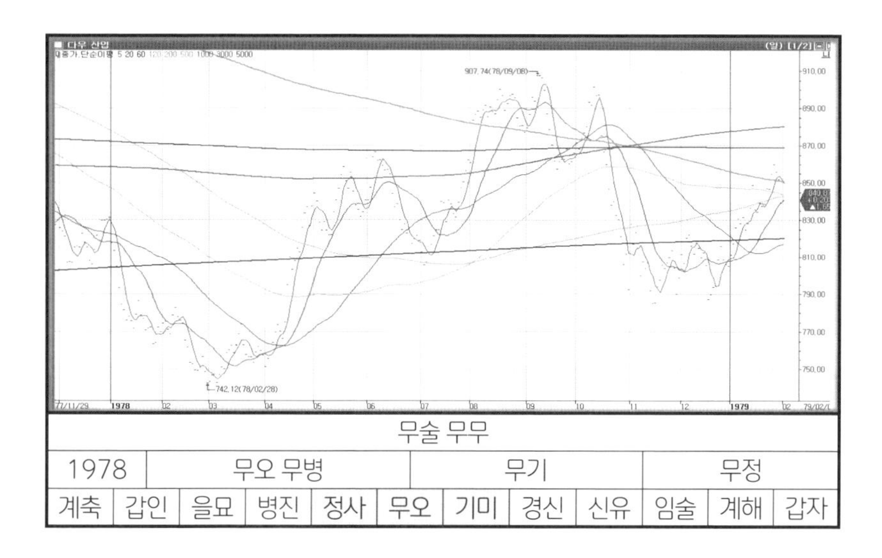

무술 무무											
1978		무오 무병				무기			무정		
계축	갑인	을묘	병진	정사	무오	기미	경신	신유	임술	계해	갑자

무무특주는 편중세로 묵중합니다. 특주만 놓고 봤을 때 주식장에서는 상승도 하락도 쉽지 않은 횡보적 보합세가 많을 수 있습니다. 단지, 금기지향에서는 타지향들보다 약간은 긍정에 가까울 수 있습니다. 그런데, 무오년 무토가 늘어나니 편중세는 심해져 하락율이 높을 수 있고 오화는 설기되어 총국상 불리는 커질 수 있습니다.

무무/정병/계축 구간 정화는 2무토에 설기세이며 병화는 신금지향과 합수화된후 2무토에 토극수 되어 불편한 구간입니다. 그리고, 계축월 특별히 반전시키지는 못하고 년주와 조화롭지 않습니다.

무무/무병 구간 3무토로 토기편중세가 무겁습니다. 또한, 신금지향은 병화와 합수화 된 후 토극수 됩니다. 그런데, 병진월 전과 후 반등세가 컸습니다. **주 요인은 을묘월 을목의 합금화와 병진월 속 을목의 합금화와 정사월 속 경금등 교량-다리 효과처럼 주기적으로 합수화를 받쳐주고 토기와 소통세가 넓어짐과 동시에 토기편중세가 완화되어 나온 상대적 상승세**가 아닐까 추정합니다.

갑인월 갑갑구간 갑목들이 병화를 받쳐주나 3무토에 대한 설기는 지속됩니다. 신금지향은 병화와 합수화 된후 토극수되며 동시에 2갑목을 생하니 설기세가 내재됩니다. 갑갑목은 편중세로 일주들과의 관계가 제한됩니다.

을묘월 을을구간 을목은 합금화가 되며 년간무토는 합금화를 향하니 무토설기세는 완화되며 토극수 되는 년지병화의 합수화를 합금화가 받쳐주니 역전의 용사격이 됩니다.

병진월 병을구간 을목 역시 합금화 되며 합수화는 역전의 용사격이 됩니다. 병계구간 계수는 년간무토와 합화가 되어 무토의 편중세는 완화됩니다. 반면, 합수화와 조화롭지 않습니다. 병무구간 월간병화는 년지병화와 함께 합수화되며 토극수에 버팀력이 약간 올라갑니다.

정사월 정무구간 정화는 무토들에게 설기됩니다. 정경구간 경금에 의해 무토들은 일을 하니 다이어트 효과에 편중세는 완화되며 합수화는 역전의 용사격이 됩니다. 정병구간 월지병화는 년지병화와 함께 합수화가 되며 토극수에 버팀력이 약간 늘어 납니다.

무오월 무병구간 무토가 늘어 무토들의 편중세가 심해지며 월지병화는 년지병화와 함께 합수화가 되며 토극수에 약간 버팀력 높아지려는데 무토도 늘어나니 여전히 토극수는 심한편입니다.

무무/무기 구간 무기충과 토기 편중세입니다. 또한, 1기토는 1개의 무토에 한해서는 밭갈이처럼 들썩이게 할 수 있는데 특주의 2무토가 추가되어 누르면 오히려 싱크홀처럼 눌릴 듯합니다.

무오월 무기구간 월지기토는 년지기토와 함께 4무토를 일으켜 세우려 하나 오히려 주저 앉을 듯합니다. 무정구간 정화는 편중된 토기들에게 설기가 심해집니다.

기미월 기정구간 정화는 토기들에게 설기됩니다. 기을구간 을목의 합금화가 토기들을 운동시켜 소통세가 넓어집니다. 그러나, 여전히, 토기는 편중세입니다. 기기구간 무토와 기토의 토기 편중세인데 무토는 수평적 성향이고 기토는 수직적 성향으로 기토가 늘어 무토를 들어 올리는 것이 가능해지고 있으며 다가오는 경신월 경금이 다가올수록 토기들이 일을 하니 토기편중세가 완화되면서 소통세도 넓어집니다.

경신월과 신유월 금기구간에서 토기는 소통되고 다이어트 효과에 편중세가 완화될 수 있는데 경신월 급등하지 않고 기미월 급등하였습니다. 천지오륜장이 아닌 주식장의 관점으로 선반영이란 현상인 듯합니다.

경신월 금기의 등장으로 토기들은 일을 하려하니 다이어트 효과에 편중세가 완화되고 소통세가 늘어납니다. 경경구간은 금기편중세로 일주와의 관계는 제한됩니다.

신유월 금기의 등장으로 토기들은 일을 하려하니 다이어트 효과에 편중세가 완화되고 소통세가 늘어납니다. 신신구간은 금기편중세로 일주와의 관계는 제한됩니다.

무무/무정 구간 정화는 3무토에 설기가 매우 심합니다.

임술월 임수가 년간무토에 극 받아 년지정화와 합목이 실패하며 운기가 불안정해집니다. 신유월과의 접경구간 및 임신구간에서는 금기가 토극수를 역생소통 시켜주니 합목이 성립됩니다. 임정구간 합목은 실패합니다. 임무구간 합목은 실패하며 무토가 늘어 편중세가 심해집니다.

계해월. 계갑구간 합화되며 갑목생 합화정화생 무토로 소통세입니다. 계임구간 계수는 년간무토와 합화되니 월지임수는 년지정화와 합목이 성립됩니다. 그리고, 합목생 합화생 토기로 소통됩니다. 갑자월 갑임구간 임수는 다시 토극수 됩니다. 갑계구간 계수는 합화되며 갑목생 합화생 토기로 소통됩니다.

특수 관점: 무토는 대지를 저장하는 넓은 대륙입니다. 술토는 광물을 저장하는 토지이며 진토는 원유, 가스등을 저장하는 토지입니다. 반면, 기토는 상부로 쌓아가는 탑이자 빌딩격입니다. 무토 위의 기토는 물상적으로 안정되지만 무토 아래의 기토는 붕괴, 침몰, 지진, 싱크홀등과 인연이 많습니다. 수평적 관계에 있어서 천간은 무-기로 진행되는데 지지는 기-무로 진행됩니다. 그리고, 무-기의 충은 뫼비우스 띠와 인연이 많습니다.

기미월 다우지수는 급등했는데 그 원리가 무기충의 기토 보완 때문일 수도 있는데 줄기오행상 금기와의 소통세가 주 요인이라 판단됩니다.

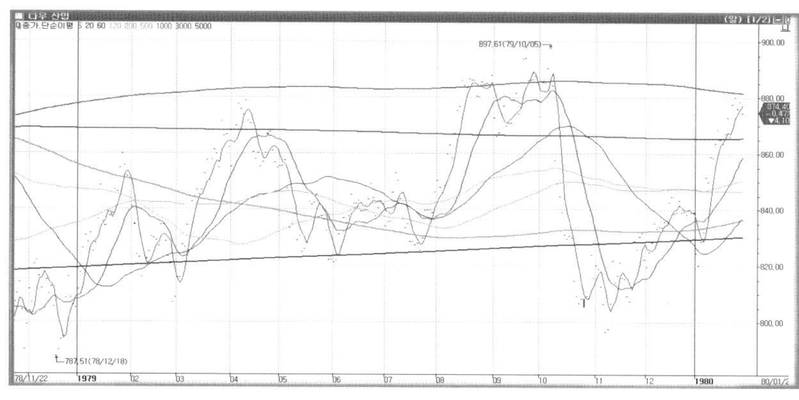

무술 무무											
1979	기미 기정			기을		기기					
을축	병인	정묘	무진	기사	경오	신미	임신	계유	갑술	을해	병자

편중된 무무특주 아래 기미년 역시 토기로 단조롭고 무겁습니다. 더구나, 무기충이 형성되니 운기도 안정적이지 못합니다. 무토 아래 기토의 경우 물상적으로는 침하, 붕괴 등의 재해와 인연이 적지 않은 듯합니다.

무무/무정/을축 구간 토기편중세에 정화의 설기가 심한데 을축월 을목이 정화를 생해주어 조금이나마 소통세가 늘어나며 경금지향은 을목과 합금화되어 토생금으로 소통되면서 토기과대를 조금이나마 완화시키니 긍정구간입니다.

을목이 정화를 생해준다고 해도 총국상 3무토에 대한 설기는 매우 심한 운기로 지수가 상승하기는 어렵습니다. 그나마 금기지향이기에 토기과대에도 상승이 가능한 듯 하고 특히 경금지향과의 합금화로 인해 소통세가 넓어지고 토기가 합금화를 생하려 하기에 다이어트 효과에 토기편중세가 완화되어 상승이 가능한 듯합니다.

무무/기정 구간 토기편중세에 정화의 설기가 심합니다. *무무특주 아래 년간 기토는 무기충으로 병갑-정갑 구간 갑목은 합토가 쉽지 않을 수 있습니다.*

병인월 병갑구간 갑목은 합토가 불안정하며 년지정화의 설기는 더욱 심해집니다. 병화가 정화를 협조할 수 있으나 신금지향은 병화와 합수화되며 토극 됩니다.

정묘월 정갑구간 갑목이 합토를 실패해도 목생화생토로 소통세가 무난합니다. 정을구간 을목은 경금지향과 합금화되어 토기와 소통세가 넓어지고 토기의 편중세가 완화되어 긍정됩니다. 특히, 다가오는 무진월 무토와 점차 소통됩니다.

무진월 무무구간 토기가 늘어 편중세는 다시 심해집니다.

기사월 기무구간 토기가 편중됩니다. 기경구간 경금에 의해 토기가 일을 하니 토기편중세는 완화됩니다.

무무/기을 구간 경오월과 겹치며 경을합금이 형성되어 토기들과 소통되며 토기편중세가 완화됩니다. 그런데, 해당기간이 짧고 다시 기기년주의 긴 토기가 다가오니 긍정구간임에도 지수의 상승력은 제한되고 있습니다.

기사월 기병구간 병화는 신금지향과 합수화가 되며 기을년주 을목의 합금화 및 합금 여기에 생을 받아 무난합니다.

경오월 년지을목과 합금되며 토생금으로 소통되며 토기편중세가 완화됩니다. 경병구간 병화는 신금지향과 합수화 되며 합금의 생을 받아 무난합니다. 경기구간 토생금 소통세로 무난합니다. 경정구간 정화가 일주와 합목되면 금극목 됩니다.

또한, 정화일 때는 다가오는 기기년주의 토기에 다소 설기세가 됩니다.

무무/기기 구간 무기충으로 불안정한 구도이며 토기편중세입니다. 그런데, 신미월과 임신월 사이 기토구간 급등이 나왔는데 임신월 임경구간 경금이 소통세를 넓히고 토기편중세를 완화시키기에 임경구간 경금이 다가올수록 긍정된 듯합니다. 어떻게 보면 1978년 무오년 기미월과 같이 상부 무-기 충에 있어서 기토를 보강하여 상승한 듯 보이나 넓게 보았을 때 금국의 임신월과 계유월 경금구간의 소통세 확장과 토기편중세 완화가 우선된 것으로 분석됩니다. 특히, 금기를 만났을 때 그 시점부터 상승하는 것이 아닌 그 금기까지 상승하다가 금기를 만나면 이 때는 오히려 정점으로 횡보할 수도 있는 주식장만의 특수한 인연일 수도 있습니다.

갑술월 갑무구간 무토증가와 갑목이 년주기토들과 합토되니 토기편중세가 심해져 급락이 나온 듯합니다. (데이터 부족으로 아직 명확하지 않지만 갑기합토로 토기증가 편중세에 의한 급락이 아닌 무-기 충에 의해 기갑합토 실패로 불안정한 운기에 의한 급락은 아닌가도 생각해 봅니다. 지금까지의 추정으로는 무-기 충에 갑목이 합토의 실패로 인한 불안정한 운기가 주요 원인일 듯 하나. 이런 격국이 여러번 확인되어야 공식으로 인정할 수 있는데 그러기 위해서는 720년 주기안에서 꽤 오랜 세월이 흘러야 완성될 듯합니다.)

을해월에서도 갑목구간 합토로 편중세가 심해질 수 있는데 을목은 합금화되어 소통세를 넓히고 토기편중세를 완화시키니 결국 보합적 운기가 나온 듯합니다. 을목의 합금화에 다가오는 병자월 자수와 병화의 신금지향은 점차 소통됩니다.

병자월 병임구간 병화는 합수화되며 임수와 함께 기기토에 토극수 됩니다. 다행히, 음기토 이며 수기도 2수격으로 버팀력 내재됩니다. 병계구간 병화는 합수화되며 계수와 함께 기기토에 토극수 됩니다. 다행히, 음기토 이며 수기도 2수격으로 버팀력 내재됩니다. 또한, 기기토는 무무토 아래에서 충을 받고 있으므로 월주의 수기들을 극함이 제한될 수 있습니다.

무기충과 기무충은 지진, 충돌과 인연이 많습니다. 기무충보다 무기충이 더 파괴적이라 할 수 있습니다. 2018년도에는 기무충으로 전세계적으로 지진 발생율이 매우 높았고 1978-1979년도는 무기충으로 국제뉴스의 발달이 부족했던 시기로 많은 데이터를 확보하지 못했지만 기록에 남을 대규모 지진이 있었습니다. 남미 에콰도르 지진과 유럽 알바니아 지진과 미국 캘리포니아 지진이 있었습니다. 또한, 한국도 홍성과 제주에서 지진이 발생되었는데 그 당시 뉴스 확보의 발전이 제한적임에도 안전지대 한국이 지진이 발생될 정도면 국제적으로 큰 지진이 많았다는 것을 추정할 수 있습니다. 또한, 한국 목기지향 속 갑목지향이 천지장 기토와 합토되려 하는데 무기충에 합토가 쉽지 않아 불안정성 운기에 지진이 인연되었던 것은 아닌가 추정해 봅니다.

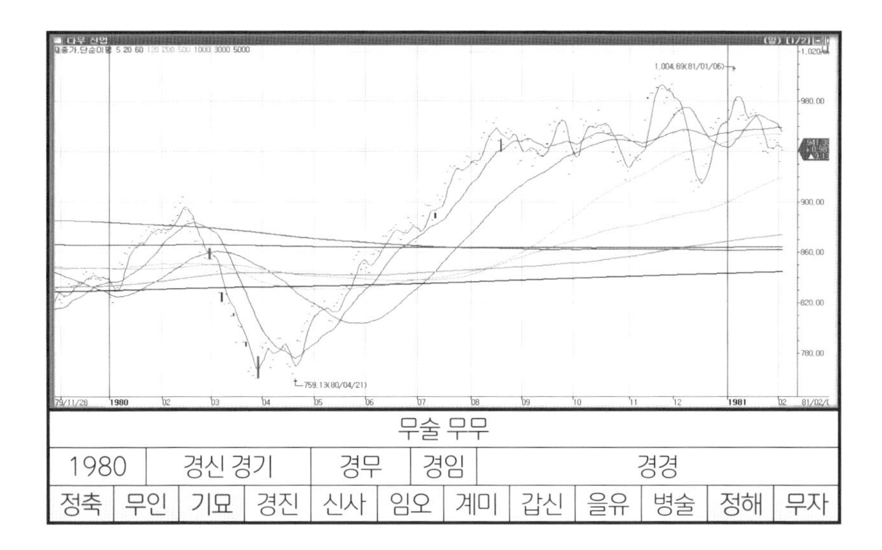

무술 무무											
1980		경신 경기		경무		경임		경경			
정축	무인	기묘	경진	신사	임오	계미	갑신	을유	병술	정해	무자

무무/기기/정축 구간 월간정화가 토기들과 소통세이나 토기편중세로 무겁습니다. 이에 경신년 경기구간이 다가올수록 소통세는 넓어지고 토기들의 편중세는 완화되어 지수는 상승세가 나온 듯합니다.

무무/경기 구간 무무토 특주의 편중세에 년간경금의 등장은 소통되고 편중세가 완화되어 긍정되는데 년지기토는 년간경금과 월주의 합금화 및 경금에 설기됩니다. 경기구간의 약세는 년지기토의 설기에 의한 것과 년지기토가 특주무토와 무기충이 되면서 월주의 갑목들이 경극갑되어 합토가 실패한것이 약세의 추가적 원인으로 추정하고 있습니다. 무기충에 기토의 불안정성으로 합토가 실패하며 경극갑에 갑목의 불편함에도 합토는 실패합니다.

무인월 무갑구간 갑목이 년지기토와 합토되려 하는데 경극갑에 실패하니 운기가 불안정해집니다. 년지기토도 무무특주와도 무기충이 되어 합토가 쉽지 않을 수 있습니다.

기묘월. 기갑구간 역시 합토의 실패로 불안정 합니다. 기을구간 을경합금되어 소통세가 늘어 토기편중세가 완화됩니다. 반면, 년지기토와 월간기토는 을경합금과 다가오는 경진월 경금에 설기세가 늘어납니다.

경진월 경무구간에서는 2경금이 다소 편중세이나 다수의 토기들을 소통시키고 토기편중세를 완화시킵니다. 반면, 년지기토는 늘어나는 금기에 설기세가 늘어납니다.

무무/경무 구간 3무토로 토기편중세가 심합니다. 다행히, 1경금이 소통세를 늘립니다. 또한, 무토들은 경금을 생하려 하기에 다이어트 효과에 무토편중세는 다소 완화됩니다.

신사월 신경금이 늘고 신병구간 합수되어 금생수로 소통세가 늘어납니다.

임오월 임병구간 임수극병화로 불리격입니다. 그런데, 임정구간 정화가 년지임수와도 합목되고 이에 여기 되어 병화의 수극화는 제한됩니다. 또한, 신금지향은 병화와 합수화가 가능하여 임수극병화임에도 토생금생수로 소통세가 무난해집니다.

무무/경임 구간 2무토생 경금생 임수로 소통세가 무난합니다.

임오월 임기구간 기토는 경금에 다소 설기세며 임정합목의 여기성에 다소 불편합니다. 임정구간 2임수1정화로 순차합목되며 대기임수는 합목을 지원합니다.

계미월 계정구간 계수극정화로 수극화이지만 접경구간 합목의 운기에 의해 버티력이 내재됩니다.

무무/경경 구간 2무토 2경금으로 소통세이나 편중격으로 묵중합니다. 특이 관점으로 경금은 합변화 후에도 경금입니다. 변화가 없는 요소이며 편중된 경경금 아래의 월주들은 아무리 소통세가 좋아도 상승력에는 제한될 수 있습니다. 만약, 큰 상승이나 큰 하락의 큰 변화가 나오려면 경금처럼 변하지 않은 요소에서는 어렵고 합변화 후 요소가 바뀌는 경우에나 가능할 수 있습니다. 예로, 무무토의 경우 무계합화가 되면 편중세가 완화됩니다.

계미월 계기구간 소통세이나 기토는 2경금에 설기됩니다. 다행히, 특주 무무토에 월지기토의 설기는 제한되며 다가오는 갑신월 갑목과의 합토 인연에 점차 버팀력은 늘어납니다.

갑신월 갑경구간은 경극갑으로 총국상 조화롭지 않으며 경금이 늘어 경금 편중세가 됩니다.

을유월 을경합금으로 금기편중세가 늘어납니다.

정해월 정임구간 합목되어 상부 경경금에 충극되는데 무자월 무임구간 임수가 다가올수록 역생율이 높아지나 무토는 합목에 극 받습니다.

무자월 무임구간은 토생 금생 임수로 소통세입니다. 무계구간은 금기 아래 합화로 충극은 아니지만 조화롭지 않습니다. 다가오는 기축월 기토가 다가올수록 소통율이 넓어집니다.

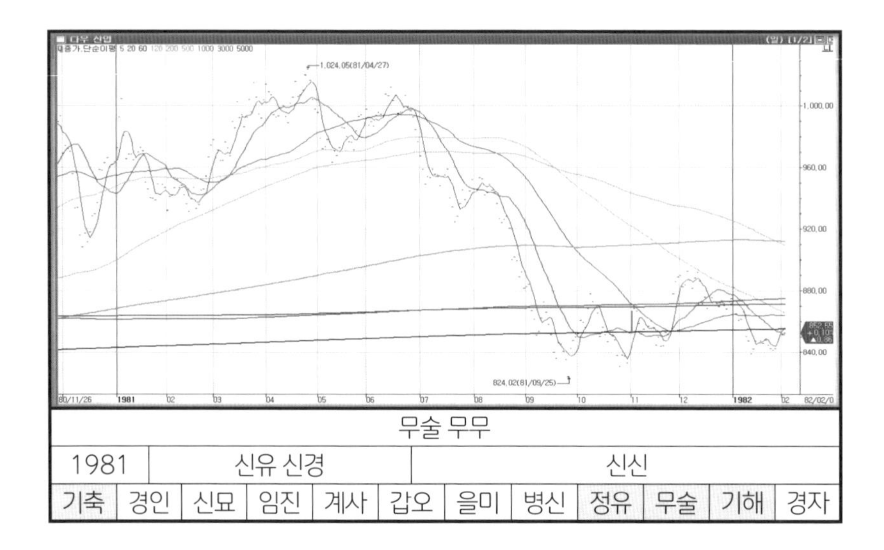

무술 무무											
1981		신유 신경						신신			
기축	경인	신묘	임진	계사	갑오	을미	병신	정유	무술	기해	경자

편중세의 무무특주 아래 신유년 신경구간은 무난했는데 신신구간은 하락후 횡보하고 있습니다. 오행상으로는 큰 주기가 토생금으로 긍정일 듯한데 음양오행상으로는 조화롭지 않거나 합변화로 인한 불리세가 내재되는 듯합니다.

갑목이 병화를 생하면 소통세이며 실효적입니다. 그런데, 갑목이 정화를 생하려 하면 실효성은 낮습니다. 갑목은 거목이고 병화는 화목 보일러라 할 때 정화는 레이저 또는 밤에 어둠을 밝히는 인등 속 촛불로 볼 수 있습니다. 즉, 병화는 열을 동반하는 넓은 방사형 화기인데 정화는 열이 내재될 수 있지만 주 목적은 빛을 앞세우는 조명이 맥점일 수 있습니다. 이에 거대목을 화목 보일러에 넣으면 바로 화력이 거세지지만 촛불에 다가가면 자칫 꺼질수도 있습니다. *이 논리로 무토가 신금을 생할 때 자칫 사장될 수도 있고 신금을 위한 토기는 기토가 적격입니다. 그러나, 이 논리는 원리적 해석이며 실제 다우지수가 신신년주 약세를 보인 것이 무무토 아래에서 음양의 조화가 맞지 않아 발생된 것인지는 아직 명확하지 않습니다. 향후, 유사한 격국으로 좀 더 데이터가 요구됩니다.*

신경년주에는 경금이 내재되니 상부 무토들과 소통의 실효성이 긍정인데 신신구간은 실효성이 낮을 수 있습니다.

무무/신경 구간 토생금으로 소통세가 무난합니다.

경인월 경병구간 신병합수되며 2경금이 받쳐줍니다. 다가오는 경갑구간 갑목과 소통됩니다. 경갑구간 갑목은 금극됩니다. 또한, 2경금1신금으로 금기가 편중됩니다.

신묘월 신갑구간 갑목은 금기들에게 충극됩니다. 신을구간 신극을에 경을합금이 어렵습니다. 물론, 경금지향은 을목과 합금화는 가능합니다. 다가오는 임진월 임수에 의해 을목은 역생율이 점차 높아지며 합금율이 높아지고 수기와 소통율이 높아집니다.

경인월 경갑구간과 신묘월 신갑구간은 금극목 형세인데 상승세가 나왔습니다. 사실 약세가 나옴이 합당한데 상승세가 나온 결과를 억지스럽게 해석해 보자면, 넓게 보았을 때 무무특주아래 신경년주는 토생금으로 소통세이며 지수관점으로 상승세입니다. 즉, 큰 운기가 상승세이기에 아래의 운기가 큰 운기와 충극되거나 합변화로 바뀌기 전에는 큰 흐름을 따를 수 있습니다. 또한, 금극목이 금기지향에게 반드시 불리하다고 볼 수도 없습니다. 그리고, 일주에서 주기적으로 수기가 다가온다면 갑목의 버팀력은 늘어납니다. 무엇보다도 줄기오행의 관점으로 경인월 경병구간 합수와 임진월 임수가 양쪽에서 받쳐주므로 버팀력은 좀 더 늘어납니다.

임진월 임무구간 토생금생수로 소통세입니다. 다가오는 계사월 계무구간 합화가 다가오면 월간임수에 충극됩니다.

계사월 계무구간 합화되며 년주 신경금과 조화롭지 않습니다. 계경구간 금기가 편중됩니다. 계병구간 병화는 신금지향과 합수화가되며 금생수되니 무난합니다. 다가오는 갑오월 갑목과 소통세가 넓어집니다.

갑오월 갑병구간 병화는 신금지향과 합수화되며 금생 수생 목등으로 소통됩니다.

무무/신신 구간 토생금으로 소통세이나 양2무토가 음2신금을 생하니 자칫 묻힐 수 있어 부담입니다.

갑오월 갑기구간 합토되며 2신금과 소통됩니다. 갑정구간은 2신금은 갑정 목생화에 충극되지는 않지만 조화롭지 않습니다. 정화가 일주들과 합목될 때마다 신금들에게 충극됩니다.

을미월 을정구간 을목은 년간신금에 불편합니다. 경금지향은 을목과 합금화가 가능하며 합금화 후 금기가 편중되며 정화와 조화롭지 않습니다. 을을구간 2신금에 충극됩니다. 경금지향은 을목과 합금화가 가능하며 금기가 편중되며 일주와의 관계는 제한됩니다. 을기구간 신극을 구조이지만 다가오는 병신월 병화가 신금들과 합수되면 여기되어 신극을은 역생되며 반면 월지기토는 수생을목에 충극됩니다. 경금지향은 을목과 합금화되므로 을극기는 해소되나 기토는 금기들에 설기가 심화됩니다. 을목의 합금화는 다가오는 병신월 병신합수와 소통세가 점차 넓어집니다.

병신월 병화와 신신금들과 순차적 합수가 되며 대기신금과 소통됩니다. 병경구간 대기신금과 경금이 합수를 받쳐줍니다. 병신월의 합수는 다가오는 정유월 정화를 점차 불편하게 합니다. *병신월 전후로 하락세가 강했는데 핵심 원리를 명확히 알아내지 못하였습니다. 겉으로 보기에는 다가오는 정유월 정화의 수극화 같지만 금기지향은 수극화가 반드시 불리하다고 볼 수는 없습니다. 추정으로 2신금에서 합수된 후 대기 1신금만 남은 상태이므로 무무특주 아래에서 더 묻히는 상황이 연출된 것은 아닌가 생각됩니다. 또한, 2무토가 수기를 극함에 대기 1신금이 역생시키기에는 부족하여 넘치는 토기가 일부 토극수하는 것은 아닌가 추정됩니다.*

정유월 정화도 일주들과 합목되면 금극이 됩니다. 반면, 정신구간은 정화가 신금을 극하는데 년주 신신금과 더불어 3신금이므로 정화극을 나눠받아 인해전술격으로 버팀력 내재됩니다. 그리고, 무술월 무토가 다가올수록 소통율이 높아지나 정화는 설기됩니다.

무술월 무무구간 신신금과의 소통세는 좋으나 총국상 무토가 늘어 무토편중세에 조화롭지 않습니다.

기해월 기임구간 신금을 실효있게 생해주는 기토 내재에 무난합니다. 또한, 기토생 2신금생 임수로 소통세도 무난합니다. 임수는 일주들과 합목되면 금극되나 임수 속 일부의 합목이라 역생력이 내재되는 합목입니다. 임수는 다가오는 경자월 경금이 다가올수록 소통됩니다.

경자월 경금이 늘어 금기도 제법 무거워 지려하나 수기를 생하여 소통세가 커지니 무난합니다. 경임구간 임수는 합목되어도 긴임수 속 합목으로 금극에 버팀력 내재되며 경계구간 계수가 합화되면 금기와 조화롭지 않습니다.

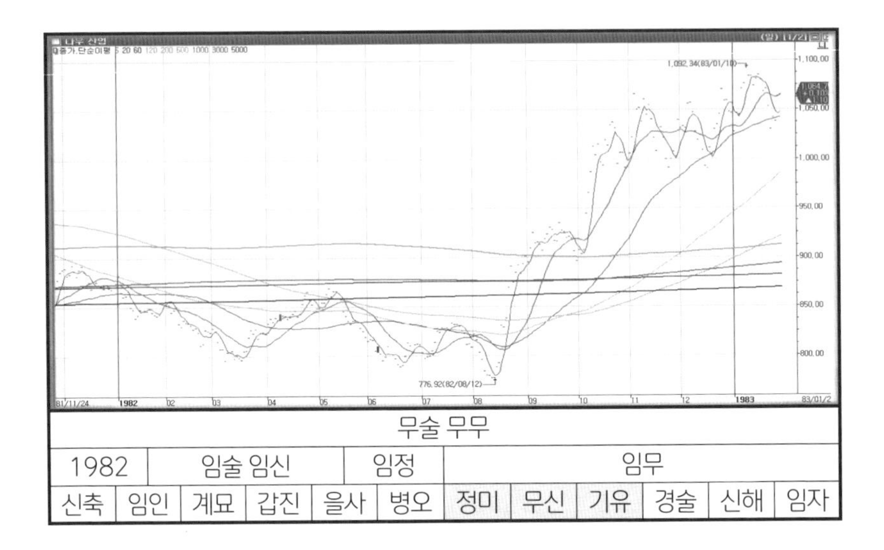

무술 무무											
1982	임술 임신			임정		임무					
신축	임인	계묘	갑진	을사	병오	정미	무신	기유	경술	신해	임자

무무/임신 구간 무토생 신금생 임수로 소통세이나 2무토에 임수는 조금 토극될 수 있고 년지신금은 2무토의 생이 오히려 부담될 수 있습니다. 특히, 년지신금은 년간임수에 설기세이며 월주에서 수기가 늘어나면 설기세가 커질 수 있습니다.

임인월 임수가 늘어 년지신금은 설기가 늘어납니다. 임갑구간 금생 수생 갑목으로 소통세가 무난하고 임수는 갑목을 향하므로 다이어트 효과에 수기편중세는 완화됩니다.

계묘월 계갑구간 수생목으로 소통세가 무난하며 계을구간 을목이 경금지향과 합금화되며 년지신금의 설기를 보완하면서 금생수로 소통됩니다. *갑목구간은 갑목이 수기를 흡수하여 수기편중세를 완화시켰다면 을목구간은 합금화로 년지신금을 협조하면서 설기세를 보완시켰습니다.*

갑진월 갑목이 임수의 생을 받아 소통세이며 년지신금은 임수에 대한 설기가 완화됩니다. 갑무구간 갑목이 무토를 극하면 불리격이나 특주가 무무토이기에 월지무토의 불편함에도 총국은 버팀력이 내재된 듯합니다.

을사월 을무구간 을목은 경금지향과 합금화되며 토생되며 임수를 받쳐줍니다. 을경구간 합금되며 임수를 받쳐주며 신금의 설기세도 완화됩니다.

무무/임정 구간 년간임수가 특간무토에 극 받아 임정합목은 어렵고 합이 실패하면 운기가 불안정해집니다.

을사월 을병구간 을목이 경금지향과 합금화되면 년간임수는 역생되지는 못하지만 역전의 용사격처럼 토극에 버팀력은 높아집니다. 그러면 월지병화는 임수에 불편율이 높아집니다. *년간임수가 역생되면 합목이 가능하지만 역전의 용사격으로는 버팀력이 높아질 뿐이지 합목이 될 정도는 아닙니다.*

병오월 병화는 임수에 불편할 수 있으나 임수는 토극상태이므로 병화는 버팀력 내재됩니다. 또한, 병화는 신금지향과 합수화가 되는데 년간임수와 더불어 수기가 편중되려 합니다. 병병구간 2병화는 신금지향과 2합수화가 되며 수기가 편중세입니다. 병기구간 기토는 병화의 합수화 및 년간임수와 조화롭지 않습니다. 병정구간 월지정화는 병화의 합수화등 수기에 불편합니다.

무무/임무 구간 3무토 속 년간임수는 토극되며 월주에서 금기가 오면 임수를 받쳐주어 역생율이 약간 높아지며 주로 역전의 용사격이 됩니다.

지수는 가을 금국에서 반등세가 강했습니다. 금기에 의해 토기가 일을 하니 다이어트 효과에 토기편중세가 완화되면서 소통세가 늘어 상대적 긍정세이긴 하나 그렇다고 강한 반등까지는 아닐 듯한데 강한 반등이 나왔습니다. 그래서, 좀 더 넓게 보니 더 큰 원리도 있었습니다. 다가오는 계해년 계무년주의 계수와 무토들과의 순차적 합화가 형성되며 특주무토와의 합화가 6개월정도 여기되어 무거운 무무특주 편중세를 완화시키면서 화생토로 소통세가 늘어난 운기가 주요 원인일 듯합니다. 총국상 토기편중세가 완화되며 화생토 소통세는 강화됩니다. 반면, 임수의 토극수는 여전하지만 특주2무토중 1무토가 합화되어 토극수율은 많이 완화되면서 금국에서 역전의 용사격으로 받쳐주어 큰 상대적 긍정율이 높아집니다. 종합적으로 다우지수는 강한 반등세가 나왔는데 약소국가 였다면 하락중 보합세이거나 약한 반등일 수도 있지 않을까 생각됩니다.

지수는 무신월부터 급등세가 나왔는데 무신월-기유월-경술월-신해월 연속으로 금기가 내재되어 년간임수를 받쳐주고 토기의 편중세를 일부라도 토생금 소통세로 완화시키며 상부는 합화가 여기되어 토기편중세가 완화되고 화생토 소통세가 강화됩니다. 특히, 금기지향에게 화생토는 매우 실효적 운기입니다.

정미월 정기구간 년간임수는 토극수되어 임정합목이 실패하며 운기는 불안정해집니다.

무신월 무경구간 경금은 상부의 토극수를 역생소통 시켜주며 토기편중세를 다이어트 효과로 완화시켜 줍니다.

기유월 유금은 토극수를 역생소통 시켜주며 토기편중세를 다이어트 효과로 완화시켜 줍니다. 신금 보다는 경금이 실효성에 높습니다.

경술월 경무구간 경금은 토극수를 역생소통 시켜주며 토기편중세를 다이어트 효과로 완화시켜 줍니다.

신해월 신금은 토극수의 역생소통 및 토기의 편중세완화에 도움되나 경금보다 실효성이 낮습니다.

임자월 임임구간 토극수에는 수기가 늘어나 버팀력 늘어나지만 총괄적으로 수기도 편중되어 무거워지며 월주와의 관계는 제한됩니다. 임계구간 계수는 년지무토와 합화되어 토기편중세가 완화되지만 년간임수에 합화는 수극화가 됩니다. 임수가 일주의 정화와 합목되면 소통세가 넓어집니다.

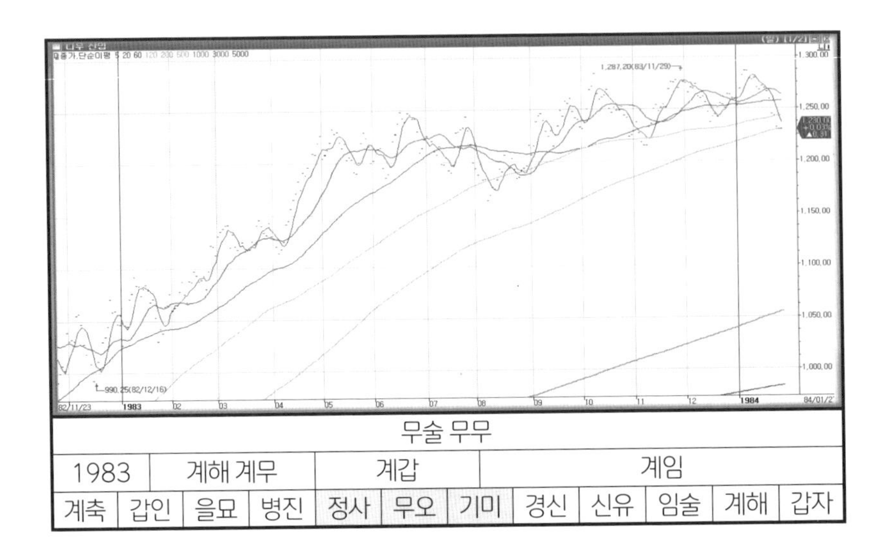

무술 무무											
1983		계해 계무		계갑			계임				
계축	갑인	을묘	병진	정사	무오	기미	경신	신유	임술	계해	갑자

계해년주의 계수와 무토들이 순차적 합화가 되며 대기 무토와 화생토로 소통됩니다. 그런데, 무무/계무 구간 3무토중 합화 이외의 대기 2무토에 합화가 약간 설기되는데 다가오는 계갑년주 갑목이 다가올수록 강하게 생해주니 설기는 완화되고 소통세는 넓어집니다. 결국 계무년주부터 계갑년주 갑목을 다가갈수록 우상향세가 강해진 듯합니다. 반면, 계임년주는 년지임수가 특주의 2무토에 토극수 되려는데 다행히, 1무토는 합화되어 실제 1무토가 토극수합니다. 월주에서 가을국 금기가 오면 임수를 받쳐주어 버팀력이 높아지나 역전의 용사격이지 역생소통격은 아닙니다. 겨울국 수기는 년지임수를 받쳐주지는 못하지만 같은 수기로 임수의 고통을 나누려 합니다.

무무/계무 구간 무계합화와 대기중인 무토들과 소통되며 무토 편중세가 완화됩니다. 또한, 계갑년주가 다가올수록 목생화 소통세가 넓어지며 병진월 급격히 급등한 주요 원인인 듯합니다.

갑인월 갑목생 합화생 대기무토로 소통세가 좋습니다. 갑갑구간 편중세로 일주와의 관계는 제한적입니다. 갑갑목 편중세로 일주와의 관계가 제한적임에도 상승세가 강했는데 상부 주기의 소통세가 너무 강해서 나온 결과인 듯합니다.

을묘월 합화와 소통되나 경금지향은 을목과 합금화 후 합화에 불편해집니다. 다행히, 합화는 대기무토를 향하니 합금화는 버팀력 내재됩니다.

병진월 병무구간 4무1계수로 순차합화되며 병화, 합화는 대기 무토들과 화생토로 소통세입니다. 합화가 대기무토들에게 다소 설기되며 신금지향은 병화와 합수화 후 화기들과 조화롭지 않은데 다행히 다가오는 계갑년주 갑목이 다가올수록 합화는 힘을 얻고 합수와 합화는 역생됩니다.

무무/계갑 구간 갑목생 합화생 대기무토로 소통세가 좋고 균형적입니다.

정사월 정무–정경–정병으로 구분되며 정무구간 무토와 합화가 이어질 수 있으며 년지갑목은 다수의 화기들에 설기됩니다. 정경구간은 경금이 목생화들과 조화롭지 않습니다. 정병구간 병화에 갑목의 설기가 커질 수 있지만 병화가 신금지향과 합수화되면 갑목의 설기는 완화되며 오히려 합수화생갑목으로 소통세가 늘어납니다.

무오월 무토가 늘어 토기가 편중되며 합화가 순차적으로 이어지며 갑목은 합화와 오화등에 설기가 늘어납니다. 무병구간 병화는 신금지향과 합수화되며 갑목을 받쳐줍니다. 무기구간 년지갑목은 합토된 후 화생토 되니 소통세가 늘어나나 토기가 편중됩니다. 무정구간 토기와 화기 위주로만 구성되어 편중구조이며 갑목은 설기가 늘어납니다.

기미월 기정구간 갑기합토되며 토기가 편중됩니다. 기을구간 을목은 합금화되며 토생되니 소통세가 넓어집니다.

무무/계임 구간 순차합화되며 대기무토가 임수를 간헐적으로 불편하게 합니다. 월주에서 금기가 오면 임수는 역전의 용사격으로 버팀력이 높아집니다.

기미월 기기구간 화생토로 부분 소통세이나 편중세로 일주와의 관계는 제한적입니다.

경신월 금기가 임수를 받쳐주어 역전의 용사격입니다. 반면, 경경구간 경금 편중세로 일주와의 관계는 제한적입니다.

신유월 금기가 임수를 받쳐주며 역전의 용사격입니다. 신금은 경금보다 임수의 받침력이 제한됩니다. 또한, 신신구간 2신금은 년지임수를 균형있게 받쳐줄 수 있지만 다가오는 임술월 임수가 늘어나니 설기세가 점차 늘어납니다.

임술월 임무구간 월지무토가 년간계수등과 합화될 때 월간임수에 불편해집니다. 반면, 년지임수는 토극되어 합화를 극함이 제한적입니다.

계해월과 갑자월 속 갑목구간은 상부 합화를 생해주고 임수의 생을 받으니 소통세가 넓어집니다.

계해월 계무구간 합화되며 년지임수에 불편해질 수 있는데 다가오는 계갑구간 갑목에 의해 역생소통이 됩니다. 계갑구간 수생 목생 화로 소통세가 넓어집니다. 계임구간 수기가 늘어 편중됩니다. 다행히, 다가오는 갑자월 갑목이 다가올수록 수기편중세는 완화되며 소통세가 넓어집니다. *임수구간은 일주에서 정화를 만나면 합목되어 역시 수생목생화로 소통세가 무난할 수 있습니다. 그러나, 월간계수가 일주들의 정화를 불편하게 하니 합목율은 제한됩니다.*

갑자월 갑임구간 수생목생화 소통세로 무난합니다. 갑계구간 수생목생화 소통세로 무난합니다. 다가오는 을축월 을목이 경금지향과 합금화되어 다가오면 수기와 소통됩니다.

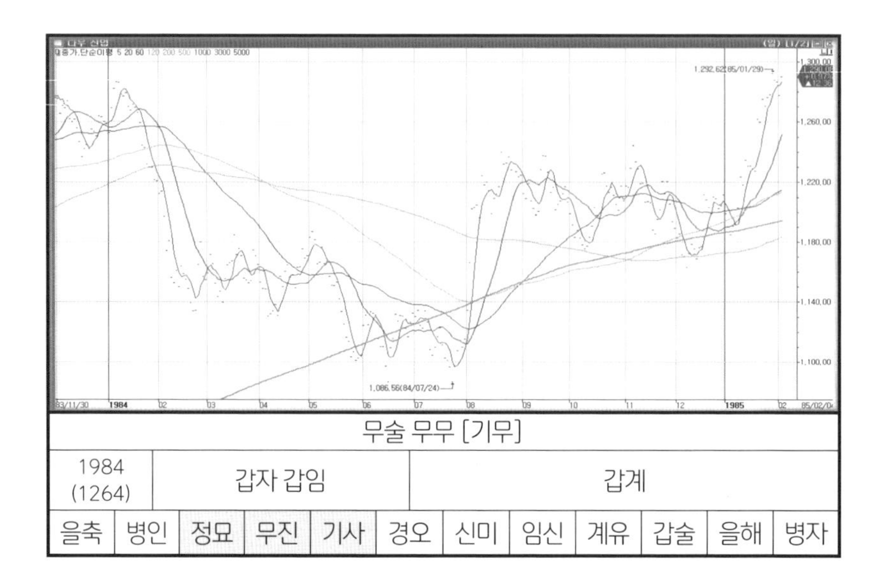

무술 무우 [기무]											
1984 (1264)		갑자 갑임				갑계					
을축	병인	정묘	무진	기사	경오	신미	임신	계유	갑술	을해	병자

무무특주이지만 다가오는 기무특주의 여기성도 같이 적용해 봅니다. 갑임년주는 2가지로 적용해 보며 갑계년주는 기무특주로 적용해 봅니다.

무무/갑임 구간 임수는 무토에 극 받아 불편합니다. 만약, 1무토라면 1갑목이 어느 정도 막을 수는 있지만 2무토이기에 모두 막아내기 쉽지 않습니다. 기무/갑임 구간 기갑합토가 성립되며 임수는 합토, 무토에 극 받아 불편합니다.

기무/갑계 구간 기갑합토는 성립되나 계수는 토극되어 합화가 쉽지 않습니다. 그러나, 다가오는 을계년주의 계수는 특지무토와 합화가 성립되며 그 여기는 6개월정도 되며 신미월 정도까지 여기될 듯합니다.

무무/계임/을축 구간 2무토1계수로 순차적 합화와 대기무토가 소통되려 하는데 갑계년주에서 형성된 기갑합토가 6개월정도는 여기되며 계임년주의 계수를 토극수 하니 무계합화는 쉽지 않을 수 있습니다. 경금지향이 월간을목과 합금화되어 받쳐주지만 역전의 용사격이지 중간의 역생소통격이 아니여서 합화는 여전히 쉽지 않습니다.

초반은 무무/갑임으로 하며 점차 기무/갑임으로 함이 적절합니다. 그러나, 설명의 복잡함을 줄이기 위해 모두 기무특주로 합니다.

기무/갑임 구간 기갑합토 되며 임수가 토기들에 불편한데 월주에서 금기가 오면 역전의 용사격으로 버팀력이 늘어납니다.

병인월 병갑구간 신금지향은 월간병화와 합수화되며 기갑합토에 토극수 되는데 접촉면이 갑목으로 토극수는 제한적입니다. 반면, 년지임수는 합토, 무토에 불편합니다.

정묘월 정화는 토극되는 임수와 합목이 쉽지 않습니다. 정을구간 을목은 경금지향과 합금화되며 수기를 받쳐주며 토극수 아래에서 받쳐주기에 역전의 용사격은 되나 역생은 쉽지 않습니다.

무진월 무을구간 을목이 합금화되면 토생 합금화로 소통됩니다. 무계구간 무계합화가 되며 임수가 토극되니 합화를 극함은 제한적입니다. 또한, 기갑합토가 계수를 극하면 합화도 쉽지 않으나 계수는 기갑합토의 갑목과 접해있어 직접적 토극수율이 높지 않아 합화율이 어느 정도 내재됩니다. 무무구간 토기편중세가 심화되며 일주와의 관계도 제한적이며 년지임수는 여전히 불편합니다. 그런데, 다우지수는 이 부분에서 잠시 상승세가 나왔는데 해석이 쉽지 않습니다. 추정으로 금기지향이라 무토의 증가에 긍정될 수는 있으나 총국상은 토극수에 토기편중세로 조화롭지 않은 구간입니다. 무-기 관계에 의한 특수격 같기도 한데 명확한 데이터를 얻으려면 좀 더 세월이 요구될 듯합니다.

기사월 기무구간 합토가 연결되고 토기가 늘어 편중세입니다. 기경구간 경금이 들어 토극수에 역생율이 높아집니다. 기병구간 병화는 토극되는 임수에 버팀력이 내재되나 조화롭지 않습니다. 신금지향은 병화와 합수화된 후 년지임수와 함께하려 하나 임수와 함께 토기들에 토극수됩니다. 그러나, 다가오는 경오월 경금에 의해 토극수는 점차 역생율이 높아집니다.

경오월 경병구간 경금이 수기를 받쳐주며 병화는 신금지향과 합수화 후 경금에 생을 받습니다. 그런데, 총국상 경금이 년지임수를 받쳐주면 월지병화는 임수에 수극화가 거세집니다. 신금은 수극된 병화와 합수가 어렵지만 신금지향은 합수화가 가능 합니다. *금기지향 다우지수는 임수극병화에 신금지향과 합수화가 가능하여서 인지 약세가 많지 않은데 다른 지향에서는 총국상 불리격으로 약세가 적지 않습니다.*

기무/갑계 구간 기토가 년지계수를 극하니 무계합화는 쉽지 않을 듯합니다. 그러나, 다가오는 을계년주에서의 합화가 여기되어 특지무토는 합화로 봄이 합당합니다. 그러하다고 토극되는 년지계수가 합화가 되지는 않을 듯합니다.

경오월 년지계수는 월간경금에 소통세가 넓어 졌지만 특간기토의 토극수는 역생되지 못합니다. 즉, 경금에 의해 년지계수는 역전의 용사격으로 힘을 얻지만 역생되지는 못해 무계합화는 쉽지 않으며 간헐적으로는 성립될 듯합니다. 또한, 경금을 생해주는 기갑합토에서 경금은 합토의 갑목과 접촉되어 토생금 실효성이 낮은 편입니다. 경기구간 갑기합토가 순차 성립되며 소통세가 무난합니다. 그러나, 역시 년지계수는 특지무토와 합화가 쉽지 않습니다. 경정구간 역시 합화는 쉽지 않으며 정화와 경금은 조화롭지 않습니다.

신미월 신기구간 기토는 갑목과 순차합토되며 신금을 거쳐 계수로 소통됩니다. 계수가 간헐적으로 합화되면 토기를 거쳐 소통됩니다. 신금은 월지기토와 접촉되어 직접적 득을 얻을 수 있고 간혹 화생되는 합토의 덕도 얻을 수 있습니다. *무엇보다 주요관점으로 경오월-신미월-임신월에서 경금은 무토가 와야 운기의 발동력이 강해지며 신금은 기토가 와야 강해지는데 경오월과 임신월은 기갑합토이며 접촉면이 갑목으로 토생금의 실효성은 제한적인데 신미월 신기구간은 월지기토가 접촉되고 있으며 합토되어 토기가 강화되니 소통세가 급격히 강해진 듯합니다.*

임신월 임경구간 합토생 경금생 임수로 소통세이나 경금이 합토의 갑목과 접촉되어 토생금의 실효성은 제한적입니다.

계유월 계신구간 합토생 신금생 계수로 소통세이나 신금이 합토의 갑목과 접촉되어 토생금의 실효성은 제한적입니다.

갑술월 갑무구간 년지계수는 특간기토의 극을 받고 월지무토는 월간갑목의 극을 받아 계무합화는 쉽지 않으며 조화롭지 않습니다.

을해월 을임구간 경금지향은 을목과 합금화된후 임수와 계수를 생하며 소통세는 무난하나 합금화는 다소 임계수에 다소 설기되며 다가오는 병자월 병임구간 임수와 병화의 신금지향과의 합수화에 설기는 좀 더 커집니다.

병자월 병계구간 월간병화는 합수화되며 년지계수, 월지계수와 더불어 수기는 편중세이며 상부 토기들과 조화롭지 않습니다.

*다음해는 을축년으로 을계구간 을목이 경금지향과 합금화되면 계수는 기토 극에 역생되며 특지무토와 합화가 성사되며 그 여기는 6개월정도 가능할 듯합니다. 그러면, 신미월 후반부터 특지무토는 합화가 내재된 무토인데 그러하다고 갑자년 갑계구간 계수가 합화가 성립되기는 어렵습니다. 단지, 화기가 들면 기갑합토는 강조되는데 신미월 기토까지 운기가 강조될 수 있습니다. 또한, 다우지수는 신미월 신기구간 갑자기 급등이 나왔습니다. 특주는 기무특주로 보며 2기토1갑목으로 순차합토가 되며 대기1기토로 구성되는데 실제는 하나로 묶여 있는 3기토로 본다면 덩어리 기토는 년지계수를 극하지 않고 월간신금을 향할 때 년지계수는 특지무토와 합화율이 높아지며 합화생 덩어리기토생 신금으로 소통세가 갑자기 넓어지게 됩니다. **순차합토와 대기1기토로 보느냐 연결된 덩어리 기토로 보느냐의 관점이 중요한데 기-갑-기는 순차 합토 되면서 동시에 모두 연결도 가능한 형세이며 연결의 운기는 사람의 사주 그물망격에서 자주** 접할 수 있습니다.*

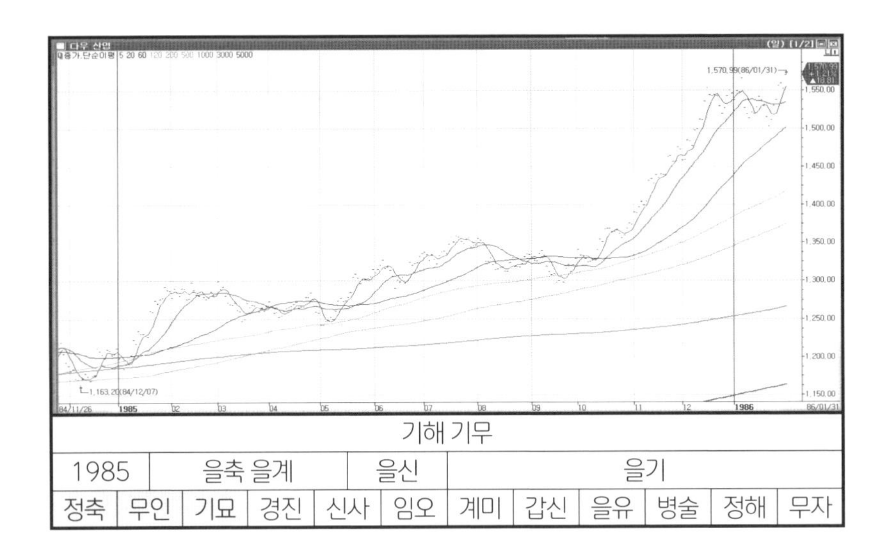

기해 기무											
1985		을축 을계			을신		을기				
정축	무인	기묘	경진	신사	임오	계미	갑신	을유	병술	정해	무자

기무특주 아래 을축년 을목은 경금지향과 합금화된 후 토생되니 소통되고 금기지향에게 무난한 운기입니다.

기무/을계 구간 특간기토가 년지계수를 극하여 무계합화는 쉽지 않으나 년간을목이 경금지향과 합금화되면 토극수는 역생되고 합화가 가능하게 되며 합화생 기토생 합금화가 됩니다.

무인월 무갑구간 2무토1계수로 순차합화가 되며 특간기토 및 대기무토와 소통되며 갑목생 합화생 토생 합금화로 소통세가 넓어집니다. 반면, 갑목은 합금화에 불편하여 총국상 부분적 약세일 수 있으나 금기지향은 금극목이 크게 불편하지 않을 수 있습니다.

기묘월 기갑구간 년간을목이 월간기토를 극하면 기갑합토가 어려우나 경금지향은 을목과 합금화 되므로 월간기토는 합토가 가능해집니다. 반면, 년간을목이 합금화되면 갑목이 불편해져 갑목 때문에 합토율이 낮아질 수 있습니다. 기을구간 2을목은 경금지향과 합금화가 되며 화생 토생 합금화로 소통세가 되나 합금화가 다소 편중됩니다. 특히, 다가오는 경진월 경을구간 합금에 의해 점차 편중세가 커집니다. 월간기토는 늘어나는 금기에 설기세가 커집니다.

경진월 경무구간 을경합금이 되며 2무토1계수는 순차합화와 대기무토가 되며 화생토생합금으로 소통세가 됩니다.

신사월 신무구간 2무토1계수로 순차합화와 대기무토가 되며 을목의 합금화와 소통세는 무난합니다. 신경구간 을경합금과 신금으로 금기가 편중되려 합니다.

기무/을신 구간 을목은 경금지향과 합금화가 되며 토생금 구조로 소통세입니다.

신사월 신병구간 2신금1병화로 순차합수되며 대기신금과 년간을목의 합금화와 소통됩니다. 종합적으로 기무토생 합금화 및 대기신금생 합수로 소통세가 넓어집니다.

임오월 임병구간 임수가 병화를 극하여 신병합수는 어려운데 을목은 역생시켜줄 수 있으나 경금지향에 의해 합금화되니 역생되지 못합니다. 반면, 신금지향은 병화와 합수화 되며 합금화에 생을 받습니다. 임기구간 토생 신금, 합금화생 임수로 무난합니다. 임정구간 임정합목되며 을경합금화 및 신금이 합목을 불편하게 합니다. 다행히, 다가오는 계미월 계수가 다가올수록 금극목은 역생율이 높아집니다. 반면, 수생합목 아래 일주의 토기는 불편해집니다.

기무/을기 구간 년간을목이 년지기토를 극하여 불리격이나 경금지향은 을목을 합금화시키며 토생금으로 무난해집니다.

계미월 계기구간 토생 합금화생 계수로 무난합니다. 그러나, 토기가 약간 편중세입니다.

갑신월 갑경구간 년간을목과 월지경금이 합금되며 토생되어 금기지향은 무난해지나 갑목이 을경합금에 다소 불편하여 월간갑목과 년지기토의 합토율은 낮아집니다. 만약, 갑목이 경금 아래서 접촉되어 극을 받았다면 합토 실패율은 크게 높아집니다. 이외에도 특지무토와 년지기토는 충의 관계이며 이 때 월간갑목이 년지기토와 합토되려하면 성사되기 어렵고 운기는 불안정해 질 수 있습니다.

을유월 을경구간 1을경합금과 1합금화에 의해 금기가 편중되려 합니다. 을신구간은 2합금화에 1신금으로 상대적으로 금기 편중세는 완화되며 신금은 다가오는 병술월 병신구간 합수와 연결되려 하기에 소통세는 점차 넓어집니다.

병술월 병무구간 토기가 편중되려 하나 을목은 합금화되며 병화는 합수화되며 토생금생수로 소통세이며 금기지향 속 경금지향과 신금지향이 모두 생을 받고 있기에 다우지수의 긍정세는 좀 더 높아집니다.

정해월 정화가 년지기토를 생해주며 소통세가 무난합니다. 정무구간 토기가 편중되려 하나 경금지향의 합금화와 소통되어 편중세는 다소 완화됩니다. 정갑구간 을목의 합금화가 갑목을 극하고 년지기토는 무기충이기에 합토가 불편할 수 있으나 간헐적으로 합토는 가능할 듯합니다. 특수관점으로 다가오는 병인년 병무구간 병화는 신금지향과 합수화가 되며 을축년 을기구간 을목의 합금화는 다가오는 합수화와 소통되려 하기에 월지갑목을 극함은 상대적으로 완화될 수 있으며 이에 합토율이 높아지고 합금화는 좀 더 생을 강하게 받을 수 있습니다. 정임구간 합목되며 합금화에 불편하나 무자월 임수가 다가올수록 역생율이 높아집니다. 반면, 합목 아래 일주와의 관계는 제한적입니다.

무자월 무임구간 토생 합금화생 임수로 무난합니다. 토기는 다소 편중되려하나 합금화를 생하므로 편중세는 다소 완화됩니다. 무계구간 합화가 되며 년지 기토와 소통되며 다가오는 기축월 기토와도 소통세가 넓어집니다.

후반부 병술월부터 급격히 급등하였습니다. 격국들이 전반적으로 무난하지만 매우 강력한 지속 상승세에 대한 명확한 큰 맥점은 알아내지 못하였습니다. 추정으로는 다가오는 병무년주 병화의 합수화가 을기년주 을목의 합금화와 점차 소통되며 종합적으로 토생 합금화생 합수화로 금기지향의 모든 요소들이 긍정되어 나온 결과이지 않을까 추정합니다. 또는 을기년주 토생금으로 금기지향에게 긍정되는데 갑신월만 불안정하여 갑신월 주변 제외한 상승세일 수도 있습니다.

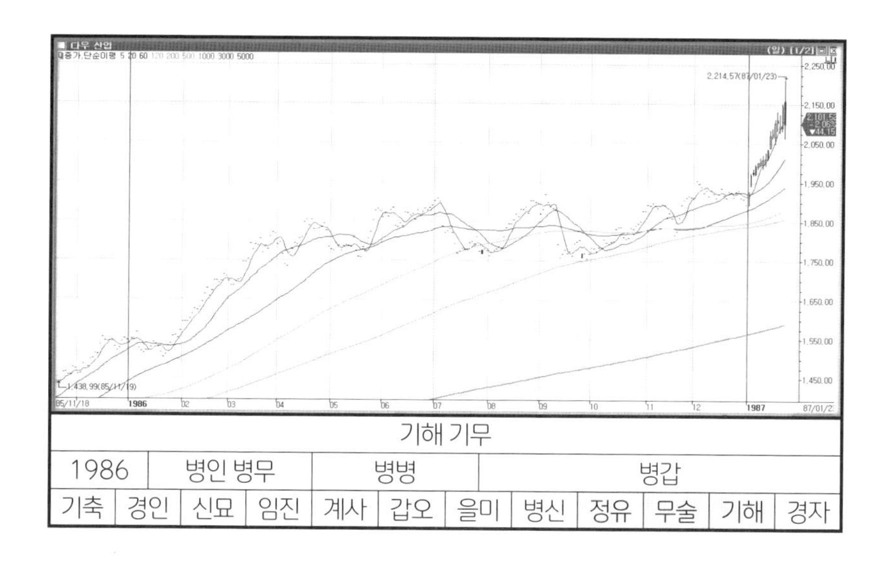

기해 기무											
1986		병인 병무		병병			병갑				
기축	경인	신묘	임진	계사	갑오	을미	병신	정유	무술	기해	경자

기무특주 아래 병화는 화생토로 소통세입니다. 그러나, 신금지향은 병화와 합수화되어 토극수가 됩니다. 그런데, 다우지수는 하락세가 나오지 않고 상승과 보합이 내재되었습니다. 특히, 월주에서 경금이나 을목의 합금화 위에서는 반등세가 나오고 이외의 구간에서는 보합세가 많았습니다.

토극수라면 불리격인데 위에서의 토극수는 제한적 토극수이기에 보합세가 많고 월주에서 역전의 용사격이 되면 반등세가 나온 듯합니다. 병화는 합수되면 임수격으로 양수의 성질이 강하며 년간자리의 병화의 합수화는 특간기토에만 토극수되며 기토는 음토입니다. 결국 병병년주 년지병화의 합수화의 토극수 이외에는 년간병화의 합수화의 토극수는 제한적 토극수입니다.

기무/병무 구간 화생토로 소통세이나 병화가 토기에 설기됩니다. 신금지향은 병화와 합수화된 후 토극수 됩니다. 그러나, 합수화는 준2수격이며 임수인 양수격입니다. 반면, 특간기토는 음토격이며 1토이기에 토극수는 제한적입니다.

경인월 경금에 의해 상부 토극수는 역생소통과 역전의 용사격이 됩니다. 또한, 경갑구간 경극갑도 합수화 및 다가오는 신묘월의 합수에 역생됩니다.

신묘월 신금은 년간병화와 합수되며 토극수 되는데 묘목 속 을목은 경금지향과 합금화가 되며 토극수는 역생되거나 역전의 용사격이 됩니다.

임진월 임을구간 경금지향은 을목과 합금화 후 토기와 수기를 소통시키려 합니다. 임계구간 무계합화가 되며 병화의 합수화와 임수에 수극화 됩니다. 그러나, 기간이 짧아 영향력은 미미합니다. 임무구간 무토들과 수기는 조화롭지 않으며 토기가 편중됩니다.

기무/병병 구간 화생토로 소통세입니다. 신금지향은 병화들과 합수화가 되며 토극수 됩니다.

계사월. 계무구간 합화되며 2병화와 함께 화기가 편중됩니다. 신금지향은 병화와 합수화 후 합화를 불편하게 합니다. 그러나, 합수화는 토극수 상태이므로 합화를 극함이 제한됩니다. 계경구간 경금은 1계수와 2병화의 합수화를 받쳐주나 설기됩니다. 계병구간 3병화가 되어 계수는 건조됩니다. 신금지향은 병화들과 합수화가 되어 수기가 편중되며 상부 토극에 버팀력 늘어납니다. 다가오는 갑오월 갑목에 의해 수기편중세가 완화되며 소통세가 넓어집니다.

갑오월 갑목은 2병화와 오화에 설기되며 병화가 합수화되면 갑목과 소통됩니다. 갑병구간 3병화가 합수화되면 편중되는데 갑목을 향하기에 편중세는 완화됩니다. 갑기구간 합토되며 병화생 합토로 무난하나 신금지향에서는 병화가 합수화되며 토기 사이에서 조화롭지 않습니다. 갑정구간 정화는 2병화의 합수화에 불편하나 합수화는 토극 상태이므로 수극화는 제한되며 갑목이 수기를 흡수하며 정화를 받쳐주니 소통세가 됩니다. 반면, 정화를 생함은 갑목 보다 을목이 실효적입니다.

을미월 을목은 경금지향과 합금화 후 상부 2병화의 합수화와 소통되며 1합금화 이므로 2합수화에 설기됩니다. 을정구간 을목이 합금화되니 정화의 수극화는 심화됩니다. 을을구간 2합금화가 상부 2합수화를 생하며 무난하지만 모두 단조로운 편중세입니다. 을기구간 기토는 합금화와 소통되며 합금화는 합수화와 소통되나 1합금화는 2합수화에 설기됩니다.

기무/병갑 구간 합토되며 화생토로 소통세이나 병화는 토들에 다소 설기세입니다. 신금지향에서는 병화와 합수화되며 토극수됩니다.

을미월 을기구간 을목은 경금지향과 합금화되며 병화생 합토무토생 합금화로 소통세입니다. 병화는 신금지향과 합수화되므로 합토무토생 합금화생 합수화로 역시 소통됩니다. 특히, 특간기토와 월지기토는 년지갑목과 순차합토도 되지만 하나로 묶인다면 동시에 합금화를 향하여 접촉된 합수화를 극함은 제한될 수 있습니다.

병신월 병경구간 2병화는 신금지향과 합수화가 되며 토기와 조화롭지 않지만 월지경금에 의해 역전의 용사격으로 버팀력이 늘어나며 소통세가 늘어납니다. 다가오는 정유월 정화는 점차 수극화 됩니다.

정유월 유금에 의해 년간병화의 합수화는 역전의 용사격으로 버팀력 늘어나지만 월간정화는 합수화에 불편합니다.

무술월 무무구간 토기가 편중되며 일주와의 관계는 제한적이 됩니다. 그러나, 금기지향은 토생되어 상대적으로 무난합니다.

기해월 기무구간 토기가 편중됩니다. 기갑구간 합토되며 토기가 편중됩니다. 기임구간 임수는 토기들과 조화롭지 않습니다. 다행히, 다가오는 경자월 경금이 다가올수록 소통율이 높아집니다.

경자월 경금은 토생 받으며 자수 및 합수화를 받쳐줍니다.

넓게 보았을 때 1985년~1996년 기해특주에서는 기무-기갑-기임으로 금기지향 다우지수는 지속적으로 토생금되어 지속적 우상향세가 가능하고 지속적 우상향세가 나왔습니다. 이에 잠깐 동안의 불리격이 내재되어도 교량-다리 효과처럼 하락세는 제한될 듯 하며 병인년 병화의 합수화가 토극수 되어 불리격의 한해 였음에도 잘 버틴 한해 였습니다. 물론, 토극수는 제한적이며 월주에서 금기가 주기적으로 받쳐주어 제한된 불리였기에 하락세가 제한되고 우상향세가 유지된 듯합니다.

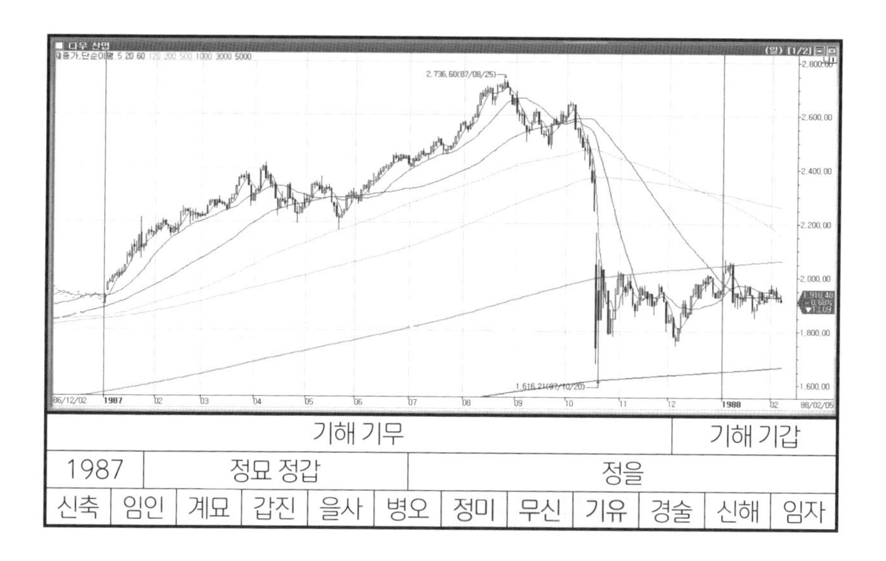

기해 기무									기해 기갑		
1987	정묘 정갑					정을					
신축	임인	계묘	갑진	을사	병오	정미	무신	기유	경술	신해	임자

기무특주와 기갑특주의 접경구간입니다. 여기성을 적용하여 기갑특주로만 해석해 봅니다.

기갑/정갑 구간 대기갑목생 정화생 합토로 소통세가 형성되나 사실 갑목은 정화의 생에 을목보다 실효성이 낮습니다.

임인월 정임합목이 되고 목기가 편중됩니다. 임병구간 병화는 신금지향과 합수화가 되며 목기와 소통되나 목기에 설기됩니다. 임갑구간 합목과 월지갑목, 대기갑목으로 목기가 편중됩니다.

계묘월 계갑구간 소통세이긴 하나 계수는 월지갑목, 대기갑목에 약간 설기됩니다. 계을구간 을목은 경금지향과 합금화가 되며 합토생 합금화생 계수 등으로 소통됩니다.

갑진월 갑무구간 월간갑목, 대기갑목이 무토를 극하려 하나 정화를 먼저 향하기에 무토는 버팀력 내재됩니다.

을사월 을무구간 경금지향은 을목과 합금화가 되며 토생되어 무난합니다. 을경구간 합금되며 합토생됩니다. 세부적으로 합금이 접촉되는 합토는 갑목으로 토생금의 실효성은 제한됩니다. 을병구간 을목은 경금지향과 합금화가 되며 병화는 신금지향과 합수화가 되며 합금화생 합수화로 무난합니다.

병오월 병병구간 신금지향과는 2합수화가 되며 대기갑목일 때는 지원하며 합토일 때는 부담됩니다. 다행히, 합토일 때 갑목과 접촉되어 버팀력 내재되며 기토와 접촉된 합토였으면 토극수가 좀 더 컸을 듯합니다.

기갑/정을 구간 을목생 정화생 합토로 소통세이며 경금지향에서는 을목이 합금화가 되며 합토의 생을 받아 무난합니다. 경술월 내 급락이 나왔습니다. 이 점에 있어서 오랜세월 분석을 하였지만 명확하게 원리를 찾아 내지를 못하였습니다.

병오월 병기구간 신금지향은 병화와 합수화되며 경금지향은 을목과 합금화되며 정화생 토생 합금화생 합수화로 소통됩니다. 병정구간 소통세이긴 하나 월지정화는 병화의 합수화에 수극화됩니다.

정미월 정기구간 정화생 토생 합금화로 소통세입니다. 무신월 무경구간 을경합금되며 정화생 합토무토생 합금으로 소통세입니다. 반면, 년간정화는 합토와 무토에 설기세입니다.

기유월 기신구간 정화생 토생 합금화 및 신금으로 소통세입니다. 반면, 년간정화는 합토와 기토에 약간 설기됩니다.

신해월 신임구간 신금과 을목의 합금화는 월지임수를 받쳐줍니다. 그런데, 다가오는 임자월 임임구간 편중된 2임수가 다가올수록 금기들은 설기됩니다.

임자월 임임구간 수기편중세로 무겁습니다. 임계구간 수기 편중세가 완화되며 월지계수가 일주와 합화되면 수극화 됩니다.

경술월 경신-경정-경무로 나뉘며 급락이 나온 원인을 추정해 봅니다. 먼저, 첫번째로 기무특주와 기갑특주의 접경구간이 원인이 아닐까 생각해 봅니다. 기갑합토 구간은 처음부터 합토가 성립되지는 못할 것이며 접경구간에서 무토를 갑목이 다가가 만나면 목극토가 형성되며 이에 따른 현상이지 않을까 추정해 봅니다.

두 번째 추정은 기무-기갑 특주의 접경구간에서 기-무 충의 원리에 갑목의 합토가 불안정해진 것은 아닐까 추정합니다. 그러나, 기토가 무토 위에 있어서 충은 제한될 듯합니다.

세 번째 추정은 해당 구간은 경술월 경신-경정-경무의 경정 구간 전후이며 경정구간일 때 급락이 나올 수 있는 원리는 정화가 합목되었을 때 경금이 극하여 급락이 나올 수 있습니다. 그리고 실제 정임합목이 내재 되었습니다. 급락이 가장 큰 날짜는 10월 19일입니다. 18일(경정/경자), 19일(경정/신축), 20일(경정/임인). 급락이 가장 큰 날짜는 19일이지만 정임합목이 든 날짜는 20일입니다. 몇일 정도는 미리 선반영 될 수 있습니다. 18일 경자일도 경계구간으로 적용하지만 경임구간으로 몇시간 당겨서 적용한다면 이도 2경금에 합목이 충극당하니 불리격이 됩니다. 그런데, 월주와 이어진 일진 몇일의 충극 때문에 지수가 위처럼 크게 급락하는 경우는 사실 매우 드문 경우입니다.

네 번째 추정은 기무특주에서 기갑특주로 넘어갈 때 금기지향에게는 기토와 무토의 큰 생을 받고 있다가 기갑합토로 줄어드니 상대적 허약세에 나온 현상일 수도 있습니다. 속된 표현으로 밑장빼기라는 말이 있듯이 잘 받쳐주다가 위기 때 쏙 빠져 나가면 충격이 커집니다. 사실, 무토는 물상법으로만 따지면 3기토와 맞먹습니다. 기무토는 4기토이며 기갑합토는 최대가 2기토로 볼 수 있으며 이에 금기지향에게는 밑장빼기가 될 수도 있습니다.

다섯 번째 추정은 년간 정화의 설기도 거시적으로 원인일 듯합니다. 특주는 여기성을 고려하여 모두 기갑으로 고정시키며 이 때 월에서 무신월-기유월-경술월은 무토-기토-무토로 이어지는데 특주의 토기와 더불어 년간정화는 설기가 심한 구간입니다. 그런데, 무신월 급락하지 않고 경술월 급락한 것을 보면 직접적 원인은 아닌 듯합니다.

사실, 1987년 10월 19일은 블랙먼데이였습니다. 지수의 급등과 급락은 대부분 국제적 이슈, 사건, 사고가 연결되어 있고 지수의 상승과 하락에는 천지오륜장과 인연되어 있습니다.

코스피지수는 목기지향으로 갑목지향과 을목지향으로 구분됩니다. 갑목지향은 특간기토와 합토되며 화생토 되어야 긍정됩니다. 1987년 코스피지수는 10월 급락하지 않고 11월초 잠시 하락하였으나 전반적으로 우상향세였습니다. 특간기토와 갑목지향이 합토되며 정묘월 정화의 생을 받아 우상향세가 나온 듯합니다.

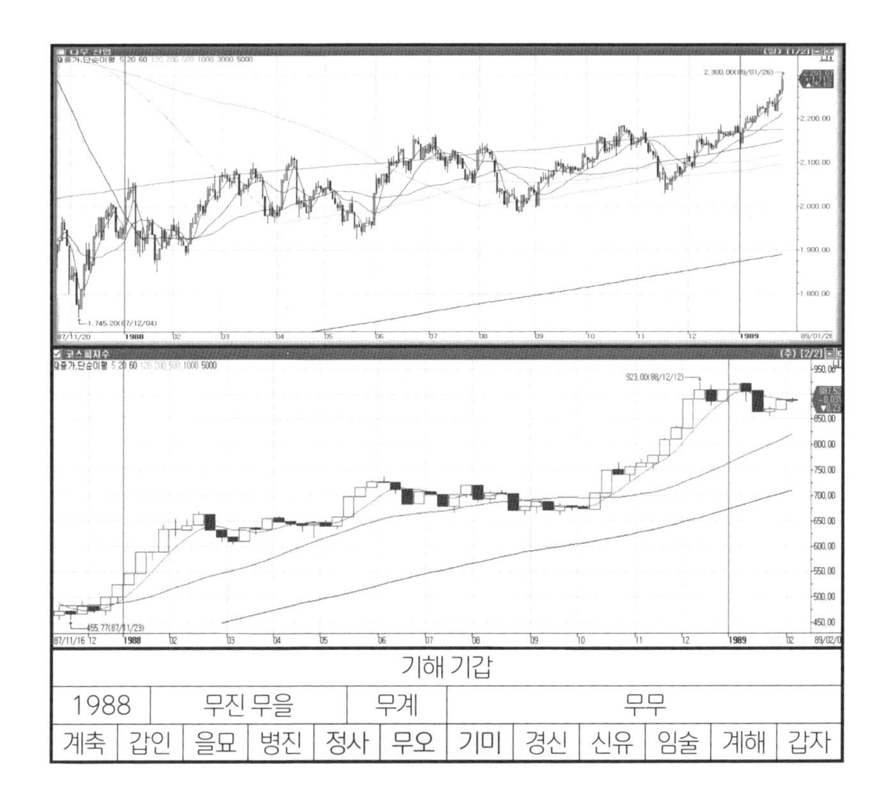

기해 기갑											
1988	무진 무을				무계	무무					
계축	갑인	을묘	병진	정사	무오	기미	경신	신유	임술	계해	갑자

코스피 지수는 주봉 차트이며 해석을 간소화하였습니다.

기갑/무을 구간 특주 합토 아래 년간무토가 늘어 편중되려는데 년지을목이 경금지향과 합금화되어 소통세가 늘고 토기가 금기를 생하며 일을 하니 다이어트 효과에 토기편중세가 완화됩니다. 목기지향은 수기가 부족한 환경이며 을목지향은 충극이 없어 무난하나 토기편중세가 다소 부담되며 갑목지향은 합토 후 화생 되어야 힘을 얻는데 화생되지 못하고 있습니다.

갑인월 갑갑구간 편중세로 일주와의 관계는 제한적입니다.

을묘월 을을구간 총 3합금화가 되며 금기 편중세로 일주와의 관계는 제한적입니다. 다행히, 다가오는 병진월 병화의 합수화와 소통세가 늘어 금기편중세는 완화됩니다.

병진월 병무구간 무토가 늘어 토기편중세가 늘어나며 병화는 신금지향과 합수화된 후 년간무토에 불편한데 경금지향이 년지을목과 합금화되니 토생 합금화생 합수화로 무난해집니다. 반면, 다가오는 정사월 정화가 다가올수록 합수화에 불편해집니다.

정사월 정무구간 정화가 토기들과 소통되나 2무토에 설기됩니다. 정경구간 을경합금되며 소통세는 늘어납니다.

기갑/무계 구간 합화 위의 합토로 소통세입니다. 그런데, 년지계수는 특간기토의 극을 받아 합화는 쉽지 않습니다. 그러나, 무을년주와의 접경구간에서는 을목의 합금화에 역생되어 합화가 가능하며 화생토 되어 금기지향에게 무난합니다. 목기지향은 합금화가 되지 못하므로 계수는 토극되어 합화가 쉽지 않습니다.

정사월 정병구간 병화는 신금지향과 합수화되며 년간무토가 합화되지 않았다면 토극수됩니다. 그런데, 무을년주와의 접경구간이므로 합화될 확률이 높은 구간입니다.

무오월 무계년주의 계수는 특간기토에 토극수되어 월간무토와의 무계합화도 쉽지 않습니다. 무병구간 병화는 신금지향과 합수화되며 토극수됩니다. 무기구간 토기는 편중세입니다. 무정구간 정화는 토기에 설기됩니다.

무오월은 토기가 많아 무거운 편중세입니다. 금기지향 다우지수는 토생되어 상대적으로 무난한 듯 하나 사실 이 정도의 편중세면 금기지향이라 하더라도 다소 무거워질 수 있습니다. 그럼에도 잘 버틴 이유는 불안정 기간이 짧고 이 외의 구간들이 무난하여 잘 버틴 듯합니다. *또한, 좀 더 넓은 관점으로 장기적으로는 기해특주의 오랜 기간동안 기토생 운기로 금기지향은 지속적 긍정세가 유지되며 일시적 약세는 교량-다리 효과에 버팀력이 내재되어 나온 결과로 분석됩니다. 또한, 금기지향 뿐만 아니라 목기지향도 어느 정도 버팀력은 내재되었는데 특주 합토에 있어서 합이 이루어지면 합 과정작용동안 토극수가 제한되어 무계합화가 간헐적으로 이루어 진 듯 하며 이에 토기편중세는 다소 완화되며 화생토 소통세가 조금 넓어져 나온 결과인 듯합니다.*

기갑/무무 구간 합토 아래 무무토는 토기 편중세로 무거워 집니다. 월주에서 금기가 오면 토기가 일을 하며 소통율이 높아져 편중세가 완화되며 경신월, 신유월, 임술월 속에 금기가 내재되고 있습니다. 또한, 월주에서 계수가 오면 년주 무무토는 합화되어 토기편중세가 완화되면서 동시에 화생토 되어 소통세도 넓어집니다. 계해월과 갑자월에 계수가 내재됩니다. 갑목지향은 합토화 후 계해월 합화생 되므로 해당 구간 전후 반등세가 강한 듯합니다.

기미월 기기구간은 상부 토기편중세에 또 토기가 오니 조화롭지 못하며 다행히 다가오는 경신월 경금에 의해 소통세가 넓어집니다.

경신월 경경구간 편중된 토기들과 소통되니 토기편중세는 완화되나 경금이 편중되어 일주와의 관계는 제한됩니다.

신유월 신신구간 토기들과 소통되며 토기편중세가 완화됩니다. 그리고, 다가오는 임술월 임수와 2신금은 소통되며 1신금이였다면 설기되었을텐데 2신금으로 균형적 소통세가 됩니다.

임술월 임무구간 임수는 토극수되며 토기가 편중되어 무겁습니다.

계해월 계수는 무토와 합화되고 대기무토와 소통됩니다. 계갑구간은 갑목이 합화를 생해주니 소통세가 늘고 편중세는 완화됩니다. 계임구간 임수는 대기토기에 불편하며 화기와 조화롭지 않습니다. 다가오는 갑자월 갑목에 의해 소통율이 점차 넓어집니다.

갑자월 갑임구간 임수는 토기에 불편하며 갑목이 약간 막아주려 하나 2무토라 쉽지 않습니다. 갑계구간 갑목이 합화를 생해주며 소통세가 늘고 토기편중세는 완화됩니다.

코스피지수는 목기지향으로 순수목기지향 이외에 갑목지향과 을목지향으로 구분됩니다. 갑목지향은 특간기토와 합토되며 화생토 되어야 긍정됩니다. 계해월과 갑자월 계수가 내재되며 년주 무무토와 순차 합화되면서 특주 합토를 생하게 됩니다. 코스피는 88올림픽의 덕으로 긍정세가 되었는데 올림픽이 끝나고 10월말부터 주가가 급등하였습니다. 반면, 6월 무오월에서는 합화가 불안정 하였던지 주변에서 잠시 반등 하였습니다.

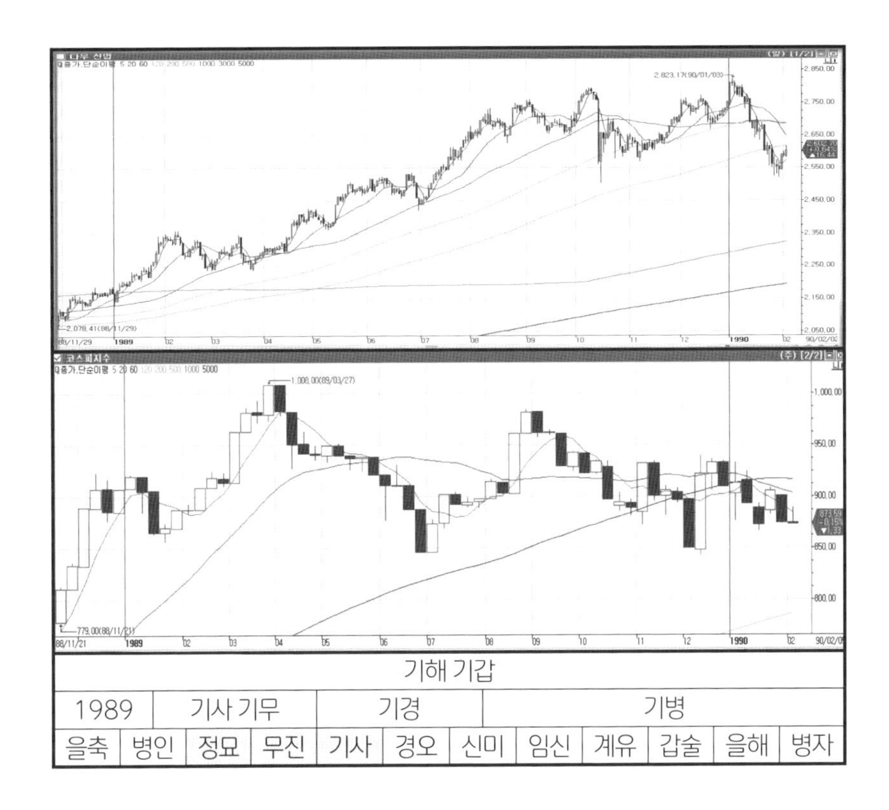

기해 기갑											
1989		기사 기무		기경		기병					
을축	병인	정묘	무진	기사	경오	신미	임신	계유	갑술	을해	병자

코스피 지수는 주봉 차트이며 해석을 간소화하였습니다.

특주는 기갑합토가 되며 중심 기경년주에서 경금에 의해 토생금 소통세가 강하게 나오고 있습니다. 또한. 특주 기갑합토 뿐만 아니라 기사년주도 기토가 지속 내재되어 금기지향에게는 무난한 한해인데 특히 기경년주의 경금 내재에 중심부에 힘이 강조되고 있으며 년초부터 중심부까지 지속 우상향세가 나온 듯합니다. 반면, 기병년주는 신금지향이 병화가 합수화되어 토극수 되는데 월주에서 금기가 받쳐주는 곳에서는 버팀력이 내재되지만 이외의 구간에서는 다소 밀릴 수 있습니다. 또한, 기무년주에서는 토기 편중세로 다소 무겁지만 대부분 음기토이며 금기지향에게는 토생금 되니 어느 선까지는 무난할 수 있으며 기경년주를 향하니 편중세는 완화될 수 있습니다.

기갑/기무 구간 합토와 무토로 금기지향에게 긍정됩니다. 토기 편중세지만 음기토가 많아 무토 대비 많이 무겁다고 볼 수 없습니다. 갑목지향은 합토화 되어 다른 지향에 비해 토기가 편중됩니다.

병인월 병갑구간 년간기토와 기갑합토가 되니 운기는 강조되나 음기토라도 점점 무거워집니다. 월간병화가 생해주니 소통세는 좋은데 신금지향은 합수화되어 토극수 되니 불편할 수 있습니다.

정묘월 정갑구간 기갑합토되며 화생토 소통세지만 정화는 토기들에게 설기됩니다. 정을구간 정화는 토기가 약간 줄고 을목이 생해주니 소통세는 상대적으로 좋아집니다. 경금지향은 을목과 합금화된 후 토생되니 무난합니다.

합금화 소통세는 무진월 무을구간까지 이어지며 무무구간은 토기 편중세로 다시 무거워지나 다가오는 기경년주 경금과 소통세가 좋아지니 기경년주가 다가올수록 긍정됩니다. 목기지향은 수기 부족으로 불편한 환경이며 갑목지향은 합토되고 화생되지도 못하고 합토에 의해 상대적으로 좀 더 무거워집니다.

기갑/기경 구간 합토생 경금으로 소통세이며 토기들이 편중되려는데 경금의 등장은 토기들을 일하게 하여 다이어트 효과에 편중세는 완화되고 소통세까지 넓어집니다. 반면, 을목지향은 합금화 후 토생되니 무난하지만 갑목지향은 합토된 후 화생되지 못하여 힘이 부족하고 목기지향은 금기 귀결에 부담될 수 있습니다. 또한, 총국상 금기가 편중되어 무겁습니다.

기사월 기무구간 토기가 무거워지려 합니다. 기경구간 무토가 줄고 경금이 늘어 소통세는 다시 좋아집니다. 기병구간 병화는 신금지향과 합수화 후 경금생되니 무난합니다. 목기지향은 수기가 부족하고 갑목지향은 합토된 후 화생되지 못하고 총국이 무거워집니다.

경오월 경금이 늘어나 금기가 편중되려 합니다. 경병구간 신금지향은 병화와 합수화 되고 경금들의 생을 받으니 경금의 편중세가 다소 완화되며 소통세도 무난합니다. 경기구간 월지기토가 금기들에게 설기되나 토기들이 많으니 버팀력은 내재됩니다. 경정구간 화생토생금으로 소통세이나 정화가 일주와 합목되면 금극목 됩니다. 갑목지향은 합토 후 오화생 되어 좋고 을목지향은 합금 후 토생되어 좋은 듯 하나 토생금 귀결로 목기지향에 부담되며 토기와 금기의 단조로운 편중세입니다.

신미월 무거운 경금 대신 신금이 들어서니 금기편중세는 완화되고 소통세도 무난해집니다. *신미월 중심 다우지수는 우상향세가 강했는데 큰 원인은 기경년주와 기병년주의 접경구간 소통세에 나온 현상인 듯합니다. 기병년주 병화는 신금지향과 합수화된 후 토극수 되려는데 기경년주의 경금을 향하니 접경구간 전후에서는 소통세가 좋으며 경금지향은 토생되고 신금지향은 합수화 후 경금생되니 금기지향 속 경금지향과 신금지향 모두 생을 받고 있어 긍정구간입니다.*

기갑/기병 구간 병화생 합토로 무난한 소통세이나 신금지향은 병화와 합수화 후 토극수 되니 불편할 수 있습니다. 월주에서 금기가 오면 역전의 용사격으로 버팀력 내재됩니다. 목기지향은 갑목지향이 합토화 된 후 병화생되어 무난합니다. 단, 계유월, 갑술월 신금구간 신병합수되면 합토에 토극수 됩니다.

임신월-계유월 속 경금이 합수화를 받쳐줍니다.

계유월-갑술월 신금구간은 병신합수가 된 후 토극되니 불편할 수 있으나 천만다행으로 임신월, 계유월 속 경금이 받쳐주고 을해월 을목의 합금화가 받쳐주며 즉 양측에서 받쳐주며 일주에서 금기가 주기적으로 오니 버팀력은 내재된 듯합니다.

을해월 경금지향은 을목과 합금화 되며 신금지향은 병화와 합수화되며 토생금생 수로 소통세가 넓어집니다. 갑목지향은 합토화 후 병화생 되어 긍정이나 을목과 을목지향은 병화에 설기되며 해수 속 임수는 토기에 불편합니다.

병자월 2병화의 합수화와 자수는 수기 편중세입니다. 그리고, 상부 토기에 토극수되나 수기도 강하니 어느 정도 버팀력은 내재됩니다. 또한, 임수에서 계수로 수기편중세는 완화되나 그러면 토극수가 심화됩니다. 병계구간 계수가 일주와 합화되면 합수화에 불편해지며 다가오는 정축월 정화도 합수화에 점차 불편해집니다.

기해 기갑								기해 기임				
1990		경오 경병				경기			경정			
정축	무인	기묘	경진	신사	임오	계미	갑신	을유	병술	정해	무자	

기갑특주와 기임특주의 접경구간이며 기임특주의 특지임수는 경정년주에서 형성된 임정합목으로 보며 여기 되면서 기갑합토를 불편하게 합니다. 다행히, 갑목과 접촉되어 불편율은 제한되며 갑목지향이 동기화된 합토는 불편율이 타 지향보다 높을 수 있습니다. 여기성을 적용하여 기임특주로만 적용해 봅니다.

기임/경병 구간 **특지임수가 년지병화를 극하나 경정년주-신정년주의 정화와 특지임수는 합목이 형성되며 특지임수는 합목화로 6개월정도 여기되니 경병년주 후반의 임수극 병화는 완화되고 오히려 합목의 생을 받는다고 볼 수 있습니다. 반면, 경기년주의 기토는 합목에 불편율이 높아질 수 있습니다. 그리고, 갑목지향은 기토와 합토화 되어 다른 지향에 비해 불편율이 좀**

더 커집니다.

무인월주 무갑구간 갑목은 경금에 불편합니다. 신금지향은 병화와 합수화되니 갑목은 역생됩니다.

기묘월 기갑구간 갑목은 금극목되어 합토가 어렵습니다. 신금지향은 년지병화와 합수화되어 합토가 성사됩니다. 기을구간 을경합금되며 토생되니 금기지향에게 긍정되며 갑목지향은 기토와 합토화된 후 병화생되어 무난합니다. 그런데, 다가오는 경진월 경금에 갑목지향이 내재된 월간합토는 설기세가 늘어납니다. 또한, 귀결이 금기이니 순수목기지향에게는 다소 부담입니다.

경진월은 화생토생금으로 소통세이지만 을경합금, 경금이 늘어 금기가 편중되어 무겁습니다. 금기지향 대비 목기지향은 상대적으로 불편율이 클 수 있으며 무엇보다 총국상 무거운 불리격입니다. 다행히, 다가오는 신사월 합수에 의해 경금지향은 다이어트 효과로 편중세가 점차 완화되며 목기지향도 점차 수생되어 긍정율이 잠시나마 높아질 듯합니다.

신사월 신병구간 1신금2병화로 순차 합수되며 토생 금생 수로 소통세도 무난합니다. 또한, 수기 내재에 목기지향에게도 무난합니다.

임오월 임병구간 임수가 병화를 극하여 불편합니다. 그런데, 신금지향은 병화와 합수화가 가능하며 경금의 생을 받아 무난한 듯합니다.

기임/경기 구간 **경정년주에서 형성된 임정합목이 경기년주에선 여기성이 강한 편이며 년지기토는 수생합목에 극 받습니다.** 긴 임수 속 잠시 합목되는 경우 수생합목이 될 수 있습니다. **갑목지향은 년지기토와 합토화 된 후 화생토 되어야 운기가 강조되는데 합목에 극 받으니 약세가 금기지향에 비해 커질 수 있습니다.**

임오월 임병구간 임수극병화로 불리격입니다. 신금지향은 병화와 합수화 된 후 경금생 됩니다. 임기구간 토생금생수로 소통세입니다. 임정구간 임정합목이 되며 년간경금에 금극되는데 다가오는 계미월 계수에 점차 역생됩니다.

계미월 계정구간 계수극정화로 불편합니다. 계을구간 경을합금되며 토생금생수로 무난합니다. 계기구간 토생금생수로 무난합니다.

갑신월 갑목은 금극목 되며 년지기토는 목극토 되어 합토가 어렵고 불안정운기가 좀 더 심해집니다. 갑경구간 경금이 편중되며 년지기토는 충극에 설기까지 심해집니다.

을유월 을경구간 합금이 되며 금기편중세입니다. 을신구간 금기편중세가 상대적으로 완화됩니다.

기임/경정 구간 임정합목이 년간경금에 극 받고 있으나 넓게는 특지임수 속 합목으로 버팀력이 내재될 수 있습니다.

병술월 병신구간 병신합수되며 신금지향은 병술월 내내 합수화가 됩니다. 합목은 수생되어 힘을 얻습니다. 병정구간은 2정화1임수로 순차합목되며 대기정화가 합목의 생을 받습니다. 병무구간 합목생 병화생 무토등으로 소통세입니다. 신금지향은 병화가 합수화되어 수생합목에 무토의 불편함은 커집니다.

다행히, 다가오는 정해월 정화에 점차 역생소통됩니다.

정해월 정임구간 합목이 되며 상부 합목과 더불어 목기편중세가 되며 일주와의 관계는 제한적이 됩니다.

무자월 무임구간 2임수1정화로 순차합목이 되며 대기 임수에 수생목이 형성되며 무토는 충극되지 않지만 조화롭지 않습니다. 일지에서의 토기는 수생목에 불편하게 됩니다. 무계구간 합화가 되며 목생화로 부분 소통세이나 년간경금과는 조화롭지 않으며 합화편중세는 일주와의 관계가 제한됩니다. 다가오는 기축월 기토와는 점차 소통되나 합화구간이 끝나면 기토는 합목의 눈치를 보며 경금에 설기됩니다.

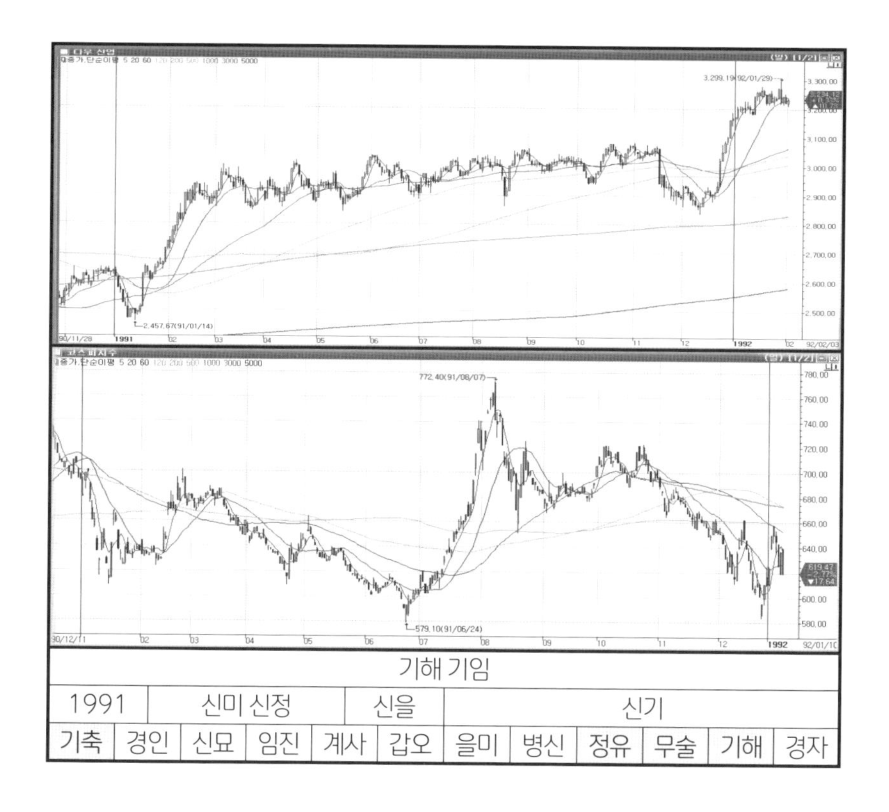

기해 기임											
1991		신미 신정			신을	신기					
기축	경인	신묘	임진	계사	갑오	을미	병신	정유	무술	기해	경자

기임/신정 구간 임정합목되며 년간신금이 극하지만 합목은 긴 특지임수 속 합목이므로 수생되는 합목으로 신금극에 버티력 내재됩니다. 그런데, 코스피지수는 전반적으로 약세가 많았습니다. 금극목 속 수생목으로 버팀력은 내재되지만 합목되는 부분 안에서는 수기가 적어 금극목율이 높아 나온 결과인지 아니면 수생목 하부에서 자주 등장하는 토기가 불편하여 나온 결과인지 구분할 필요가 있습니다. 이외 다양한 관계에 불편율이 높아진 것은 아닌가도 생각해 봅니다.

경인월 경병구간 신병합수되며 정화가 합수에 극 받아 임정합목이 풀려 운기가 불안정해지는데 경갑구간 갑목이 다가올수록 수극화는 역생되어 합목은 다시 형성됩니다. 경갑구간 합목과 갑목을 신경금이 극하려 하며 합목은 긴 임수 속 합목으로 금극에 버팀력 내재되나 월지갑목은 불편합니다.

신묘월 신갑구간 2신금이 극하며 합목은 버팀력 내재되나 갑목은 불편합니다. 신을구간 2신금이 극하며 합목은 버팀력 내재되나 을목은 불편율이 매우 커지며 다가오는 임진월 임수에 의해 점차 역생율이 높아집니다. 경금지향은 을목과 합금화가 가능한데 다가오는 임수와 소통됩니다.

임진월 총 2임수 1정화로 순차적 합목이 되며 임수가 대기하면서 합목을 지원합니다. 이에 임무구간 무토는 목기들에게 불편해지는데 계사월 계무구간 합화가 다가올수록 역생율이 높아집니다. 그런데, 합화가 실패하면 역생되지 않고 목극토 됩니다.

계사월 계무구간 상부 합목이 무토를 극하면 합화는 쉽지 않으나 년간신금이 합목을 극하려 하니 합화는 간헐적으로 가능할 듯합니다.

기임/신을 구간 기토생 신금생 임수생 을목으로 소통세이나 신금은 임수에 약간 설기됩니다. 경금지향은 을목과 합금화되어 신금의 설기를 받쳐주고 소통세는 강화됩니다.

겹치는 갑오월 갑병구간 신금과 합수되며 월간갑목과 년지을목은 수생됩니다. 경금지향은 을목과 합금화 후 합수를 생해주니 무난합니다. 갑기구간 합토된 후 수생을목에 극 받으니 불편합니다. 경금지향은 을목과 합금화된 후 토생되니 무난합니다. 갑정구간 정화는 월간갑목 보다 년지을목의 생을 좋아합니다.

기임/신기 구간 2기토생 신금생 임수로 소통세는 무난하나 년간신금이 특지 임수에 약간 설기세입니다.

을미월 년간신금이 월간을목을 극하여 불안정운기이나 년간신금은 특지임수를 먼저 향하며 병신월 병화가 년간신금과 합수되며 여기가 을미월까지 다가오니 을목은 점차 역생됩니다. 을정구간 을목생 정화생 기토로 부분 소통됩니다. 금기지향에서는 을목이 합금화되고 신금과 함께 토생 됩니다. 을을구간 편중되며 금기지향은 2합금화가 되며 역시 편중됩니다. 을기구간 수생된 을목이 기토를 극하려 하나 3기토 인해전술격으로 버팀력 내재됩니다. 금기지향은 합금화 된 후 토생되어 무난합니다.

병신월 병화는 년간신금과 합수되며 토기와 조화롭지 못하고 수기도 편중세가 됩니다. 병경구간 경금에 의해 소통세가 늘어납니다. 다가오는 정유월 정화는 합수에 불편합니다.

정유월 화생 토생 금생 수로 소통세입니다.

무술월 무무구간 토생금 소통세이나 토기편중세이며 일주와의 관계는 제한적입니다.

기해월 기임구간 임수가 늘어 년간신금의 설기는 좀 더 커집니다.

경자월 경금이 다가올수록 년간신금의 설기세는 완화되며 수기와 소통됩니다.

기해 기임											
1992		임신 임기		임무		임임	임경				
신축	임인	계묘	갑진	을사	병오	정미	무신	기유	경술	신해	임자

넓게 보았을 때 2임수 편중세로 묵중합니다. 반면, 임경년주에서는 경금내재로 소통율이 높아집니다. 금기지향은 소통세여도 수기들이 많으면 오히려 설기됩니다. 목기지향에게 적정선까지의 수기는 긍정되지만 지나치면 물에 떠내려갈 수 있으며 갑목지향은 기토와 합토되어 수생의 덕이 제한적입니다. 또한, 임수는 양수격으로 특간 음기토에 버팀력이 내재되지만 갑목지향은 특간기토와 합토되어 상대적으로 묵중하므로 토극수가 다른 지향에 비해 심해질 수 있습니다. 코스피지수는 다우지수 보다 약세가 심했으나 임경구간 오히려 반등세가 커진 원리가 바로 좀 더 심한 토극수가 역생소통 되었기 때문인 듯합니다. 이외 을목지향이 경금과 합금화 된 후 합토생 된 점도 긍정입니다.

기임/임기 구간 토극수이나 양임수는 음기토에 버팀력이 내재됩니다. 반면, 갑목지향은 기토들과 합토화되므로 조금 더 임수들을 불편하게 할 수 있습니다. 금기지향은 토극수를 역생소통 가능하니 불편율은 제한될 듯합니다.

임인월 임갑구간 갑목이 수기를 흡수하면 좋을텐데 합토가 되니 토기와 수기의 편중세가 됩니다. 특지기토가 임수극하지만 양수라 음토에 버팀력 내재되며 년간 임수와 월간임수는 합토 위에 있어서 충극되지 않지만 조화롭지도 않습니다.

계묘월 계을구간 을목은 수생되나 수기가 너무 많아 오히려 부담입니다. 경금지향은 을목과 합금화되고 토기와 소통되나 수기에 설기세입니다.

갑진월 갑무구간 갑목은 합토되고 합토무토 위의 수기는 충극관계는 아니지만 조화롭지 않습니다.

기임/임무 구간 토기와 수기 편중세입니다.

을사월 을목은 임수를 받아 사화를 생하며 모처럼 소통세가 넓어졌습니다. 그러나, 음을목으로 양수들을 조율하기에는 제한됩니다. 경금지향은 을목과 합금화 후 토생되니 무난합니다. 을무구간 수기편중세에 토기도 편중됩니다. 경금지향은 을목과 합금화된 후 소통세가 넓어집니다. 을경구간 합금되며 토기와 수기를 역생소통시킵니다. 을병구간 수생목생화생토로 소통세이나 을목은 병화에 설기되며 임수를 조율하기에 약합니다. 경금지향은 을목과 합금화되며 신금지향은 병화와 합수화되며 토생금생수로 소통되나 합금화는 수기들에 약간 설기됩니다.

병오월 병병구간 년간임수에 병화들은 불편하나 2화기로 버팀력 약간 늘어나며 을사월 접경구간에서는 을목에 의해 버팀력 좀 더 늘어납니다. 신금지향은 병화와 합수화되며 수기편중세가 심해집니다.

기임/임임 구간 수기편중세이며

병오월 병기구간 병화는 임수에 충극되며 기토는 임수들과 조화롭지 못합니다. 신금지향은 병화와 합수화될 수 있는데 수기가 편중됩니다. 병정구간 월간병화는 년간임수에 충극됩니다. 이에 월지정화가 년주 임수들과 순차합목된 후 수기를 조율하여 월간병화는 생존할 듯한데 수기가 워낙 편중되어서인지 코스피지수는 약보합 운기였습니다. . 신금지향은 병화와 합수화 되니 월지정화는 불편하여 합목이 쉽지 않습니다. 다가오는 정미월에서는 합목이 가능하니 병오월 병정구간 합목율은 어느 정도 유지될 듯합니다.

정미월 정정구간 2합목이 되며 수기편중세는 완화되는데 반면 목기가 편중되어 일주와의 관계는 제한됩니다.

기임/임경 구간 경금이 편중된 수기들을 소통시켜 주니 운기는 긍정되나 경금입장에선 설기가 심화되며 월주에서 금기나 토기가 협조되면 설기가 완화됩니다. . 갑목지향은 합토된 후 토극수 되는데 이를 역생소통 시켜주니 행운의 구간입니다. 그러면서 동시에 을목지향이 경금과 합금화 된 후 합토가 생해주니 긍정됩니다. 갑목지향이 내재된 합토를 화기가 생해주면 금상첨화인데 이는 부족합니다.

정미월 정기구간 임수생 임정합목이 기토를 극합니다. 갑목지향은 기토와 합토화된 후 목극토 되니 불리격입니다.

무신월 무경구간 무토생 2경금생 2임수로 소통세이며 경금이 보강되니 년지 경금의 설기가 완화됩니다. *코스피지수는 상승세가 강했는데 무신월에서만 강한 것이 아니라 임경년주 전반적으로 긍정구간이며 기유월에서 갑목지향의 합토화가 설기되어 약세가 나온 듯합니다.*

경술월 경무구간도 유사한 원리입니다.

기유월은 월간기토가 년지경금과 월지유금과 다가오는 경술월 경금에 설기됩니다. 갑목지향은 기토와 합토화되어 총국상 기토설기는 보강되나 금기가 워낙 편중되어 역시 설기세입니다.

신해월과 임자월 수기에 년지경금은 설기가 심해집니다. 총국상 금기의 설기세가 심한 구간입니다. 그런데, 하락하지 않고 잘 버텼습니다. 겨울국 임수구간 수기가 많을 때 의외로 잘 극복하는 경우가 많은데 일주의 정화와 주기적으로 합목되며 일부라도 합목이 형성되면 상대적으로 수기가 크게 완화되면서 소통세도 강화되어 실효성이 높은 듯합니다. 또한, 다가오는 계유년 계수는 임수에서 계수로 완화된 것이므로 이 또한 줄기적 관점으로 상승 영향인 듯합니다.

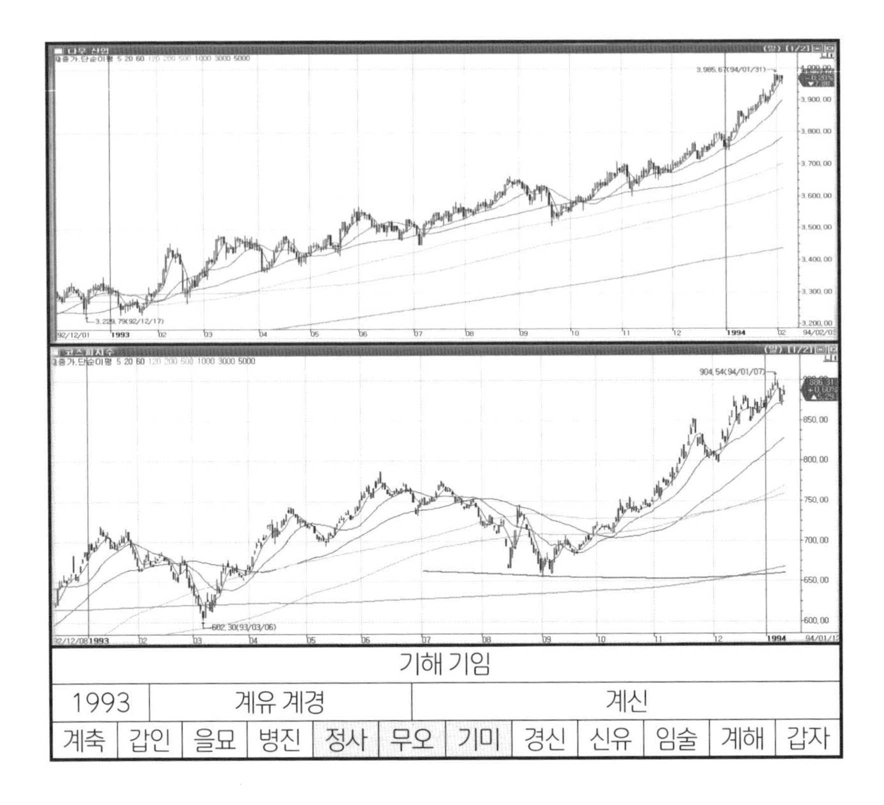

기해 기임											
1993		계유 계경				계신					
계축	갑인	을묘	병진	정사	무오	기미	경신	신유	임술	계해	갑자

기토생 신경금생 임계수로 소통세입니다. 계경년주는 균형적이나 계신년주는 신금이 임계수에 설기세입니다. 그럼에도 지수들은 계신년주 약세가 나오지 않고 상승세가 나왔습니다. 월주에서 가을 금국이 년지신금을 받쳐주고 다가오는 갑술년 갑기합토가 6개월 정도 여기되어 년지신금을 생해주니 나온 결과인 듯합니다. 갑목지향은 특간기토와 합토 된 후 화생토 되어야 긍정인데 주변에 화기가 없습니다. 다행히, 무오월 무토와 병진월, 정사월, 임술월, 계해월 속 무토는 년간계수와 합화되며 갑목지향의 합토는 화생토 됩니다. 그리고, 갑목지향이 내재된 합토가 수기를 극하지 않게 경신금이 역생소통시켜 줍니다. 또한, 을목지향은 계경년주에서 을경합금된 후 토생금 됩니다. 합화가 되는 구간은 특간기토를 거쳐 경신금을 생해주며 년중 토생금 운기에 금기지향에게도

긍정의 구간입니다.

기임/계경 구간 토생금생수로 소통세입니다.

갑인월 갑갑구간 상부는 소통세이나 갑갑목은 갑목 편중세이며 일주와의 관계는 제한적입니다.

을묘월 을경합금되며 특간기토의 생을 받으니 무난합니다. 을을구간 2을목1경금으로 순차합금되며 소통세가 무난합니다.

병진월 병무구간 계무합화가 되며 특간기토로 소통됩니다. 월간병화는 합화와 같이 화기편중세가 되나 신금지향은 병화와 합수화 된 후 합화를 불편하게 합니다.

정사월 년간계수가 월간정화를 수극화 하나 정무–정경–정병구간중 정무구간에서는 계수가 합화되어 수극화는 소멸합니다. 또한, 다가오는 무오월 무토와 년간계수가 합화되며 그 여기성에 정경–정병 구간에서도 정화는 년간계수의 약해진 수기에 버팀력 내재됩니다.

기임/계신 구간 소통세이나 신금이 임계수에 설기세입니다.

무오월 무기구간 월간무토는 합화되고 기토와 소통됩니다. 무정구간 무토는 합화되고 정화와 함께 화기가 편중되려하나 다가오는 기미월 기토가 다가올수록 소통됩니다.

기미월 기기구간 기토는 편중세이나 년지신금과 소통되며 다가오는 경신월과도 소통세입니다. *코스피지수는 약세를 보였는데 기미월이 잘못된 것이 아니라 갑목지향이 특간기토와 합토된 후 화생되어야 긍정되는데 년-월주에서 합화가 형성되는 곳은 상승세가 나오고 이외의 구간은 약세가 나오는 형세에 대한 결과인 듯합니다. 이러한 특수 현상은 경신월 경기-경무-경임-경경에서 경무구간은 3일이 적용되며 무토는 년간계수와 합화가 되며 코스피지수는 경신월 안에서 3일만 반등세가 강했습니다. 물론, 경무일진과 정확히 일치하지는 않으나 관련 부근입니다. 3일 반등구간은 경무-경임 구간이며 경임구간 때문에 급등한 것일 수도 있으나 경무구간 합화가 갑목지향이 합토화된 특간기토를 생하여 긍정된 것은 아닌가 생각됩니다.*

경신월과 신유월 금기가 편중되며 일주와의 관계는 제한됩니다. 반면, 상부 편중된 수기에 설기된 년지신금을 받쳐줍니다.

임술월 임무구간 계무합화가 되며 임수가 수극화합니다. 그런데, 지수들은 잘 버텼는데 일주에서 목기들이 주기적으로 배치될 수 있고 특히 임수가 일주와 합목되는 경우까지 고려하면 버팀력의 비율이 적지 않았습니다. *임수의 일주 정화와 주기적 합목과 계해월 속 갑목과 갑자월 갑목과 기타 임수들의 주기적 합목 및 일주에서의 목기들을 모두 고려해보면 줄기오행상 교량-다리 효과가 인연됩니다.*

계해월 계갑구간 갑목은 수생되며 소통세가 좋습니다. 계임구간 소통세이나 수기가 편중세입니다. 다가오는 갑자월 갑목에 점차 수기편중세는 완화됩니다. 또한, 임수가 일주와 합목되어도 수기편중세는 완화되며 소통세는 넓어집니다. 갑자월 갑목이 수기들을 조율하며 소통세는 무난합니다.

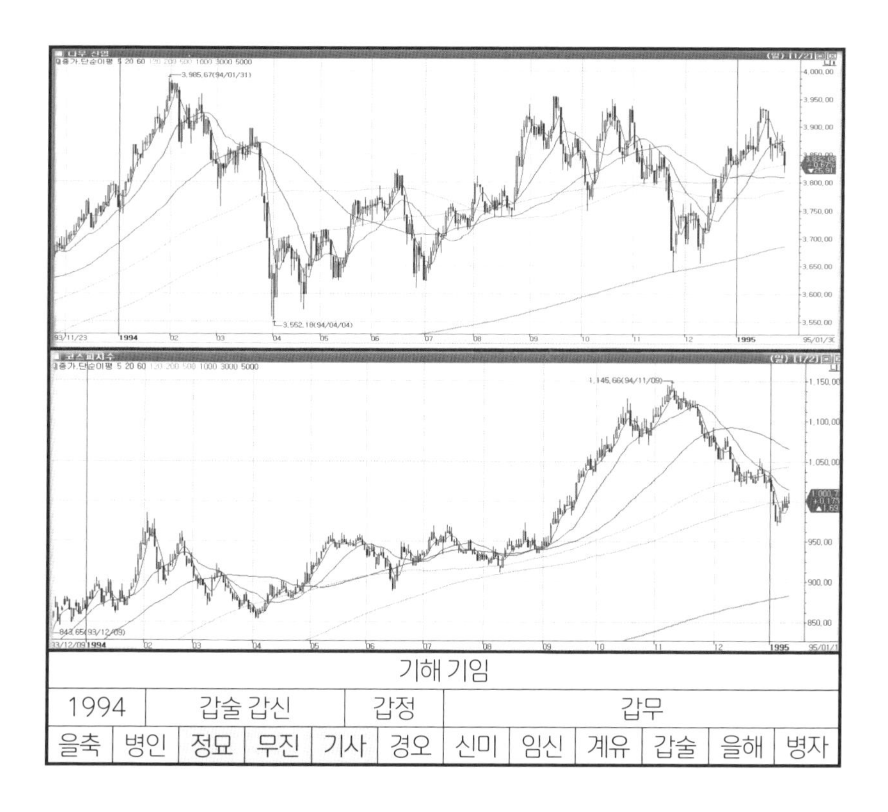

기해 기임											
1994		갑술 갑신			갑정		갑무				
을축	병인	정묘	무진	기사	경오	신미	임신	계유	갑술	을해	병자

특주에서 기토가 임수를 극하려 하나 1음기토에 1양임수는 버팀력 내재됩니다. 갑목지향은 년간갑목과 동기화되어 특간기토와 합토되며 특지임수를 불편하게 할 수 있는데 갑신년주에서는 신금이 토극수를 역생소통 시켜줍니다. 또한, 갑목지향이 동기화된 갑기합토는 화생토 되어야 힘을 얻는데 계유월 합화가 내재됩니다. 을목지향은 임수 보다 계수가 올 때 힘을 얻습니다. 금기지향은 갑기합토와 무토 내재에 무난합니다. 단지, 총국이 토극수 형국이라 긍정율이 제한됩니다.

기임/갑신 구간 특간기토와 년간갑목이 합토되며 합토생 신금생 임수로 소통세이나 신금은 임수에 설기됩니다. 그러나, 갑정년주의 정화가 특지임수와 합목되면서 그 여기성에 갑신년주 신금의 설기는 점차 완화됩니다.

병인월 년지신금과 월간병화는 합수되며 합수가 합토에 불편해집니다. 병갑구간 토극수 속 갑목은 합수에 생을 받습니다.

정묘월 정갑-정을 구간으로 나뉘며 정을구간에서 약세가 심했습니다. 월지을목이 년지신금에 충극되며 월간정화는 상부 합토 및 다가오는 무진월 무토에 설기됩니다. 경금지향은 신극을 월지을목과 간헐적으로 합금화가 되며 다가오는 무진월 무토가 다가올수록 소통력이 강조됩니다. 그러나, 월간정화는 설기됩니다.

무진월 무무구간은 합토와 더불어 토기 편중세입니다. 무무-기무의 관계를 분석해 보았을 때 기토가 년간갑목(갑목지향과 동기화)과 순차합토되며 기토부근에서 기살아의 운기가 강조될 듯합니다.

기사월 2기토1갑목으로 순차 합토가 되며 기무구간은 토기가 편중되며 기경구간은 경금 내재로 토기와 소통세가 무난해집니다.

기임/갑정 구간은 합목 위의 합토로 충극은 아니지만 조화롭지 않습니다. 만약, 합토가 먼저 형성되면 특지임수는 토극수 되어 합목이 실패하는 것은 아닌가도 생각해 봐야 하며 양임수 대비 음기토지만 합토되어 약간은 피해를 주는 토극수로 추정되며 간헐적 합목이 형성될 듯합니다.

기사월 기병구간 2기토1갑목으로 순차합토되며 합목생 병화생 합토로 소통됩니다. 신금지향은 병화와 합수화되며 토극수 되는데 다가오는 경오월 경금에 점차 역생됩니다.

경오월 경병구간은 합목생 병화생 합토생 경금으로 무난합니다. 신금지향은 병화와 합수화된 후 합목을 지원하며 약간 설기됩니다. 경기구간은 월지기토는 합목에 불편하여 합토가 쉽지 않습니다. 또한, 갑목지향은 기토에 동기화되어 불편율이 좀 더 높아집니다. 경정구간 합목생 정화생 합토생 경금으로 소통세입니다.

기임/갑무 구간은 음기토는 합토되어 양임수를 어느 정도 극할 수 있습니다.

신미월 신기구간 2기토 1갑목으로 순차 합토되며 신금과 소통세이나 년지무토와 더불어 토기 편중세입니다.

임신월과 계유월 금기내재에 상부 토기들과 소통세가 늘어납니다. 갑목지향은 특간기토와 합토된 후 화생토 되어야 긍정되는데 계유월 계수가 년지무토와 합화되어 합토를 생해주니 코스피지수는 급등세가 나왔습니다. 반면, 다우지수는 약세에 가까웠는데 계유월 유금이 합토의 생을 받는 구조이나 기토가 아닌 갑목과 접촉된 합토이기에 토생금의 실효성이 낮으며 합화에 접촉되어 약간의 불편율도 내재된 결과일 듯합니다.

갑술월 갑무구간 월간갑목은 월지무토를 불편하게 합니다. 다행히, 토기가 많아 불편함은 제한됩니다.

을해월 을임구간 임수는 상부 토기에 불편합니다. 경금지향은 을목과 합금화된 후 토생금생수로 소통됩니다. 반면, 다가오는 병자월 병임구간 병화의 합수화와 임수가 다가올수록 합금화는 설기세가 심해집니다.

병자월 병임구간 월간병화는 토기와 소통되나 월지임수는 토기에 불편합니다. 신금지향은 월간병화와 합수화된 후 합토에 약간 불편합니다. 병계구간 월간병화는 토기와 소통되며 월지계수는 년지무토와 합화되려는데 기갑합토가 극하니 간헐적으로 합화가 될 듯합니다. 다행히, 계수가 합토의 갑목과 접촉되어 토극수는 제한되어 간헐적으로 합화가 가능하며 기토와 접촉되었다면 합화는 쉽지 않습니다. 신금지향은 병화와 합수화되며 상부 합토에 약간 불편하며 합화를 간헐적으로 불편하게 합니다.

특이사항으로 코스피지수는 병계 월주 약보합세였는데 다우지수는 상승세였습니다. 원인을 명확히 알아내지는 못하였습니다. 추정으로 갑목지향은 합토된 후 임수를 극하여 총국상 불안하게 하는데 금기지향은 토극수에 역생소통이 어느 정도 가능하며 상대성에 나온 결과인 듯합니다.

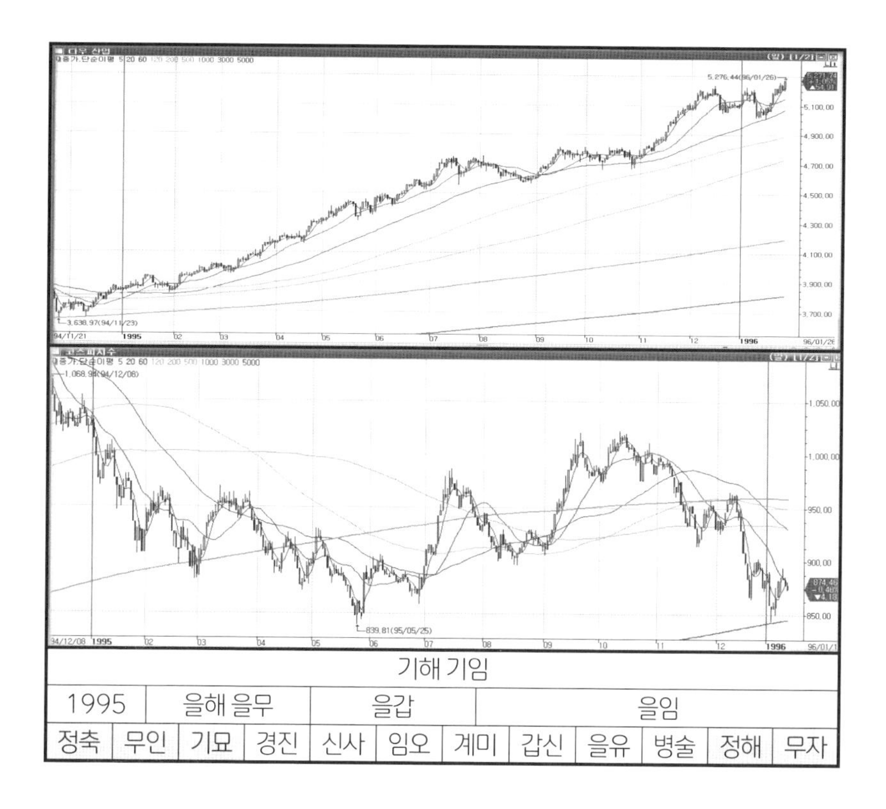

기해 기임											
1995		을해 을무		을갑			을임				
정축	무인	기묘	경진	신사	임오	계미	갑신	을유	병술	정해	무자

수기가 내재되니 목기지향에게는 무난할 듯합니다. 그런데, 목기지향 중 갑목지향은 특간기토와 합토되어 수생의 덕을 얻지 못합니다. 합토는 화생되어야 운기가 강화되는데 년주에서 화기형성율이 저조합니다. 을목지향은 계수생이 실효적이며 수생을목 아래 월주에서 기토는 충극됩니다. 더구나, 갑목지향이 합토화 되려는 기토가 극 받으면 충극율이 더 커질 수 있습니다. 반면, 경금지향은 을목과 합금화 된 후 특간기토가 생해주니 운기가 강화됩니다. 또한, 을무년주에서는 무토가 보강되고 을갑년주에서는 합토가 보강됩니다. 을임구간 2임수로 을목의 합금화는 설기될 듯 하나 2임수는 모두 지지에 배치된 것으로 천간자리 합금화는 버팀력 내재됩니다.

기임/을무 구간 임수생 을목과 기무토와 대립관계이나 기토는 을목 위에 있어서 버팀력 있고 무토는 양무토로 음을목에 버팀력 내재됩니다. 경금지향은 을목과 합금화 후 토생되니 긍정됩니다.

무인월 무갑구간 토기편중세입니다. 경금지향의 을목과 합금화는 월지갑목을 극하게 됩니다. 반면, 토생금되니 금기지향에게 무난하며 토기의 편중세가 완화됩니다.

기묘월 월간기토는 년간을목에 극 받아 운기가 불안정해집니다. 그러나, 토기가 많아 토기는 버팀력 내재됩니다. 기갑구간 기토가 을목에 불편하나 토기가 많아 기갑합토가 간헐적으로 가능할 듯합니다. 반면, 경금지향은 년간을목과 합금화되며 갑목이 불편하나 합금화는 특지임수를 향하니 기갑합토는 간헐적으로 성립되며 합금화가 토생되니 운기가 강조됩니다. 기을구간 2을목에 토기들은 불편해지나 금기지향에서는 2을목이 합금화된 후 토생되어 소통세가 넓어집니다.

경진월 경무구간 을경합금되며 토생되니 소통세는 넓어지며 토기편중세는 완화됩니다. 금기지향에게는 좋은 구간이지만 목기지향에게는 토생금 귀결로 부담되는 구간입니다. 을목지향은 합금된 후 토생되니 무난하나 순수목기지향은 합금 강조에 다소 부담될 수 있습니다.

기임/을갑 구간 을목이 기갑합토를 극함에 있어서 갑목과 접촉되어 을목극 합토의 충극율은 반절정도 될 듯합니다. 경금지향은 합금화되며 토생되니 소통세가 넓어집니다.

신사월 신병구간 합수되며 상부 기갑합토가 불편하게 하려하나 년간을목이 막아줍니다. 경금지향은 년간을목과 합금화 후 합토생 되고 합수를 생하여 소통세가 넓어집니다.

임오월 임병구간 임수극병화는 년간을목에 의해 역생됩니다. 반면, 경금지향은 년간을목을 합금화하여 임수극병화를 부추깁니다. 임기구간 기토는 년지갑목과 합토되려하나 년간을목이 기토를 극하니 합토는 쉽지 않습니다. 그러나, 을목이 특간기토를 향하려 할 때 월지기토는 잠시 합토가 가능할 듯합니다. 경금지향은 을목을 합금화하니 합토는 성립되며 토생금으로 소통세가 넓어집니다. 임정구간 합목되며 다가오는 계미월 계수가 다가올수록 소통세는 좋아집니다. 경금지향은 을목과 합금화에 합목이 금극목 되지만 계수가 다가올수록 금극목은 역생율이 높아집니다.

계미월 계정구간 계수생 을목생 정화로 소통되며 무난합니다. 경금지향은 을목과 합금화되어 정화는 수극화됩니다.

기임/을임 구간 임수가 편중세이며 을목은 뿌리가 떠내려 갈 수 있으나 지지체 임수 위의 천간체 을목으로 버팀력 내재됩니다. 경금지향과의 합금화는 2임수에 설기될 수 있으나 합금화는 천간체이며 2임수는 지지체로 버팀력 내재됩니다.

계미월 계기구간 기토는 수생을목에 불편해집니다. 그러나, 특간기토의 협조로 버팀력 내재됩니다. 경금지향은 을목과 합금화되니 목극토는 소멸하며 토생금으로 소통세가 넓어집니다. 2기토는 합금화와 소통되며 다가오는 갑신월 갑목과 여기적 합토화에 좀 더 보강되는 운기입니다.

갑신월 갑경구간 을경합금되어 운기가 강조되며 넘치는 임수들을 받쳐주어 소통되며 월간갑목은 임수생되어 합금극갑목에 역생됩니다. 물론, 수기가 없어도 을목과 접촉된 을경합금으로 버팀력 내재됩니다.

을유월 을경구간 2을목1경금으로 순차합금되며 기토생 합금생 수생 대기을목으로 소통세가 넓어집니다. 경금지향은 합금 및 합금화로 금기가 편중됩니다. 을신구간 2을목이 임수생되고 신금이 임수를 생하며 소통세입니다. 신금은 임수에 설기되려하나 2을목이 수기를 흡수하니 신금의 설기세는 완화됩니다. 경금지향은 2을목과 2합금화되며 신금과 더불어 수기를 받쳐 줍니다.

병술월 병무구간 임수생 을목생 병화생 무토로 소통세가 무난합니다. 경금지향은 을목과 합금화된 후 신금지향의 병화와 합수화를 생하니 무난합니다.

정해월 정화는 년지임수와 합목이 되며 년간을목과 함께 목기가 편중됩니다. 정무구간 무토는 합목을목에 목극토됩니다. 경금지향은 을목과 합금화되어 목극토율이 상대적으로 줄어들며 합금화는 토생되니 무난합니다. 정갑구간 목기편중세입니다. 정임구간 정화가 년지임수-다가오는 월지임수와 순차합목됩니다. 다가오는 무자월 무토가 다가올수록 무토는 합목을목에 목극토되며 경금지향은 을목과 합금화되므로 목극토율은 상대적으로 적은 편이며 토생금되니 무난합니다.

무자월 무임구간 임수가 늘어 수기편중세가 심해집니다. 무계구간 무계합화가 되며 년지임수의 극을 년간을목이 어느 정도 역생시켜 줍니다. 그러나, 을목이 임수를 모두 조율하지 못하여 합화는 어느 정도 수극화가 될 듯합니다. 경금지향은 년간을목과 합금화하여 오히려 수극화를 부추깁니다.

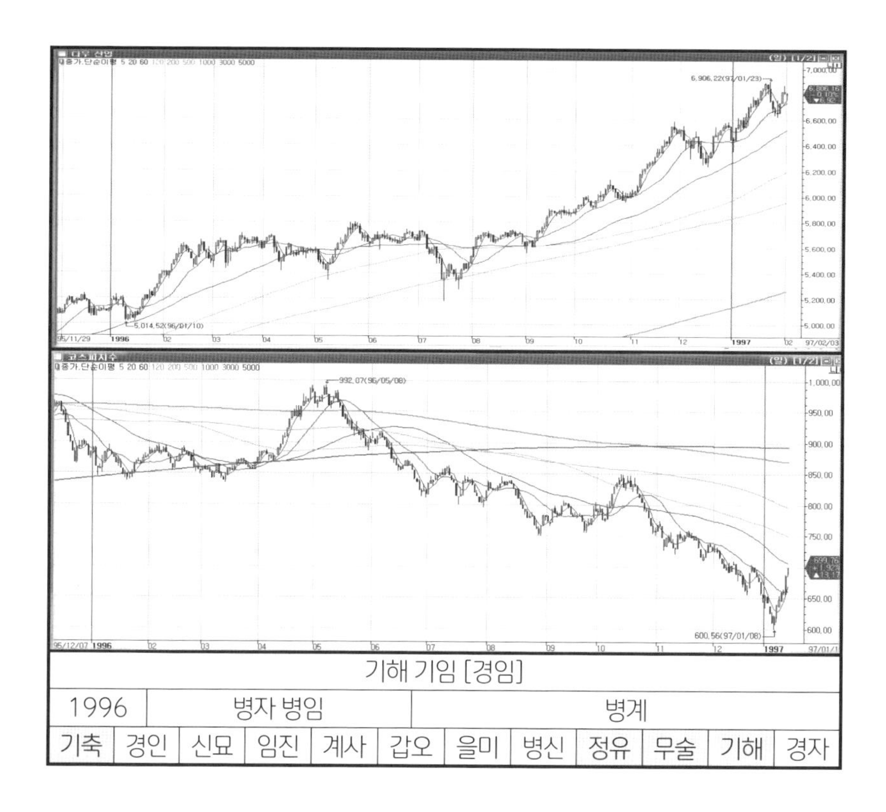

기해 기임 [경임]											
1996	병자 병임					병계					
기축	경인	신묘	임진	계사	갑오	을미	병신	정유	무술	기해	경자

코스피지수는 우하향세를 나타냈으나 다우지수는 우상향세를 나타냈습니다. 총국은 같은데 목기지향과 금기지향은 반대의 결과가 나왔습니다. 특징으로 기임특주 뒤로 경임특주가 다가오고 있고 다가오는 정축년에서 형성된 합목에 특지임수는 6개월정도 정임합목의 여기로 볼 수 있습니다. 또한, 특간기토는 특간경금이 다가올수록 설기가 심해질 수 있습니다. 좀 더 자세히 알아 봅니다.

첫 번째로 특간기토는 특간경금을 만날 때 설기됩니다. 그런데, 갑목지향은 특간기토와 합토화 되므로 합토의 설기력은 완화되나 금기지향은 토생금되는 긍정세인데 반해 갑목지향은 합토 후 금기를 지원하는 설기세입니다. 이에 상반된 결과가 나온 듯합니다. 물론, 기임-경임 접경구간에서는 갑기합토 생 을경합금 생 임수로 목기지향에게 긍정되는 구간이며 목기지향과 금기지향에 대한 상대성을 설명드린 것입니다.

두 번째 원리로 다가오는 경임특주와 다음 년도 정축년 합목되며 긴 임수 속 합목으로 수생되는 강한 목입니다. 그리고, 여기는 6개월정도 병계년주까지 다가올 수 있는데 음수인 계수는 합목에 설기세가 심화됩니다. 이에 총국상 약세가 될 수 있습니다. 신금지향은 년간병화와 합수화 된 후 다가오는 경금에 소통되며 합목에 설기되는 계수를 협조하여 총국상 상대적으로 안정세가 됩니다. 이에 다우지수는 버팀력이 높은 듯합니다.

[기임] 경임/병임 구간 2임수로 수기가 편중세입니다. 신금지향은 년간병화와 합수화에 수기편중세가 심해질 수 있으며 봄국 목국 갑목구간에서 목기와 소통되어 편중세는 완화됩니다.

경인월 경갑구간 금극목은 년지임수에 의해 역생소통되며 수기편중세는 완화됩니다.

신묘월 신병합수되며. 신갑구간 갑목에 의해 수기편중세는 완화됩니다. 신을구간 수생목으로 소통되나 을목은 수기편중에 오히려 부담될 수 있습니다. 경금지향은 을목과 합금화 된 후 수기와 소통되어 좋으나 수기 편중에 설기됩니다.

임진월 코스피지수는 다우지수에 비해 급등세가 나왔는데 명확한 원인은 알아내지 못했습니다. 기임-경임의 접경구간으로 분석되며 갑기합토 생 을경합금 생 임수로 소통세가 좋고 목기지향에게 좀 더 긍정되어 나온 현상인 듯합니다.

계사월 계무구간 합화가 되며 년지임수에 충극되나 여기되는 특지 합목에 의해 약간의 버팀력은 내재됩니다. 계경구간 경금과 수기들은 소통됩니다. 이때 신금지향은 년간병화와 합수화된 후 경금생되니 운기가 강조되는데 수기가 많아 경금은 설기될 수 있습니다. 다행히, 여기되는 합목이 큰 주기이기에 왠만한 수기는 점차 조율될 듯합니다. 계병구간 병화가 수기들에 충극되는데 여기되는 합목과 다가오는 갑오월 갑목에 의해 조율되어 무난할 듯합니다. 신금지향은 병화들과 합수화되어 수기가 편중되나 여기되는 합목과 갑오월 갑목에 의해 편중세는 어느 정도 조율될 듯합니다.

경임/병계 구간 임수는 합목이 여기 되어 있습니다. 이에 년지 계수는 설기가 심해지며 신금지향은 년간병화와 합수화되므로 계수의 설기는 완화됩니다.

갑오월 년지계수는 월간갑목의 추가에 설기가 늘어납니다. 갑병구간 신금지향은 년간-월지 병화와 합수화되어 계수의 설기를 완화시킵니다. 갑기구간에서는 합토되며 화생토 됩니다. 신금지향의 합수화와 년지계수는 합토 위에 있어서 극 받지 않으나 조화롭지 않습니다. 갑정구간 년지계수의 설기는 여전하며 신금지향은 년간병화와 합수화되니 년지계수의 설기를 완화시켜 줍니다.

을미월 을기구간 계수생 을목생 병화생 기토로 소통세이나 을목은 병화에 설기세입니다. 경금지향은 을목과 합금화되며 년간병화의 합수화 및 년지계수와 소통되나 설기됩니다. 다가오는 병신월 병화의 합수화와도 점차 소통되지만 설기도 늘어납니다.

병신월 병경구간 2병화에 경금은 불편합니다. 을목지향은 경금과 합금화를 하려 하므로 최종 병화극에 불편할 수 있습니다. 신금지향은 병화와 합수화가 가능하므로 경금은 화극금을 모면합니다.

정유월 정경구간 정병화가 월지경금을 극하니 조화롭지 않습니다. 정신구간 정화가 신금을 극하니 년간병화와의 병신합수는 쉽지 않습니다. 일주에서 토기가 오면 합수율이 높아집니다. 합수가 되면 월간정화가 수극화되는데 여기되는 특주합목에 의해 어느 정도 조율됩니다. 신금지향은 년간병화와 합수화되며 여기되는 합목에 년지계수의 설기를 보완합니다.

무술월 무무구간 년지계수와 순차합화되며 여기되는 합목의 생을 받으며 합목생 합화생 대기무토로 소통세입니다. 코스피지수는 하락세였는데 목기지향이 합화, 병화를 생하니 설기되어 약세가 되고 금기지향은 합목생 합화생 무토의 귀결에 득을 얻어 무난한 듯합니다.

기해월 기임구간 임수는 다가오는 경자월 경금에 소통율이 높아지며 기토는 경금에 설기세가 심해집니다. 금기지향은 토생금 운기는 긍정되나 년간병화의 합수화등 수기에 설기됩니다. 그러나, 상부 여기 합목에 수기 편중세는 완화되니 금기 설기세도 완화됩니다.

경자월 경금은 년간병화에 불편합니다. 신금지향은 병화와 합수화되므로 화극금은 소멸하며 금생 수생 여기합목으로 소통세가 무난합니다.

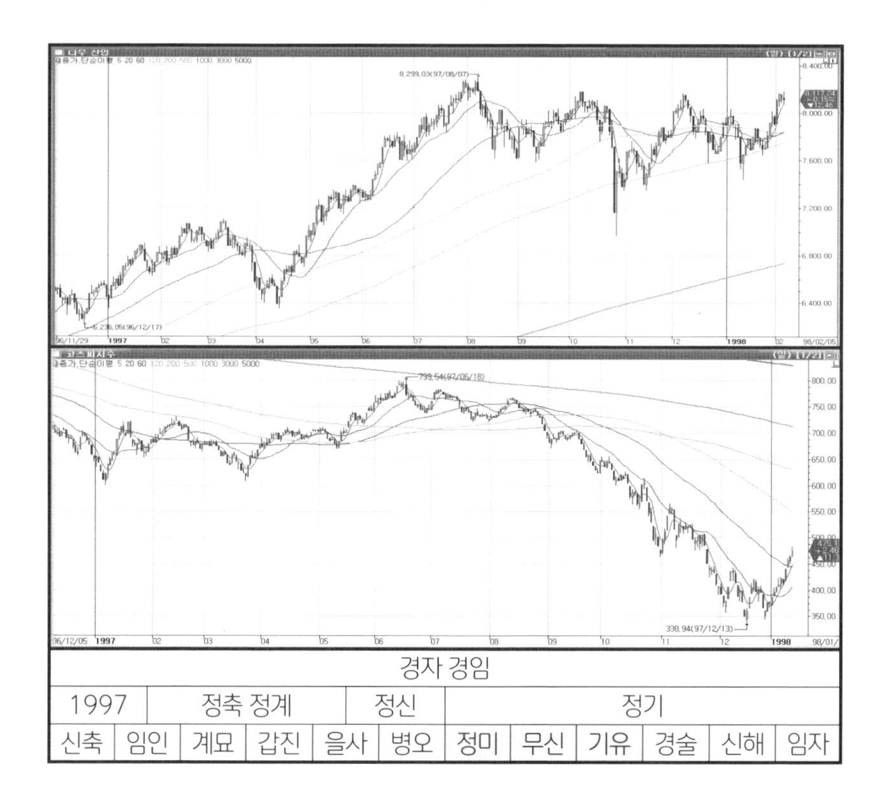

경자 경임											
1997		정축 정계			정신		정기				
신축	임인	계묘	갑진	을사	병오	정미	무신	기유	경술	신해	임자

경임/정계 구간은 경금생 계수생 합목으로 소통됩니다. 그러나, 월주에서 토기가 오면 목극토 됩니다.

경임/정신 구간은 합목이 경금신금에 극 받습니다. 다행히, 병오월과 겹치며 병신합수에 합목은 역생되나 병오월 병기구간 기토는 합목에 극 받을 수 있고 일주에서 화기가 오면 기토는 버팀력 가능합니다.

경임/정기 구간 경금에 합목이 극 받고 기토는 합목에 극 받으나 합목이 금극목이니 기토는 버팀력 내재될 듯 해 보입니다. 그런데 특지 임수는 길므로 정축년에서의 임정합목은 넓게 보았을 때 수생목입니다. 물론, 합목 안에서는 수생율이 낮습니다. 그러나, 전혀 수기가 없는 것이 아닐 듯합니다. 만약, 월주에서 수기가 오면 합목은 명확히 역생되는데 반면, 기토는 목극토 됩니다. 이때, 갑목지향은 기토와 합토화 된 후 목극토 되면 다른 지향에 비해 불리세가 더욱 커질 수 있습니다. 수기가 없으면 합목이 금극목 되고 수기가 있으면 갑목지향과의 합토가 목극토 되니 목기지향은 이래저래 불편한 구간입니다. 하반기 목기지향 코스피지수는 하락하였고 금기지향은 하락하지 않는 횡보세를 보이고 있습니다.

경임/정계 구간

임인월 2임수1정화 구성으로 순차합목이 되며 대기임수 및 년지계수에 생을 받습니다. 갑목까지 더해져 목기가 다소 편중세를 보입니다. 임병구간 합목생병화로 소통세가 무난합니다. 신금지향은 합수화되어 수기가 편중됩니다. 임갑구간 수기와 목기의 단조로운 편중세이며 갑목이 일주와 합토되면 합목에 극 받습니다.

계묘월 월간계수는 년지계수와 함께 묘목, 합목을 받쳐주고 소통됩니다. 계갑구간 소통세는 좋으나 갑목이 일주와 합토되면 목극됩니다. 계을구간 소통세가 무난하고 수기의 설기세도 완화됩니다. 경금지향은 을목과 합금화된 후 수기와 소통됩니다. 수기는 상부 합목과 다가오는 갑진월 갑목에 점차 설기세가 커집니다.

갑진월 갑무구간 무토가 합목, 갑목에 극 받아 계무합화는 쉽지 않습니다. 총국상 불안함이 내재하니 코스피지수는 제자리 횡보세였는데 무토가 합화실패의 어려움에도 금기를 극하는 화기가 되지 않고 금기를 생하는 토기를 유지해서인지 다우지수는 상승했습니다.

을사월 을무구간 금기지향은 목기지향에 비해 갑진월 갑무구간에서 을사월 을무구간까지 반등세가 나왔는데 금기지향에게는 계무합화가 성사되지 않음이 꼭 나쁘다고 볼 수 없으며 무토의 존립에 토생금이 인연되니 오히려 반등한 것은 아닌가 추정됩니다. 경금지향은 을목과 합금화가 되며 무토와 소통됩니다.

경임/정신 구간

을사월 을병구간 병신합수가 되며 정임합목은 금극목이 역생됩니다. 경금지향은 을목과 합금화되며 합금화생 합수생 합목으로 소통세가 넓어집니다.

병오월 병화는 합수되며 금극목 합목은 역생됩니다. 병병구간 신병합수와 대기 병화가 내재되며 합목과 소통됩니다. 병기구간 병화는 합수되며 기토는 합수생합목에 불편하게 됩니다. 다행히, 다가오는 병정구간 정화가 다가올수록 역생소통됩니다. 병정구간 합수생 합목생 정화가 되며 다가오는 정기년주 기토와 정화는 소통됩니다. 신금지향은 년지신금과 동기화되어 합수에 내재되며 경금의 생을 받으니 신금지향은 무난하며 정기년주의 기토가 다가올수록 특간경금을 받쳐주니 경금지향도 무난합니다.

경임/정기 구간 긴 특지임수 속 합목으로 경금극에도 합목은 역생율이 내재되지만 합목 중심부는 수기가 적으니 합목이 불편할 수도 있습니다. 그런데, 합목이 건재하면 년지기토가 합목에 극 받게 됩니다. 그리고, 갑목지향은 년지기토와 합토화되어 목극토 되니 불안정 운기는 커지게 되며 다른 지향에 비해 약세는 더 커질 수 있습니다.

정미월 정기구간 상부 2정화1임수로 합목 후 대기하는 정화가 기토를 생하여 주며 소통세입니다. 갑목지향은 기토와 합토되어 화생토되니 무난합니다.

무신월 속 토기들은 합목이 금극되었어도 긴 임수 속 합목이기에 불편할 수 있습니다. 반면, 합목은 긴 임수 속 합목이지만 합목 안에서는 수기가 적어 금극목의 불편율이 인연될 수도 있습니다.

기유월 기토는 합목의 눈치를 보며 유금은 합목에 무난합니다.

경술월 속 무토는 합목의 눈치를 보며 금기는 무난합니다.

신해월 속 무토는 합목의 눈치를 보며 이외는 무난합니다. 신임구간은 상부 합목과 순차합목이 되며 수기에 수생합목이 되니 년지기토는 좀 더 불편해집니다.

임자월 임수는 상부 합목과 순차 합목이 되며 수생합목이 되니 년지기토는 목극토가 심화됩니다. 그리고, 갑목지향은 년지기토와 합토되려 하기에 합토가 되면 충극되고 합토가 실패하면 운기가 불안정해집니다.

1997년 11월 대한민국 정부 외환위기로 국제통화기금 IMF에 구제금융을 요청하였습니다.

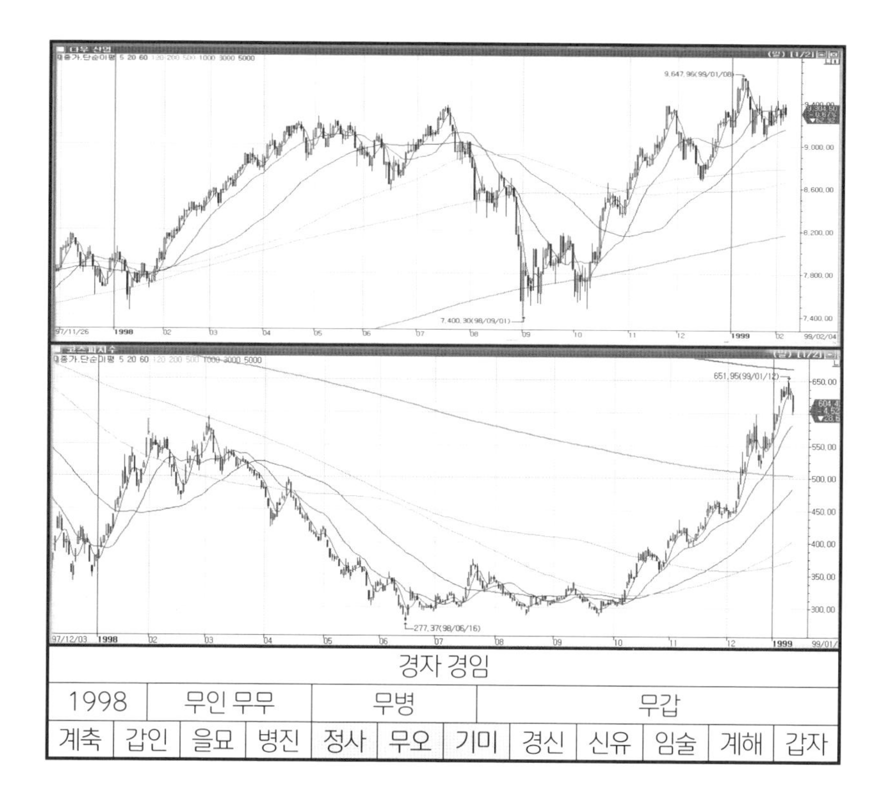

경자 경임											
1998	무인 무무			무병		무갑					
계축	갑인	을묘	병진	정사	무오	기미	경신	신유	임술	계해	갑자

경임/무무 구간 소통세이나 무무토는 편중세입니다. 1무토가 1경금에 소진되니 남는 1무토는 크게 무겁다고 볼 수 없고 임수로 귀결되니 목기지향에게 무난합니다. 2무토는 편중세지만 토생금으로 금기지향에게 무난합니다. 월주에서 수기가 오면 토극수 됩니다.

갑인월 갑무-갑병-갑갑으로 나뉩니다. 갑병구간 갑목생 병화생 무무토로 소통세가 넓어지나 병화는 2무토에 설기세입니다. 신금지향은 병화와 합수된 후 무무토에 불편하게 됩니다. 갑갑구간 무무토 아래 갑갑목으로 소통세는 아니지만 충극도 아닙니다.

을묘월 을을구간 2무토에 눌려 오히려 목기가 불편한 듯합니다. 그렇다고 하락세가 나온 것은 난해한 결과이며 데이터가 좀 더 요구됩니다. 을을목의 아래 일주에서는 기토는 불편하며 일지의 무토도 불편하며 일지의 계수는 설기되며 이외는 무난합니다. 반면, 경금지향은 을경합금화되며 편중된 2무토를 소통시키므로 긍정됩니다.

병진월. 병을구간 을목생 병화생 2무토로 소통세이나 병화는 2무토에 설기되며 을목은 병화에 설기됩니다. 신금지향은 병화와 합수화되며 경금지향은 을목과 합금화되며 2무토생 합금화생 합수화로 소통세입니다. 병무구간 1병화가 3무토에 설기가 심해집니다. 신금지향은 병화와 합수화 된 후 토극수 되는데 토기가 특간경금을 향하여서인지 잘 버티었습니다. 월간병화의 합수화를 극하는 무토는 3무토중 년간무토 하나이며 년주 무토는 특간경금을 향하니 버팀력 내재된 듯합니다.

경임/무병 구간은 임수극병화로 불안정한 구간입니다. 또한, 무무년주에 다가갈수록 년지병화는 설기가 심해집니다. 월주에서 목기가 받쳐주면 버팀력은 내재되는데 목기비율이 매우 제한적입니다. 신금은 년지병화가 수극되어 합수가 어렵지만 신금지향은 년지병화와 간헐적으로 합수화가 되며 특간경금의 생을 받고 특간경금은 경금지향과 동기화 후 무토의 생을 받으니 금기지향은 무난합니다.

정사월 정무-정경-정병으로 나뉘며 상부 수극화에 역생요소는 월간정화의 일주와의 합목 이외에는 부족합니다. 정무구간 정화는 년간무토와 월지무토에 설기됩니다. 정경구간 정화는 년간무토에 설기되지만 화생토생금으로 부분 소통세입니다. 정병구간 화기가 다소 편중세인데 다가오는 무오월 무토와 소통되어 화기편중세는 완화됩니다. 금기지향은 화생토로 무난하며 신금지향은 병화와 합수화되는데 년주에서의 합수화는 특간경금에 소통되지만 월주에서의 합수화는 조화롭지 않습니다.

무오월 무병-무기-무정으로 나뉘며 화기는 토기에 설기되는데 병화는 적절하며 정화가 심해집니다. 또한, 상부 수극화에 역생요소는 월지정화의 일주와의 합목 이외에는 부족합니다. 무정구간 신금지향은 년지병화와 합수화된 후 월지정화를 불편하게 하며 기미월 기정구간까지 이어집니다. 그런데, 수극화에 금기지향은 잘 버티는 경향이 있습니다. 그런데, 이번의 경우는 하락하지 않은 것이 아니라 상승까지 하였습니다. 수극화 이외의 격국은 토기들이 많아 토생금된 영향인 듯합니다.

기미월 기정-기을-기기 구간으로 나뉘며 기정구간 화생토로 소통세이나 년지병화는 여전히 수극화로 불편합니다.

경임/무갑 구간은 소통세이며 균형적입니다. 갑목이 임수생되니 목기지향에게 좋으며 금기지향도 무난합니다. 그런데, 금기지향은 뒤늦게 급락이 왔습니다.

기미월 기기구간 후반은 년지갑목과 순차 합토되어야 하는데 무기충에 불안정해지며 만약, 합토가 성립되면 년간무토와 더불어 토기 편중세가 심해집니다. 토기편중세가 되어도 다가오는 경신월 경금에 의해 점차 소통세가 늘어나 편중세는 약간 완화됩니다.

경신월 경기구간 갑기합토되지만 무기충에 합토율이 제한될 수 있습니다. 경무구간 토생금생수 소통세입니다. 경임구간 토생금생수 소통세입니다. 경경구간 금기 편중세이며 일주와의 관계는 제한적입니다.

기미월과 경신월 사이 코스피-다우 지수 모두 약세가 공통점인데 추정으로 무토와 기토는 충의 관계로 무토 아래 기토는 충이 되어 갑목은 기토와 합토가 어렵고 이에 운기가 불안정하게 됩니다(기토가 무토 위에 있었다면 갑기합토 성립율은 높아졌을 듯합니다). 만약, 무기충을 극복하고 합토율이 유지된다면 무갑년주에서는 금생수생목의 균형적 소통세가 특징인데 무병년주와의 접경구간에서는 기미월 기토에 의해 갑목이 합토되어 소통세가 줄어들고 무병년주 수극화를 완화시키지 못해 나온 현상도 원인일 수 있습니다. 기타 세부적으로 다우지수는 기미월 약세 이외에 경신월 경경구간 병오일, 정미일, 경술일 3일도 약세를 보였는데 주식시간대는 병오일은 병기구간, 정미일은 정기구간, 경술일은 경무구간으로. 토기들이 편중된 금기들에게 설기되는 공통점이 있습니다.

신유월 신경구간 갑목과 조화롭지 않습니다. 신신구간 편중되어 일주와의 관계는 제한적입니다.

임술월 임무구간 월지무토는 수생갑목에 불편하나 2무토로 버팀력 내재되며 계해월 무계합화가 여기되어 점차 역생소통됩니다.

계해월 계임구간 무계합화가 성립되며 금생수생목생화로 소통세도 무난합니다.

갑자월 갑임-갑계로 나뉘며 갑임구간은 소통세이나 임수가 2갑목에 설기되며 갑계구간 계무합화가 되며 2갑목이 생해줍니다.계해월 계임구간 무계합화가 성립되며 금생수생목생화로 소통세도 무난합니다.

갑자월 갑임-갑계로 나뉘며 갑임구간은 소통세이나 임수가 2갑목에 설기되며 갑계구간 계무합화가 되며 2갑목이 생해 줍니다.

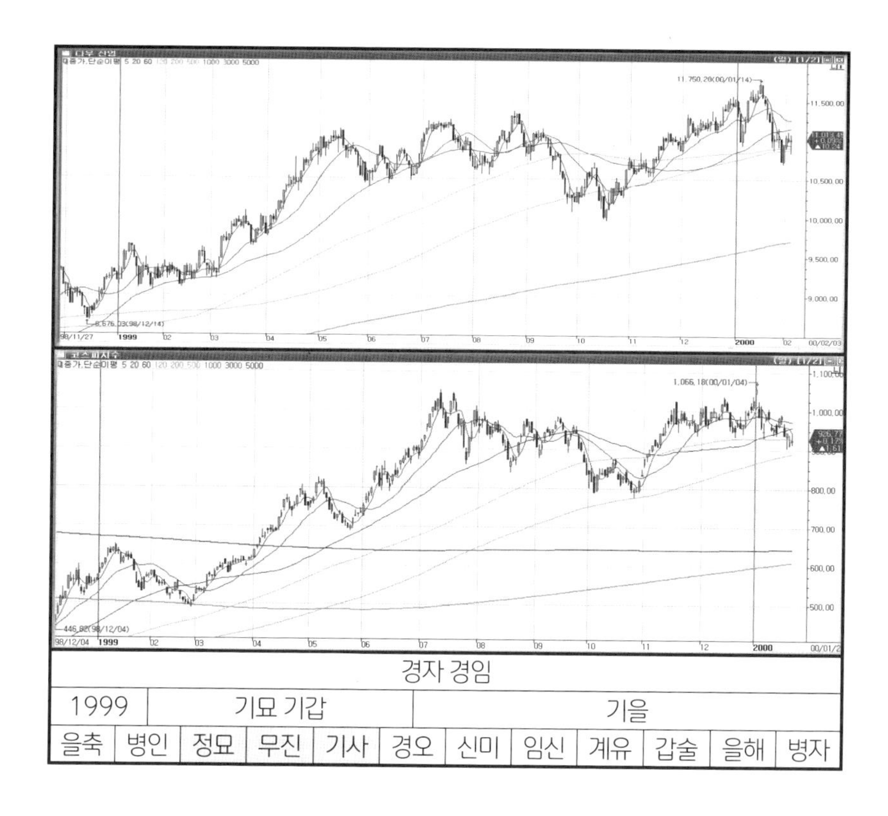

<table>
<tr><td colspan="12">경자 경임</td></tr>
<tr><td colspan="2">1999</td><td colspan="4">기묘 기갑</td><td colspan="6">기을</td></tr>
<tr><td>을축</td><td>병인</td><td>정묘</td><td>무진</td><td>기사</td><td>경오</td><td>신미</td><td>임신</td><td>계유</td><td>갑술</td><td>을해</td><td>병자</td></tr>
</table>

지수들이 전반부는 상승세였고 후반부는 횡보합세였습니다. 경임/기갑 구간은 합토생 경금생 임수로 균형적 소통세이며 경임/기을 구간은 토기가 줄고 금기가 늘어났으며 소통세이나 1기토가 합금에 설기세입니다.

최종귀결이 토생금생수이니 목기지향은 긍정인데 갑목지향은 년간기토와 합토되니 수생의 덕을 얻지 못합니다. 을목지향 역시 특간경금과 합금화되니 수생의 덕을 얻지 못합니다. 순수 목기지향만 수생의 덕을 봅니다. 반면, 을목지향은 합금화 후 토생되니 긍정됩니다.

코스피지수가 상승하는 경우들을 분석해 보자면 기본적으로 설기나 편중되지 않으면서 갑목이 오랫동안 합토되지 않고 수생되거나 을목이 오랫동안 합금되지 않고 수생되거나 또는 화생 갑기합토(화) 되거나 화생 갑기합토(화) 생 을경합금(화) 되었을 경우 입니다.

경임/기갑 구간 합토되며 이 합토에는 갑목지향의 합토화도 동기화 되었으며 병인-정묘-무진-기사-경오의 월주에서 병인월의 병화-정묘월의 정화-무계구간의 무계합화-기사월의 병화-경오월의 오화등 화기가 년간 합토를 받쳐주어 화생토 되어 긍정되며 을목지향의 경금과의 합금화는 합토가 받쳐주니 긍정됩니다. 금기지향 역시 합토가 생해주니 긍정됩니다.

경임/기을 구간은 기토가 합금에 설기되는데 경오월 경기구간, 신미월 신기구간, 임신월 임기구간, 갑술월 갑목과의 합토와 무토, 을해월 갑목과의 합토와 무토등에 의해서 년간기토의 설기는 보완됩니다. 반면, 경오월과 임신월은 경금이 늘어 다시 무거워집니다.

경임/기갑 구간 합토생 경금생 임수로 균형적 소통세입니다.

병인월 병갑구간 2갑목은 순차합토되며 갑목생 병화생 합토로 올라가며 소통세가 무난합니다. 신금지향은 병화와 합수화되며 토극수되나 토기가 경금을 향하니 토극수는 제한적입니다.

정묘월 정을구간 을목생 정화생 합토생으로 올라가며 소통세가 무난합니다. 경금지향은 을목과 합금화 된 후 토생되니 무난합니다.

무진월 무무구간의 경우 편중되어 상부 합토와 더불어 매우 무거울 듯한데 지수들은 모두 상승세가 나왔습니다. 4월 6일 무자일, 11일 계사일, 18일 경자일, 21일 계묘일, 30일 임자일, 5월 1일 계미일등 일주와 합화율이 큽니다. 일주와 합화되면 화생토로 소통세가 넓어지고 토기편중세가 완화됩니다.

기사월 기무구간 토기가 편중됩니다. 기경구간 경금이 토기편중세를 완화시켜 소통세를 넓힙니다. 기병구간 병화가 토기들과 소통됩니다. 병화는 신금지향과는 합수화된 후 토극되는데 다가오는 경오월 경금에 의해 점차 역생율이 높아집니다.

경임/기을 구간 기토생 합금생 임수로 소통세이나 년간기토가 합금에 설기됩니다. 기갑년주에 비해 금기가 늘고 토기가 줄었습니다.

경오월 전후 다우지수에 비해 코스피지수는 상승세가 강했습니다. 총국의 운기는 오화생 기토생 합금생 임수로 소통세이나 금기가 무거운 편중세입니다. 이에 갑목지향은 기토와 합토화 된 후 오화의 생을 받아 긍정되며 을목지향은 합금화 된 후 합토화에 생을 받으니 긍정됩니다. 그리고, 최종 임수가 귀결이며 순수목기지향에게 긍정됩니다.

또한, 경오월 경기구간 기토와 기사월 기무토와 신미월 기토의 교량-다리 효과처럼 주기적으로 토기를 지원하면서 기토는 갑목지향이 합토화로 추가 보강이 가능하니 코스피지수가 탁월하게 상승한 듯합니다.

신미월 신기구간 기토가 년간기토의 설기에 협조를 하나 신금이 늘어 다시 설기됩니다.

임신월 임경구간 경금이 늘어 년간기토의 설기는 심해지나 합금이 임수를 생하므로 금기편중세는 약간 완화됩니다.

계유월. 계경-계신구간 금생수로 소통세이며 금기편중세가 경금에서 신금으로 약간 완화됩니다.

갑술월 갑무구간 갑목이 년간기토와 합토되고 무토와 함께 합금과 소통되며 토기의 설기는 보완됩니다.

을해월 을무구간의 무토와 을갑구간의 갑목 합토에 의해 년간기토의 설기는 보완됩니다. 경금지향은 을목과 합금화로 금기가 무거워지는데 토기도 보강되며 토생금 소통됩니다. 을임구간 합금생 임수생 을목으로 부분소통세가 됩니다. 경금지향은 을목과 합금화된 후 토생되어 소통세지만 금기 편중세가 될 수 있는데 해수 속 임수와 다가오는 자수 속 임수를 생하려 하니 금기편중세는 완화되고 소통세는 넓어집니다.

병자월 병화생 기토생 합금생 자수로 소통세이며 기토는 설기되나 갑목지향은 합토화되어 보강됩니다. 신금지향은 병화와 합수화되며 자수와 함께 수기가 다소 무거워지나 금생수 소통세입니다.

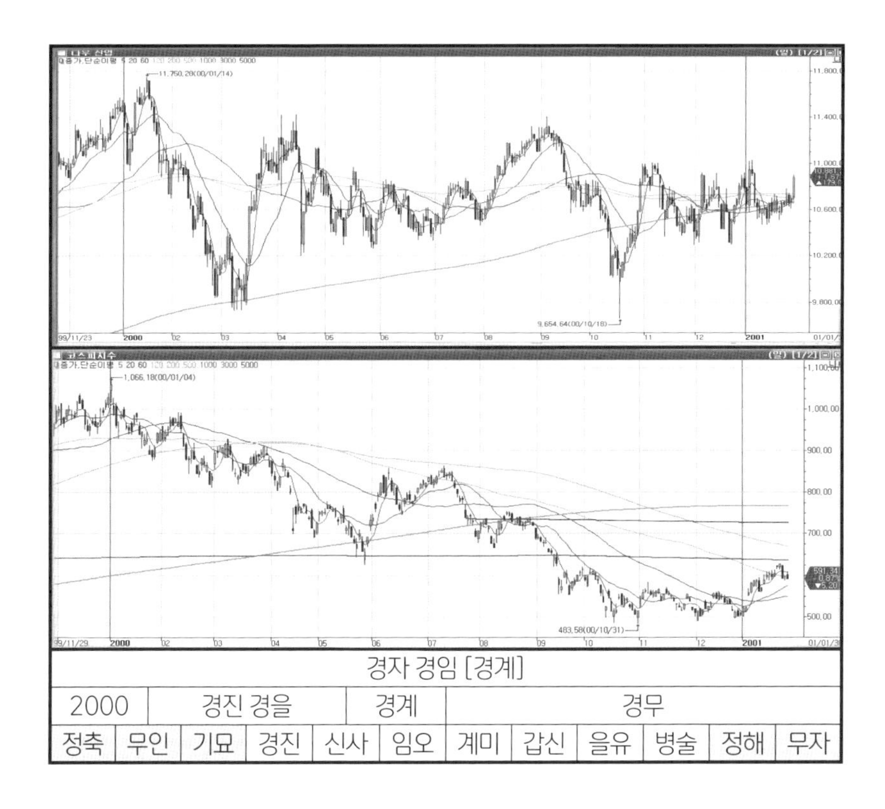

<table>
<tr><td colspan="12">경자 경임 [경계]</td></tr>
<tr><td colspan="2">2000</td><td colspan="3">경진 경을</td><td>경계</td><td colspan="6">경무</td></tr>
<tr><td>정축</td><td>무인</td><td>기묘</td><td>경진</td><td>신사</td><td>임오</td><td>계미</td><td>갑신</td><td>을유</td><td>병술</td><td>정해</td><td>무자</td></tr>
</table>

경임특주 아래 경진년주로 2경금에 편중되어 무거운 구간입니다. 다가오는 경계특주로 적용해도 역시 2경금의 편중세인데 여기되는 특지계수와 년지무토의 합화가 여기되는 기간만큼 특지임수에 다가가면서 수극화되니 총국상 운기는 조화롭지 않으며 코스피지수는 년중 하락세가 나왔습니다. 불안정한 총국에 수기가 소멸해가는 코스피지수는 하락세였는데 금기지향의 다우지수는 수극화가 반드시 나쁘지는 않은지 하락하지는 않았습니다.

수기가 줄고 화기가 늘어남에 목기지향은 버팀력이 줄고 설기세가 늘어납니다. 수기가 줄어들면 금기지향은 설기세가 완화됩니다. 또한, 특간경금과 년간경금은 모두 합화 위에 있어서 조화롭지는 않지만 충극되지도 않으며 월주에서 토기가 오면 소통세가 넓어집니다.

경임특주 대신 경계특주로 분석해 봅니다.

경계/경을 구간. 1을목과 2경금이 순차 합금이 되며 계수로 소통되지만 금기 편중세입니다.

무인월 무갑구간 갑목은 금기에 불편합니다.

기묘월 기갑구간 갑목은 금극되어 합토가 쉽지 않습니다. 기을구간 을목은 년간경금과 합금되고 토생금생계수로 소통세이나 총 2합금이 내재되어 편중세로 무겁습니다.

경진월 진토가 있으니 금기지향에 긍정이나 경금이 추가되니 역시 무겁습니다.

신사월 신무구간 토생금으로 소통세이며 월간이 경금에서 신금으로 완화되어 금기편중세는 다소 완화됩니다.

경계/경계 구간 특지계수는 합화의 여기로 보며 2경금 편중세로 무겁습니다.

신사월 신병구간 합수가 되며 합금의 생을 받아 무난합니다. 단, 일주에서 정화나 합화는 불편할 수 있습니다.

임오월 임병구간은 수극화이며 신금지향은 병화와 합수화가 가능하나 수기가 편중됩니다. 임기구간은 기토가 경금에 설기세입니다. 임정구간은 정화가 년지계수의 충극에 불편할 듯 하나 경무년주 무토가 다가올수록 계수는 합화되므로 임정구간 후반은 합목이 가능합니다.

경계/경무 구간 계무합화가 되며 여기될 때 특지임수에 불편합니다. 또한, 2경금에 편중세로 무겁습니다.

계미월 계기구간 2계수1무토로 순차 합화되며 합화는 여기되는 만큼 특지임수에 불편하게 됩니다. 기토는 상부합화를 유도소통시켜주고 금기들과 소통세이나 년간경금에 설기세입니다. 월간계수가 합화되기 전 대기계수일 때 다가오는 갑신월 갑목은 접경구간에서 경극갑에 잠시나마 역생됩니다.

갑신월. 갑기구간 기토가 합화와 소통됩니다. 갑무구간 무토가 합화와 소통됩니다. 갑임구간 임수가 갑목을 받쳐줍니다. 갑경구간 갑목은 경극갑 되며 경금이 늘어 금기편중세가 심해집니다. 상부 임수극 합화에 갑신월 갑목은 합화를 받쳐주어 총국상 긍정율이 높아집니다. 반면, 금기지향은 합화에 불편할 수 있으나 3경금으로 버팀력 내재되며 월지경금이 다소 불편할 수 있는데 갑기구간과 갑무구간에서는 화기가 토기와 소통되며 갑임구간에서는 임수가 화기를 어느 정도 조율하니 버팀력 내재됩니다.

을유월 월간을목은 년간경금과 합금되며. 을경구간 3경금 1을목으로 월간을목은 년간경금과 월지경금과 순차합금되며 금기편중세로 무겁습니다. 을신구간 신금은 상부 합화에 불편합니다. 물론, 합화는 특지임수에 제한되나 월지신금을 불편하게할 비율은 내재될 듯합니다.

병술월 병신구간 신금이 합화에 불편하면 합수가 실패하며 운기가 불안정해집니다. (합화는 임수에 불편한 상황으로 병신합수는 간헐적으로 가능할 듯합니다.)신금지향은 병화와 합수화가 가능하며 년간경금의 생을 받으나 합화와 조화롭지 않습니다. 병무구간 월지무토가 상부 합화를 유도소통시킵니다. 월간병화는 무토를 생하며 신금지향은 합수화 된 후 경금생됩니다.

정해월. 정무구간 월지무토가 상부 합화를 유도소통 시킵니다. 정갑구간 갑목은 년간경금에 불편합니다. 정임구간 정임합목이 성사되나 년간경금에 불편해집니다. 다행히, 무자월 자수가 다가올수록 역생율이 높아집니다.

무자월 무임구간 월간무토가 상부 합화를 유도소통시킵니다. 무계구간 2무토 2계수로 2합화가 되며 금기는 화기 위에 있어서 충극되지 않지만 조화롭지 않습니다. 다가오는 기축월 기토와 점차 소통됩니다

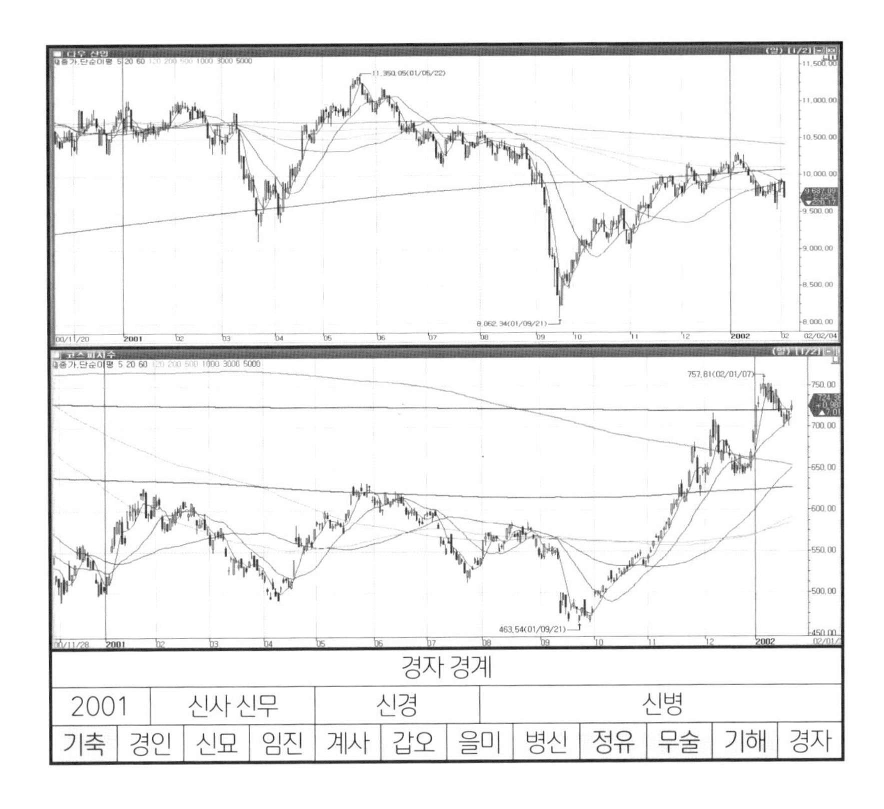

경자 경계											
2001		신사 신무		신경		신병					
기축	경인	신묘	임진	계사	갑오	을미	병신	정유	무술	기해	경자

경계특주 금생수 귀결에 목기지향은 긍정되고 금기지향은 무난합니다. 그런데, 경계/신무 구간 계무합화가 되어 수기소멸로 목기지향은 긍정에서 불편으로 바뀌니 상대적으로 불편한 구간입니다. 경계/신경 구간은 금생수 소통세이긴 하나 금기가 편중세로 무겁습니다. 계사월과 갑오월 병화구간은 년간신금과 합수되어 금기편중이 완화되고 금생수 소통세가 늘어납니다. 경계/신병 구간 신병합수 되며 금생수 소통세이나 수기편중세이기도 합니다. 을목지향은 극하는 신금이 합수되어 긍정되며 특간경금과 합금됩니다. 목기지향이나 갑목지향에게는 수생되어 긍정되며 3음수격은 양목이 소화할 수 있는 무난한 수기입니다.

경계/신무 구간 계무합화가 형성되고 금기와 화기는 조화롭지 않습니다.

경인월. 경병구간 신병합수되며 합화와 조화롭지 않습니다. 경갑구간 갑목은 금극되어 불리세입니다. 경병구간 접경구간에서는 합수에 의해 갑목은 잠시 역생됩니다.

신묘월 신갑구간 2신금에 의해 갑목은 다소 불편합니다. 신을구간 금극목이며 임진월 임수가 다가올수록 금극목은 역생됩니다. 그런데, 금극목 보다 상부 합화에 설기가 더 불편할 수 있습니다. 경금지향은 을목과 합금화가 되며 합화와 조화롭지 않으며 다가오는 임진월 임수와 점차 소통됩니다.

임진월 임무구간 임수와 합화는 조화롭지 않으나 합화생무토는 금기지향에게 무난하며 금생임수는 목기지향에게 무난합니다.

경계/신경 구간 소통세이나 금기가 무거운 편중세입니다.

계사월 계병구간 병화는 년간신금과 합수된 후 경금들에게 생을 받아 소통세가 무난해지며 금기가 수기를 생하니 금기편중세도 완화됩니다. 반면, 수기가 편중되려 합니다. 다행히, 다가오는 갑오월 갑목에 의해 소통세가 넓어지며 수기는 편중세가 다소 완화됩니다.

갑오월 갑병구간 병화는 년간신금과 합수된 후 금생 수생 목으로 소통세가 넓어집니다. 갑기구간 합토되며 상부 금기들과 소통됩니다. 갑정구간 갑목이나 정화는 상부 신경금과 조화롭지 않습니다.

을미월 신금이 을목을 극하여 경을합금은 어려우나 다가오는 신병년주 합수가 다가올수록 역생율이 높아져 합금도 가능해집니다. 반면, 경금지향은 을목과 합금화가 가능하며 다가오는 합수와 소통됩니다. 그런데, 을기구간 기토는 편중된 금기들에 설기됩니다. 다가오는 신병년주에서는 금기가 완화되니 설기세는 완화됩니다.

경계/신병 구간 소통세이며 수기 귀결로 목기지향에게는 긍정됩니다. 신금지향은 신병합수에 동기화되며 경금의 생을 받으니 무난합니다. 반면, 경금지향은 수기편중세에 설기세가 내재됩니다.

병신월 병경구간 2병화1신금으로 순차 합수되며 금생수로 소통세이나 금기와 수기 편중세로 조화롭지 않습니다. 또한, 다가오는 정유월 정화는 불편해집니다.

정유월 정화는 합수에 극 받으며. 정경구간 총국상 수기와 금기의 단조로운 편중세입니다. 코스피지수는 접경구간에서 절단되듯 갑자기 급락세가 나왔는데 다우지수는 미리 서서히 하락하다가 폭락하였습니다. **월간정화의 충극 하나만으로 나오기는 어려운 결과입니다. 특히, 금기지향은 월간정화의 수극화에 잘 버틴적도 많으며 수극화가 반드시 불리하다고 볼 수도 없는데 하락세가 나왔습니다. 이렇게 되려면 월간정화의 수극화 이외에 다른 영역의 불리세가 겸해야 되는데 수직 관계의 수극화 이외에 수평 관계에서도 수극화가 되어 결국 버티지 못하고 약세가 된 듯합니다. 더구나, 총국상 수기와 금기의 단조로운 편중세로 수극화 이외의 격국도 조화롭지 못하여 결국 급락세가 나온 듯합니다.** 정신구간 정화는 역시 수극화됩니다.

무술월 무무구간 무토 위의 합수는 조화롭지 않지만 충극도 아닙니다. 2무토는 편중세로 일주와의 관계는 제한됩니다. 다우지수는 보합세로 적절한 결과인데 코스피지수는 특수하게 우상향이 강했습니다. 경금생 계수합수의 귀결로 목기지향에게 긍정되기는 하나 왜 무술월과 기해월 위주로 강했을까가 설명하기 쉽지 않습니다.

기해월 기무구간 기무토 위의 합수는 무난합니다. 기토는 갑목지향이 합토화되어 있습니다. 기갑구간 합토되며 합토 위의 합수는 무난합니다. 기임구간 임수가 늘어 수기편중세가 무거워지며 다가오는 경자월 경금에 의해 소통세가 늘어납니다. 임수는 일주의 정화와 합목되면 수기편중세가 완화되고 소통세가 늘어 긍정됩니다.

경자월 경임구간 금생수 소통세이나 수기가 다소 무겁습니다. 경계구간 금생수 소통세이며 임수에서 계수로 수기편중세가 약간 완화됩니다.

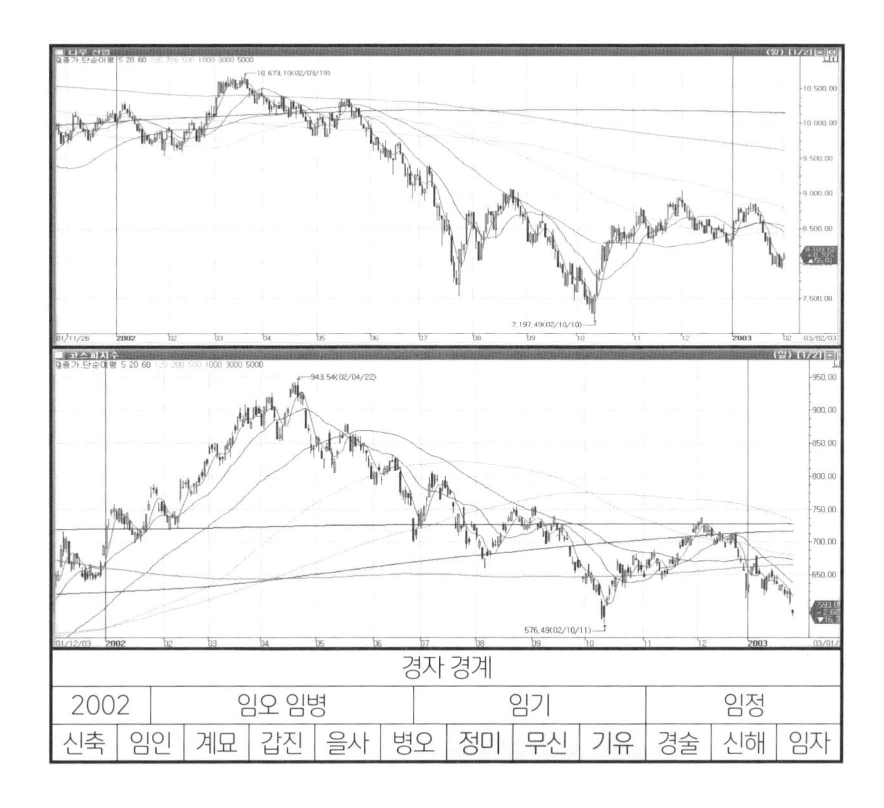

경자 경계											
2002		임오 임병				임기			임정		
신축	임인	계묘	갑진	을사	병오	정미	무신	기유	경술	신해	임자

경계/임병 구간 병화가 수기에 극 받아 총국상 불편합니다. 그런데, 임인-계묘-갑진-을사월에서는 목기가 내재되어 역생율이 높아집니다. 신금지향은 년지병화와 합수화가 가능하며 수기가 편중됩니다.

임인월 임갑구간 임수극병화의 수극화에 갑목은 역생소통율을 높여 줍니다. 특지계수는 월지갑목이 막지 못하지만 양병화는 음계수에 버팀력이 충분합니다. 신금지향은 년지병화와 합수화되며 수기가 편중되는데 월지갑목이 조율하여 수기편중세는 완화됩니다.

계묘월 계갑-계을 구간 갑을목이 년지병화를 역생소통시켜줍니다. 경금지향은 을목과 합금화하며 신금지향은 년지병화와 합수화하며 합금생 합수화로 소통세이나 수기와 금기의 단조로운 편중세입니다.

갑진월 갑무구간 갑목이 년지병화를 역생소통시키며 년지병화는 월지무토를 목기로부터 보호해 줍니다. 신금지향은 년지병화와 합수화되며 갑목과 소통되나 갑목은 월지무토를 불편하게 합니다.

을사월. 을무구간 임수생 을목생 병화생 무토생등 소통세이나 을목은 병화에 약하게 설기됩니다. 경금지향은 을목과 합금화되며 신금지향은 병화와 합수화되며 무토생 합금화생 합수화, 임수로 소통세이나 수기 편중세입니다. 을경구간 합금되며 목기소멸로 년지병화는 수극 됩니다. 신금지향은 병화와 합수화되며 합금과 소통됩니다. 을병구간 임수생 을목생 2병화로 소통세이나 을목은 2병화에 설기됩니다. 다가오는 병오월 병병화에 점차 설기는 더욱 심해집니다. 경금지향은 을목과 합금화되며 신금지향은 2병화와 2합수화되며 소통세이나 수기가 편중되며 금기는 설기됩니다. 다가오는 병오월 병병구간의 2합수화까지 고려하면 월간을목의 합금화의 설기는 더욱 심해집니다.

병오월 병병구간 3병화로 1임수의 수극에 인해전술격으로 버팁니다. 목기지향에서는 버팀력이 좀 더 높을 듯합니다. 신금지향에서는 3병화는 3합수화가 되며 총국상 지나친 수기편중세가 됩니다. 경계/임기 구간 기토는 경금에 설기됩니다.

병오월 병화는 년간임수에 충극됩니다. 그런데, 을사월 가까이에서는 을목이 화기를 보호해주며 정미월에서는 정화가 임정합목되어 여기성만큼 보호해 줍니다. 그리고, 병오월 병정구간 정화는 년간임수와 합목되며 월간병화를 거쳐 년지기토를 생해줍니다. 그런데, 신금지향은 월간병화와 합수화되어 년지기토는 합목에 충극됩니다.

정미월 정기구간 정화는 합목되고 년지기토와 월지기토를 불편하게 합니다. 갑목지향은 기토와 합토화 후 충극되므로 다우지수에 비해 하락세가 두두러졌습니다.

무신월 무경구간 토생 금생 수로 무난합니다. 기유월 기경구간 토생금생수로 소통세입니다. 기신구간 토생 금생 수로 소통세이나 월지신금은 월간임수에 설기세입니다.

임기년주 후반부 약세가 심해지는 것은 월주들의 관계들 이외에 다가오는 임정년주가 임정합목이 되려 하는데 특지계수에 의해 년지정화가 충극되니 합목이 실패하여 운기가 불안정 해지고 그 불안정 여기에 의해 나온 결과인 듯합니다.

경계/임정 구간은 정화가 특지계수에 수극화되어 임정합목은 쉽지 않습니다. 만약, 합목이 성사되었다면 코스피지수는 상승세가 나왔을 듯합니다.

경술월 경정구간 월지정화가 년간임수와 합목될 때 잠시 년지정화도 합목이 가능하거나 버팀력이 높아집니다. 경무구간 토생금생수로 부분 소통세이나 년지정화는 수극화입니다.

신해월 신무구간 소통세이나 년지정화는 수극화입니다. 신갑구간 갑목이 정화를 받쳐주려 하며 실효성은 낮지만 불편율은 완화됩니다. 신임구간이나 임자월의 임수는 일주의 정화와 합목될 때 년지정화도 상대적으로 안정되며 버팀력이 높아집니다.

임자월 임임구간 수기가 편중되는데 잘 버티고 있습니다. 전부터 상부 수기가 편중되었을 때 월주에서 임수가 등장하면 일주와 합목되어 수기편중세가 완화되는 듯한 결과가 적지 않았는데 이번에도 일주와 합목되어 정화를 받쳐주어서인지 역시 잘 버티었습니다. 반면, 임계구간에서는 약세를 보였는데 계수가 일주와 합화되면 수극화됩니다.

넓게 보았을 때 임오년 임정구간과 계미년 계정구간 정화가 특지계수와 수기들에 극 받는 구간이며 차트상 넓은 눌림목이 나왔습니다. 역술상 가장 약한 부분을 차트상 하락한 눌림목으로 기준잡고 이외의 구간들은 추세적 경향으로 분석하는 것도 하나의 방법일 듯합니다.

천지장과 사건사고 연관성 연구

1990년 10월 3일은 독일 통일의 날이며 전후 연관된 격국이 기임/경정/을유-병술입니다. 합목이 경금에 극 받는데 월주에서 합수가 인연되어 합목은 역전의 용사격이 됩니다. 그러면, 통일의 반대는 전쟁이나 전투인데 6·25전쟁(1950. 06. 25.)과 두 번째 연평해전(2002. 06. 29.)의 격국을 살펴 봅니다. 첫 번째 연평해전(1999. 06. 15.)은 합목하고 연관성이 적어 제외하였습니다.

6·25전쟁 : 병신(병기)/경인(경병)/임오(임정)으로 병기/경병/임정 임정합목이 경금에 충극되고 있으며 수기는 부족합니다.

2차 연평해전 : 경계/임기/정기로 임정합목이 계수의 생을 받아 경금극에 역생됩니다. 반면, 갑목지향은 기토에 합토된 후 수생합목에 충극됩니다. 그리고, 다가오는 임정년주는 정화가 계수극되어 합목에 실패합니다.

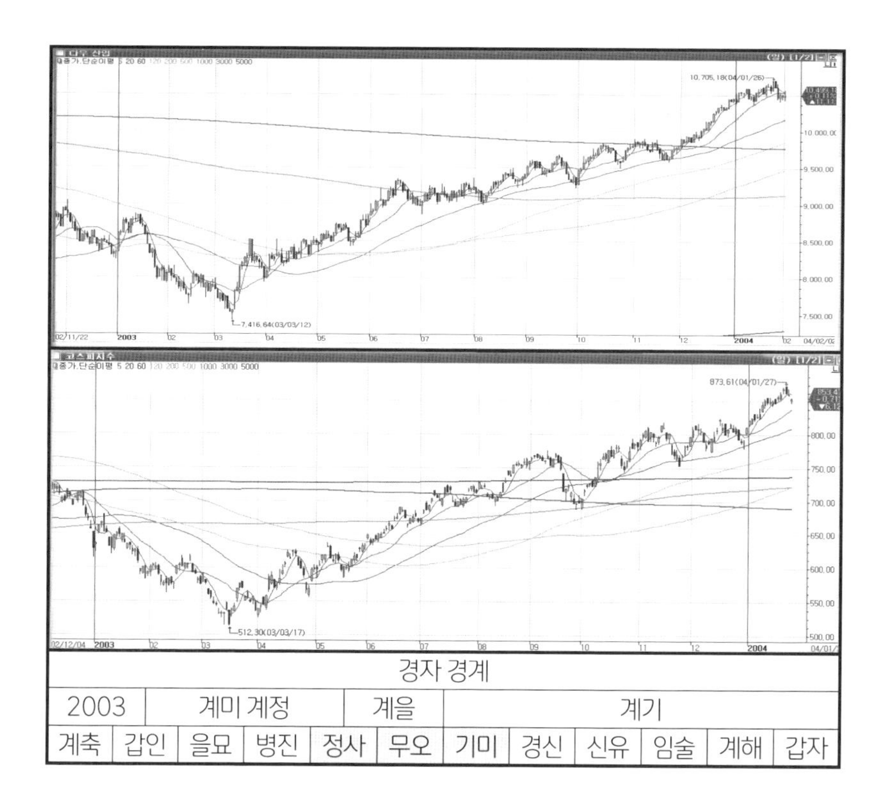

경자 경계											
2003		계미 계정			계을	계기					
계축	갑인	을묘	병진	정사	무오	기미	경신	신유	임술	계해	갑자

지수들은 우상향세가 나왔으며 계정년주 중심으로 눌림목이 나왔습니다. 우상향세의 큰 맥점은 전반적으로 금생수 소통세이며 계기년주 소통세가 명확합니다. 반면, 계기년주 년지기토가 다소 설기세인데 월주에서 토기를 보강해주며 다가오는 갑신년 갑기합토 년주가 강하게 특간경금을 받쳐주니 줄기오행상 교량-다리 효과처럼 우상향세가 유지된 듯합니다. 반면, 눌림목 약세는 계정년주의 계정충 불리격에 의하며 이 불리함은 임정년주의 계정충에서부터 시작된 것이며 긴 계정충이 끝나고 소통세가 시작되니 눌림목 후 우상향세가 나온 듯합니다.

경계/계정 구간 정화가 수극되어 총국상 불리세입니다.

갑인월 갑갑구간 갑목이 년간계수를 흡수하며 정화를 생하려 하나 실효성은 제한적입니다. 또한, 2갑목은 편중세로 일주와의 관계는 제한적입니다.

을묘월 을을구간 계수생 을목생 정화로 소통세가 넓어집니다. 경금지향은 을목과 합금화하여 년지정화를 받쳐주지 못하고 오히려 수기를 부추깁니다. 그런데, 금기지향은 수극화가 반드시 나쁘지는 않은 듯 하락하지 않고 부분 상승세가 나왔습니다. 수평에 있어서는 다가오는 병진월 병화의 합수화가 합금화와 점차 소통됩니다.

병진월 병을구간 을목은 병정화를 받쳐주어 수극화는 완화되나 을목은 화기에 설기세입니다. 신금지향은 병화 합수화되며 경금지향은 을목과 합금화되며 합금생 합수로 부분 소통세이나 년지정화의 수극화를 막지 못합니다. 병무구간 무토는 년간계수와 합화되며 병화와 함께 수극되는 정화를 함께 합니다. 이때 약한 수기가 다가오면 오히려 건조될 수 있습니다. 신금지향은 월간병화와 합수화하여 합화를 불편하게 할 수 있습니다. 그런데, 다우지수는 수극화가 반드시 불편하지는 않는 듯 하락하지 않고 잘 버티었습니다.

정사월 정무구간 무토는 합화되며 월간정화와 함께 수극되는 년지정화를 협조합니다. 정화는 일주에서 임수와 합목될 경우 수극화는 역생됩니다.

경계/계을 구간 을경합금되며 2계수를 생하며 소통세가 무난합니다.

정사월 정병구간 정병화는 년간계수와 충돌합니다. 화기가 많아 계수에 쉽지 꺼지지 않습니다. 신금지향은 병화와 합수화되며 월간정화와 조화롭지 않습니다.

무오월 무토는 년간계수와 합화되며 무병-무기-무정에서 무기구간은 합화생기토생 합금으로 소통세가 무난합니다. 특히, 갑목지향은 합토화 된 후 화생되어 긍정이며 을목지향은 합금과 동기화된 후 토생되어 긍정입니다.

무병-무정구간은 화기와 금기가 조화롭지 않습니다. 신금지향은 병화와 합수화 되고 화기와 조화롭지 않습니다.

경계/계기 구간은 소통세이긴 하나 년지기토가 특간경금에 설기세입니다. 월주에서 토기가 보강되면 긍정되며 금기가 늘어나면 설기가 심해지는데 **다음 년주가 갑신년주 갑기구간으로 합토가 인연되면서 동시에 월주에서 주기적으로 토기가 보강되니** 월주에서의 금기 증가 구간에서도 버팀력이 내재된 듯합니다. 이 원리도 줄기오행의 장력 및 교량, 다리 효과와 인연됩니다. 금기지향은 소통세가 좋으면서 금기를 지속된 토기로 받쳐주니 긍정된 듯합니다. 목기지향은 소통세이면서 수기가 귀결되니 긍정되는데 실제 갑목지향은 합토화되고 을목지향은 합금화되어 순수 목기지향만 수생의 덕을 얻으니 수기에 의한 긍정율은 제한됩니다. 을목지향은 특간경금과 합금화되면서 갑목지향등이 년지기토와 합토되어 받쳐주니 긍정됩니다. 갑목지향은 합토화 후 화생토 되어야 긍정인데 임술월과 계해월 무토구간에서 합화가 인연됩니다.

또한, 계해월 계갑구간 갑목과 갑자월 갑목이 년지기토와 합토되어 보강 됩니다. 종합해보면 흐름상 줄기적 관점에 일시적 하락은 줄기적 장력으로 잡아주어 하락율이 낮은 듯합니다.

경신월과 신유월은 년지기토의 설기가 심해집니다. 그런데, 지수들이 하락하지 않은 이유는 경신월에서 신유월로 금기는 상대적으로 완화됩니다. 그러면서 경신월 이전에 기미월 기토들이 보강되고 이후는 완화되니 상대성에 의해 상승까지 나온 듯합니다.

임술월 임무구간 무토는 년간계수와 합화되며 화생 토생 금으로 소통되는 듯하나 임수에 수극화 됩니다. 반면, 임수는 일주의 정화와 합목될 수 있으며 이때는 오히려 역생소통되며 줄기 오행상 수극화는 제한적입니다.

계해월 계무구간 합화되며 화생 토생 금생 수로 소통됩니다. 계갑구간 갑목은 년지기토와 합토되며 토생 금생 수로 소통됩니다. 계임구간 수기가 편중세입니다.

갑자월 갑목은 년지기토와 합토되며 토생 금생 수로 소통됩니다.

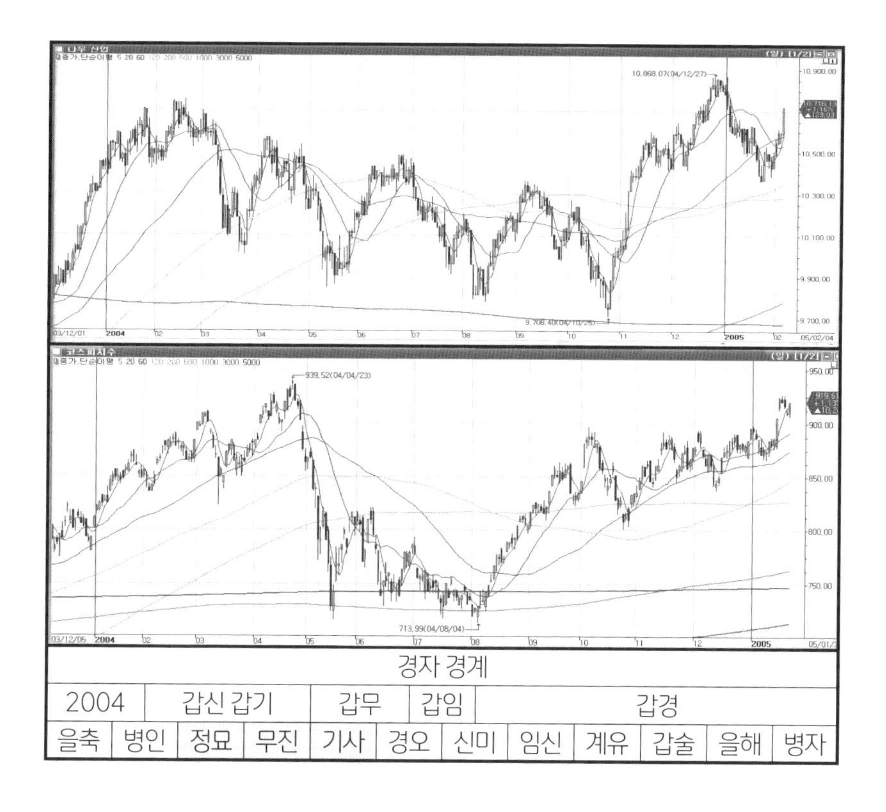

경자 경계											
2004		갑신 갑기			갑무	갑임	갑경				
을축	병인	정묘	무진	기사	경오	신미	임신	계유	갑술	을해	병자

특주가 경금생계수이며 갑신년주 갑목이 수생되니 목기지향은 긍정되며 금기지향은 무난한 운기입니다. 그런데, 갑무년주 구간 무토가 특지계수와 합화가 되면서 수기소멸로 년간갑목은 특간경금에 갑자기 극 받고 목기지향 코스피지수는 다우지수에 비해 하락세가 심하게 나왔습니다. 사실, 년간갑목이 년지무토를 극하니 계무합화는 성사되기 어려운데 특이하게도 때마침 갑목이 월간기토와 합토되니 합화도 가능하게 됩니다. 또한, 기사월부터 급락한 것이 아니라 무진월 무무구간 중반부터 서서히 밀리기 시작했는데 합화의 여기성에 갑기년주 무진월 무무구간 후반부터 수기소멸로 금극목이 시작된 듯합니다.

경계/갑기 구간 합토생 경금생 계수로 소통세는 무난하나 갑목지향은 갑기합토로 합토되니 수생의 덕이 제한적이게 됩니다. 갑목지향이 합토 후 병인월과 정묘월 병정화가 합토를 생해주니 갑목지향은 수생의 덕은 아니지만 긍정의 운기를 얻게 됩니다. 또한, 을목지향은 특간경금과 합금화되며 토생될 때 긍정되는데 갑기년주 합토가 생해주니 긍정됩니다.

병인월 병갑구간 월지갑목은 년간갑목과 함께 년지기토와 순차합토되며 대기갑목이 병화를 생하며 대기갑목생 병화생 합토생 경금생 계수로 소통세가 넓어집니다. 금기지향은 크게 합토생 경금으로 소통세이나 신금지향은 월간병화와 합수화된 후 토극 됩니다. 다행히, 합토는 경금을 향하므로 토극수는 제한적입니다.

정묘월 정을구간 을목생 정화생 합토생등으로 소통세가 무난합니다. 경금지향은 을목과 합금화된 후 토생되니 무난합니다.

무진월 무무구간 편중세가되며 년주의 합토와 더불어 무거워집니다. 총국상 불리세지만 금기지향은 상대적으로 토생되니 버팀력이 내재됩니다.

경계/갑무 구간

기사월 특지계수와 년지무토가 합화가 되려는데 년간갑목이 무토를 극하면 합화가 실패합니다. 그런데, 갑목이 월간기토와 합토되면 합화도 성립되며 합화생 합토생 경금으로 소통세가 좋아집니다. 그러나, 계수가 소멸하여 합화가 되면 갑목은 금극목 되어 합토가 실패하게 됩니다. 그러면, 다시 갑목이 무토를 극하여 합화를 풀리게 하려하나 이미 때는 늦었고 금극되어 무토를 극하기 어려울 듯합니다. 결과적으로, 목기지향에게 불리운기가 좀 더 커질 듯합니다.

기병구간 년간갑목은 합토가 실패하지만 갑목지향은 월간기토와 합토화되며 합화, 병화의 생을 받아 소통됩니다. 또한, 다가오는 경오월 경금과 화생토생금으로 소통됩니다. 반면, 신금지향은 병화와 합수화되는데 토극수 되려 하며 다가오는 경오월 경금이 다가올수록 역생소통율이 높아집니다.

경계/갑임 구간 금생수생목으로 소통세입니다.

경오월 경병-경기-경정 구간에서. 경기구간 기토는 갑기합토가 되며 소통세이나 2경금에 의해 설기가 심해집니다. 경정구간 임정합목이 되며 갑목과 합목은 상하 경금에 대립되는데 특지계수에 의해 특간경금에게는 역생되며 월간 경금에게는 합목은 역전의 용사격이 됩니다. 금기와 목기가 편중된 구조입니다.

신미월 신정구간 합목되며 갑목은 역생되며 합목은 특간경금에는 역생되며 월간 신금에는 역전의 용사격입니다. 금기와 목기가 편중되어 조화롭지 않습니다.

경계/갑경 구간 소통세이긴 하나 2경금으로 편중되어 무겁습니다.

갑술-을해월 갑무-을무구간 무토가 내재되니 금기지향 다우지수는 급등세가 나왔습니다. 총국상 갑무구간 무토는 갑목들에 불편하여 총국상 불리세인데도 금기지향에서는 토생금되어 코스피지수에 비해 크게 상승했다는 점이 중요한 관점입니다. 반면, 임신-계유월 임계수 구간은 임수생갑목이 직접적으로 천지장에 내재되면서 금생수생목으로 귀결되어 목기지향 코스피지수의 상승세가 강했습니다. 갑목은 특지계수에도 큰 도움을 얻지만 차트상 상승력의 운기는 임수가 적절할 듯합니다.

임신-계유월 경금 내재구간은 3경금이 내재되어 총국상 매우 무겁게 되나 목기지향 코스피지수는 강승세였고 다우지수는 약승세였습니다. 3경금이지만 수기에 어느 정도 설기된다면 다이어트 효과에 금기의 무거움이 어느 정도 줄어드는 것은 아닌가 생각되며 무엇보다 나라별 대표오행에 따라 반응이 다르다는 점이 어려우면서도 중요한 관점입니다.

병자월 자수생 갑목생 병화등 소통세가 무난하며 신금지향은 병화와 합수화된 후 금생되면서 갑목과 소통되어 무난합니다.

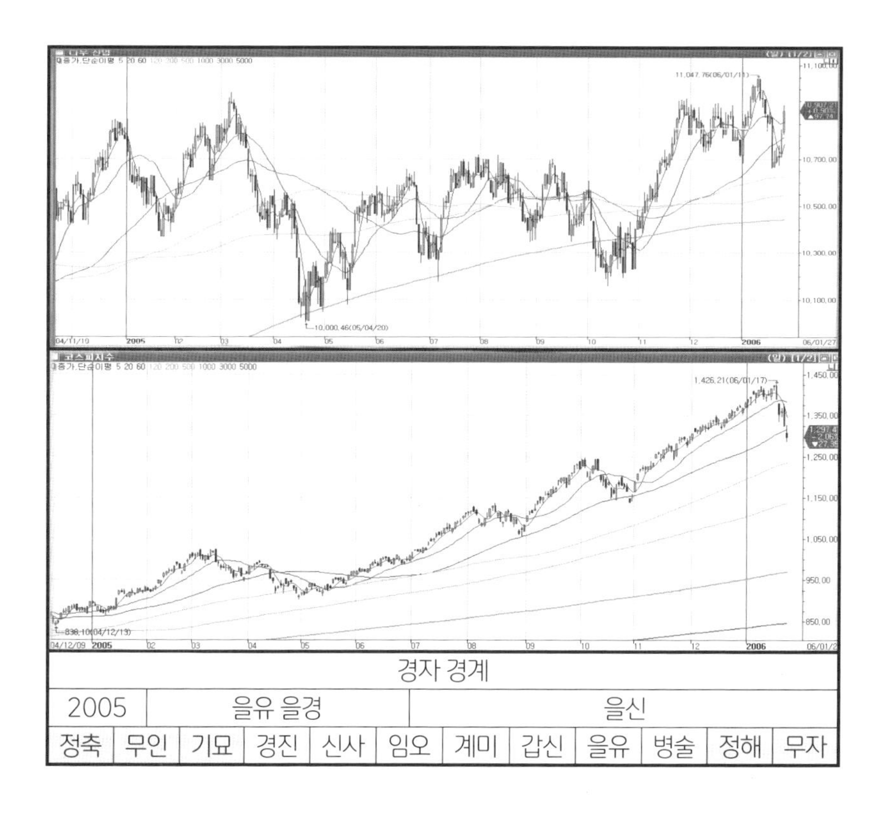

경자 경계											
2005	을유 을경					을신					
정축	무인	기묘	경진	신사	임오	계미	갑신	을유	병술	정해	무자

경계특주 을유년은 금생수로 소통세이긴 하나 금기편중세입니다. 을경년주 대비 을신년주는 상대성에 의해 경금 대신 신금으로 편중세는 완화됩니다. 또한, 금생수의 귀결에 목기지향은 다른 지향보다 긍정율이 높을 수 있습니다. 을목지향은 경금과 합금화되어 수생의 덕을 얻지 못하는데 월주에서 토기가 오면 소통세가 높아지며 무인월 무토, 기묘월 기토, 경진월 진토, 임오월 기토, 계미월 기토, 갑신월 기무토, 병술월 무토, 정해월 무토, 무자월 무토등 토기는 지속되어 합금화는 소통세가 무난합니다. 단지, 경진월 같은 경우는 금기가 너무 편중됩니다. 그래서인지 이를 중심으로 지수들은 눌림목이 나왔습니다.

경계/을경 구간 합금이 되며 2경금이상으로 무겁습니다. 금기가 계수를 생하려 하니 다이어트 효과에 편중세는 약간 완화됩니다.

무인월 무갑구간 갑목은 금기에 불편합니다. 반면, 을목지향은 합금화된 후 무토생되니 긍정되며 금기지향 역시 토생금으로 무난합니다.

기묘월 기갑구간 갑목이 불편하여 합토가 어렵습니다. 기을구간 합금이 되며 월간기토가 금기에 다소 설기되는데 다가오는 경진월 경금에 의해 설기는 좀 더 심화됩니다.

경진월 경무구간 경금이 늘어 금기편중세가 심하고 이에 월지무토의 설기는 더욱 심해집니다.

신사월 신무구간 무토는 금기들에 설기가 심해집니다. 신경구간 금기편중세가 매우 심합니다. 반면, 다가오는 신병구간 합수와 소통세가 넓어지며 금기들은 다이어트 효과에 편중세가 다소 완화됩니다. 신병구간 합수되며 합금에 생을 받으며 소통세가 넓어집니다.

임오월 임병구간 수극화인데 지수들이 모두 하락하지 않았습니다. 임오월은 임수극병화 수극화 구조로 총국상 불리격입니다. 그리고, 5년마다 반복되는데 대부분 주변에 목기가 오면 지수들은 역생률이 높아지나 그렇치 않으면 대부분 약세로 나옵니다. 그런데, 이번에 주변에 목기가 없는데 지수들이 하락하지 않았습니다. 반드시 천지장과 지수들과 일치해야 한다는 보장은 없지만 그래도 경향은 대부분 비례했었는데 이번에는 잘 버텼기에 이에 대한 원리를 억지로라도 찾아보자면 임수가 일주와 합목이 자주 되거나 일주에서 목기가 자주오면 되는데 10일중 4일 목기가 내재되었습니다. 일주에서 갑자, 을축, 병인, 정묘등 목기가 들거나 합목되어 버팀력이 내재된 듯 하며 갑자일 코스피는 급등하였습니다. 그래도, 40% 비율로 하락을 멈추기는 쉽지 않을 듯한데 억지로 다른 원인을 또 찾아 보자면 을경년주에서 을신년주로 넘어가는 접경구간으로 금기편중세가 완화되어 이 논리가 더 큰 주기이기에 이 논리에 의해 하락하지 않은 듯합니다. 왜냐면 편중세의 완화는 상대성에 상승도 가능하기 때문입니다.

경계/을신 구간 금기가 편중세지만 을경년주 대비 상대성에 완화되는 구간입니다. 또한, 금생수로 소통세도 무난합니다. 그러나, 대표오행에 따라 결과가 많이 달랐습니다.

임오월 임기구간 기토가 상부 금기들을 받쳐줍니다. 기토는 설기세이나 월주에서 주기적으로 토기가 등장하니 버팀력 내재됩니다. 또한, 갑목지향은 기토와 합토화되어 기토를 보강시킵니다. 임정구간 임정합목이 되며 상부 합금과 신금에 금극목 되지만 금기들은 수기를 향하며 다가오는 계미월 계수가 다가올수록 역생됩니다.

계미월 계기구간 소통세이나 기토가 금기들에 다소 설기세입니다. 이에 갑목지향은 기토와 합토화 되어 기토의 설기를 보충하니 코스피지수는 다우지수에 비해 상승력이 좋았습니다. 물론, 금기가 너무 많으면 합토화 하는 갑목지향도 설기되어 약세가 될 수 있습니다.

갑신월 갑기구간 합토되며 상부 금기들을 받쳐줍니다. 갑무구간 무토가 상부 금기를 받쳐줍니다. 갑임구간 금기가 임수를 생하니 금기는 편중세가 다소 완화됩니다. 갑경구간 금기가 편중되며 갑목과 조화롭지 않습니다.

을유월 을경구간 금기편중세가 늘어납니다. 을신구간 금기편중세가 경금에서 신금으로 완화되며 다가오는 병술월 병신구간 합수와 점차 소통세가 넓어집니다. 또한, 목기지향은 상대적으로 긍정율이 높아집니다.

병술월 병신구간 1병화2신금으로 순차합수가 되며 합금의 생을 받습니다. 병정구간 병신합수가 되며 정화는 합수에 불편합니다. 병무구간 합수가 되며 무토 위의 합수는 무난하나 무토가 일주들과 합화되면 수극화 됩니다. 또한, 무토가 상부 금기를 생해주니 금기지향은 긍정되며 을목지향의 합금화도 긍정됩니다. 다가오는 정해월 정화는 다가올수록 수극화됩니다.

정해월 정무구간 소통세가 늘어나며 금기지향은 무토에 의해 긍정됩니다. 을목지향도 합금화된 후 토생되니 긍정됩니다. 정갑구간 갑목은 금기와 조화롭지 않지만 갑목이 일주와 합토되면 금기와 소통되며 금기지향은 좀 더 긍정됩니다. 정임구간 합목되며 금기 아래서 금극목 되지만 다가오는 무자월 자수에 의해 점차 역생율이 높아지며 목기지향에게 긍정율이 점차 높아집니다.

무자월 무임구간 무토는 상부 금기를 생하며 임수는 금기에 생을 받습니다. 무계구간 합화되며 상부 금기와 조화롭지 않으나 다가오는 기축월 기토가 다가올수록 역생소통율이 높아집니다.

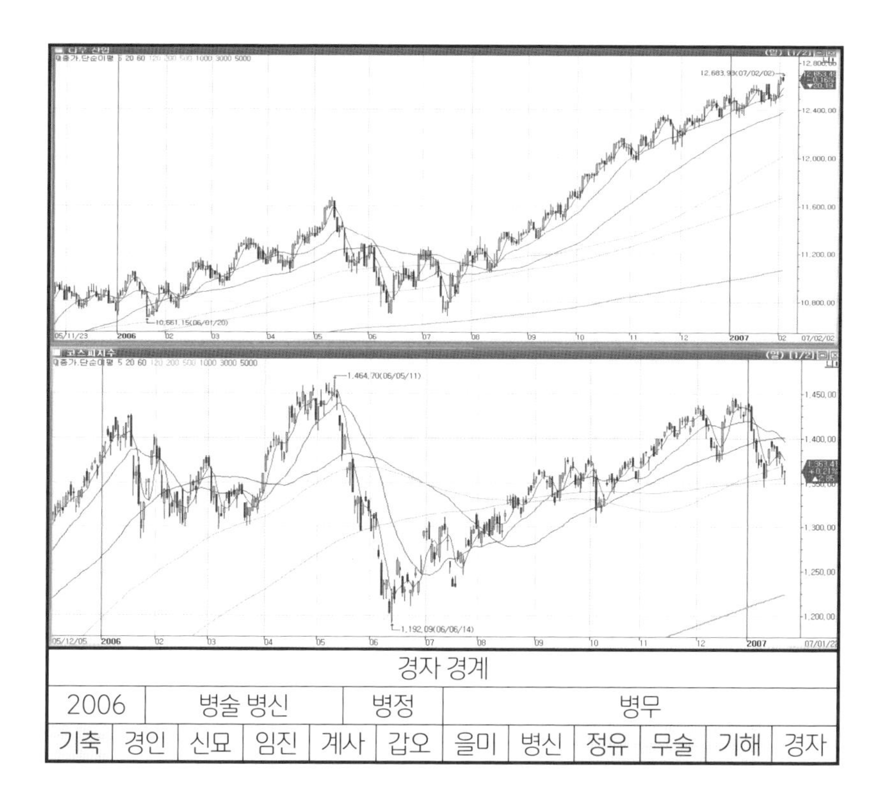

경자 경계											
2006		병술 병신			병정		병무				
기축	경인	신묘	임진	계사	갑오	을미	병신	정유	무술	기해	경자

넓은 관점으로 봤을 때 특지 계수가 오랫동안 배치되어 있는데 병술년 병무구간과 정해년 정무구간 년지무토가 특지계수와 합화되어 계수 속 합화로 불편할 수도 있습니다. 물론, 임수가 계무합화를 극하는 것과 계수가 계무합화를 극하는 것에는 분명 차이점이 있습니다. 좀 더 정확하게는 계수 속 계무합화는 수극화라기 보다는 합화의 제한성이 좀 더 명확할 듯합니다. 즉, 무토가 좀 더 길면 계무합화가 길어질 수 있지만 무토가 제한되니 그 만큼만 계수 속 합화가 되는 원리입니다. 그러나, 계수와 계무합화의 접경구간은 총국상 조화롭지 않다고 표현해도 틀린 표현은 아닐 듯합니다.

이에 좀 더 자세히 살펴보면 병무년주 앞 월주에서 갑오월로 갑목이 있으며 을미월 을목까지 있습니다. 이에 합화는 목생화로 힘을 얻습니다. 때로는 월주 속 임수나 정화는 일주와 합목이 될 수 있으며 역시 합화를 받쳐 줍니다. 또한, 정무년주 다음은 정갑년주로 갑목이 자리잡고 있으며 정무년주에서 임인월 정임합목, 계묘월, 갑진월, 을사월의 목기들이 받쳐주니 계무합화는 큰 계수 속에서 화기를 유지할 수 있는 듯합니다.

경계/병신 구간 병신년주에서 합수가 되는데 병무년주의 무토와 경계특주의 계수가 합화될 수 있고 합화가 여기되면 병신년주 신금이 화극금 되어 병신합수는 실패할 수 있습니다. 그런데, 합화는 계수 속 합화로 오히려 병신년주 상부에서는 계수가 합화를 제한하는 상태로 판단되며 이에 병신년주 합수는 성립되며 계사월 계무합화가 수극화 될 듯합니다.

경인월 경갑구간 금극목인데 상부 합수에 역생 소통됩니다.

신묘월 신갑구간 신금은 병신년주와 순차합수가 되며 금생수생목으로 소통세입니다. 신을구간 신극을인데 신금은 병신년주와 순차합수가 되며 을목은 역생됩니다. 경금지향은 을목과 합금화 하여 합수와 소통되나 금기와 수기의 단조로운 편중된 소통세로 총국상 조화롭지 않습니다.

임진월 임수가 늘어 수기 편중세가 심화되나 지수들은 상승세였습니다. 그러러면 임수가 일주의 정화를 자주 만나 합목되어 수기를 완화시키면서 소통세가 넓어져야 하며 이외에 목기들이 자주 와서 수기를 완화시키고 소통세가 넓어 져야 합니다. 실제 정화는 3회정도 왔고 갑을목 목기는 12회정도 왔습니다. 경금지향은 을목을 합금화하기에 목기지향보다 수기완화세가 약할 수 있습니다.

계사월 계무구간은 합화되면 합수에 수극화 됩니다. 계사월 전후로 약세가 나왔는데 계사월에서 불편함이 내재된 것과 특주에서 계수 속 여기되는 합화가 제한되어 나온 현상이 우선 된 듯합니다. 계경구간 금생수 소통세이기는 하나 월지경금은 수기에 설기됩니다.

경계/병정 구간 특지 계수는 계무합화의 여기성이 높습니다.

계사월 계병구간 화기가 편중세입니다. 신금지향은 병화와 합수화되며 화기와 조화롭지 않습니다.

갑오월고 갑병-갑기-갑정으로 구분되며 갑목이 화기를 받쳐줍니다. 신금지향은 병화와 합수화된 후 갑목을 지원합니다.

경계/병무 구간 계무합화와 병화 위의 특간경금은 조화롭지 않지만 충극도 아닙니다. 이 때 월주에서 토기가 오면 화생토로 소통세도 넓어지며 특간경금의 안정율도 높아집니다. 토기는 을미월 기토, 병신월 기무토, 무술월 무토, 기해월 기무토등 주기적으로 받쳐줍니다.

반면, 신금지향은 년간병화와 합수화되어 특경경금의 생을 받고 합화를 수극화하는데 금기지향에게 수극화가 반드시 불편하다고 할 수 없는 듯 상승세가 강했습니다. 그래도, 총국상 큰 주기 특주-년주에서의 수극화 불리격인데 하락세가 아닌 상승세라는 점에서 이유를 알아내지 못하였습니다. 추정으로 년간병화의 합수화는 실제 합수가 아니여서 수극화는 맞지만 총국상 크게 불리를 주는 수극화가 아님과 동시에 합화는 월주의 토기들과 소통세가 많아 금기지향이 상승까지도 가능한 것은 아닐까 생각됩니다. 특히, 병무년주에서 합화를 받쳐줄 목기는 많지 않지만 줄기오행과 교량-다리 효과의 관점으로 버팀력 내재되니 총국상 수극화는 제한되면서 화생토에 의해 힘을 얻은 듯합니다. 참고로 월주에서 정화와 임수는 일주와 합목되어 합화를 받쳐줄 수 있으며 합화가 생존한다고 특간 경금은 화기 위에 있어서 충극되지 않습니다. 또한, 화기가 월주의 토기들을 자주 접하니 소통세가 넓어집니다.

을미월 을기구간 을목이 화기와 소통되나 설기됩니다. 경금지향은 을목과 합금화 후 화생토생금으로 소통세가 넓어집니다.

병신월 병경구간 월지경금은 화기에 불편합니다. 신금지향은 병화와 합수화되어 수극화로 경금을 보호합니다.

정유월 정신구간 신금은 정화나 합화에 화극금 되어 병신합수가 쉽지 않습니다. 신금지향은 신금이 없어도 년간병화와 합수화 상태이며 합화를 수극화합니다. 또한, 월간정화도 수극화 될 수 있는데 합수화는 합수에 비해 극이 제한되어 월간정화는 일주의 임수와 합목이 간헐적으로 가능할 듯합니다.

무술월 무무구간 상부 화기와 소통되나 2무토는 편중세로 일주와의 관계는 제한됩니다. 기해월 기임구간 임수가 일주와 합목되면 상부 화기를 받쳐줍니다.

경자월 경임구간 임수는 일주와 합목되면 상부 화기를 받쳐 줍니다. 경계구간 2계수1무토로 순차합화되며 월간경금은 합화 위에 있어서 무난하나 년간병화에는 불편해집니다. 신금지향은 년간병화와 합수화되며 금생수로 소통세이나 합화를 수극화 합니다.

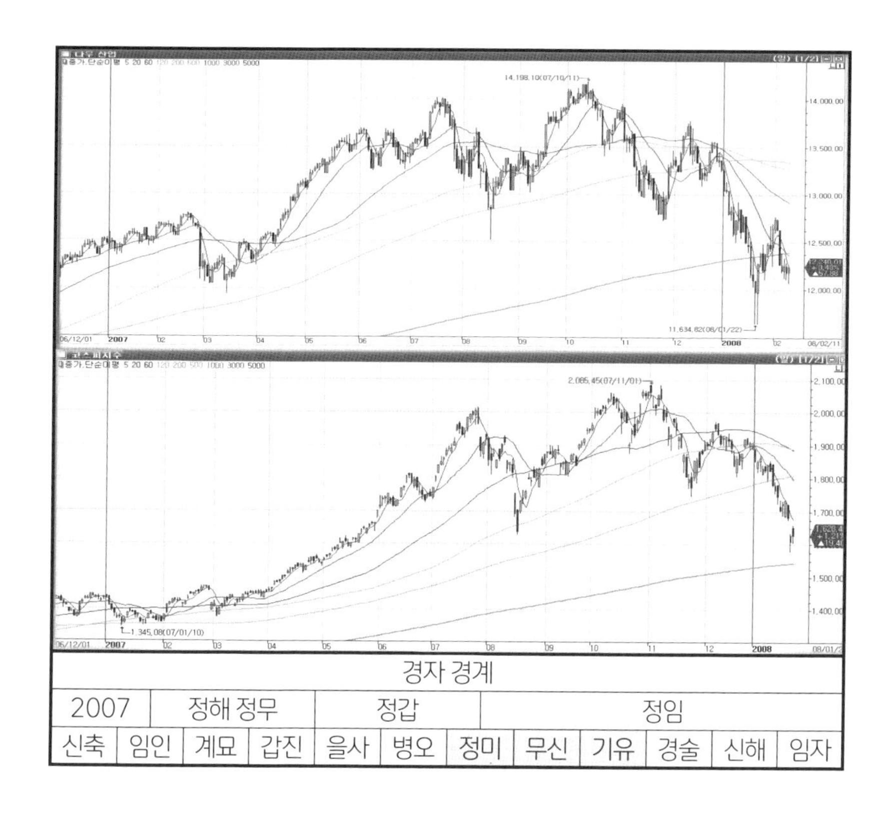

경자 경계											
2007		정해 정무		정갑			정임				
신축	임인	계묘	갑진	을사	병오	정미	무신	기유	경술	신해	임자

경계/정무 구간 계수가 계무합화가 되어 목기지향은 수생의 덕이 소멸하니 불편함이 상대적으로 커집니다. 금기지향 역시 화기에 조화롭지 않습니다. 그런데, 다가오는 정갑년주의 갑목에 화기는 점차 힘을 얻으면서 월주에서 토기가 오면 목생화생토 소통세가 넓어집니다.

임인월 임수는 년간정화와 합목된 후 특간경금에 충극됩니다. 합목은 년지무토를 극하여 합화가 풀릴 수도 있으나 합화가 먼저 성립되었고 합목은 금극목 상태로 합화는 유지됩니다. **그런데, 다가오는 계묘월 계수가 여기되는 몇일은 합목이 금극에 역생되거나 역전의 용사격이 되어 무토를 극할 수 있고 이때 합화는 잠시 풀릴 수 있는데 총국상 합이 풀리면 합이 깨진다라고도 표현**

할 정도로 불안정한 운기가 인연될 수 있습니다. 그래서 지수들은 접경구간에서 갑자기 급락세가 나온 듯합니다.

계묘월 계수는 특지계수와 함께 년지무토와 순차 합화가 되며 묘목이 합화와 정화를 받쳐줍니다. 경금지향은 을목과 합금화 되며 합화에 불편합니다.

갑진월 갑무구간 갑목은 화기를 지원하고 화기는 월지무토와 소통되어 특간경금의 불편함은 줄어듭니다. 또한, 갑목도 일주와 합토되면 화기와의 소통세가 넓어집니다.

경계/정갑 구간 금생 수생 목생 화로 소통세이며 목기지향은 긍정되며 금기지향은 무난합니다.

을사월 을무구간 갑을목생 정화생 무토로 소통세가 무난합니다. 경금지향은 을목과 합금화 된 후 무토생되어 무난합니다. 을경구간은 합금되며 정화에 불편하나 2금격으로 버팀력은 내재됩니다. 을병구간 갑을목생 병정화로 무난합니다. 신금지향은 병화와 합수화된 후 목기와 소통됩니다.

병오월 병병구간 갑목생 병병화로 소통세이나 화기가 편중되려합니다. 다가오는 병기구간 기토가 다가올수록 화기들은 조율됩니다. 신금지향은 2병화와 2합수화되며 갑목을 지원하며 일주와의 관계는 제한됩니다. 병기구간 합토되며 화생토로 소통세가 넓어집니다. 신금지향은 월간병화와 합수화 후 합토와 조화롭지 않습니다. 병정구간 역시 화기편중세이나 병기구간 기토주변은 조율되고 병화에서 정화로 상대적 화기편중세는 완화세입니다. 신금지향은 월간병화와 합수화 후 갑목을 지원합니다.

정미월 정정구간 화기가 편중세입니다. 목기지향은 설기되며 금기지향은 불편합니다. 정을구간 목생화로 소통되며 금기지향은 화기에 불편할 듯 하나 다가오는 정기구간 기토에 역생됩니다. 정기구간 기토는 년지갑목과 합토되며 정화생 되어 무난합니다. 정임년주의 정기구간 합목생 월간정화생 월지기토로 무난합니다(2정화는 1임수와 순차 합목됩니다).

경계/정임 구간 금생 수생 합목으로 목기지향에게 긍정될 듯 하나 다가오는 무자년 무계합화가 특지계수와 합화되며 6개월정도 합화로 여기됩니다. 이에 합목은 특간경금에 금극합목 됩니다.

정미월 정기구간 합목생 대기정화, 합화생 기토로 부분소통됩니다.

무신월 무신월 속 무임구간 잠시 임수생 합목되어 금극합목은 버팀력 높아지며 합화를 향하기에 월간무토를 극함은 제한됩니다.

기유월 기신구간 신금이 일주와 합수되면 금극합목을 받쳐주며 합목은 합화를 향하기에 월간기토의 불편함은 제한됩니다.

경술월 경신구간 신금이 일주와 합수되면 금극합목을 받쳐줍니다. 경무구간 월지무토는 합목에 목극토 되기는 하나 합목이 금극되면서 합화를 향하니 목극토율은 제한됩니다.

신해월 신금이 일주와 합수되면 금극합목은 버팀력 높아집니다. 다가오는 임자월 임자수에 점차 합목은 역생율이 높아집니다. 임자월 임수들은 합목을 지원하며 합목은 금극목에 버팀력이 높아집니다.

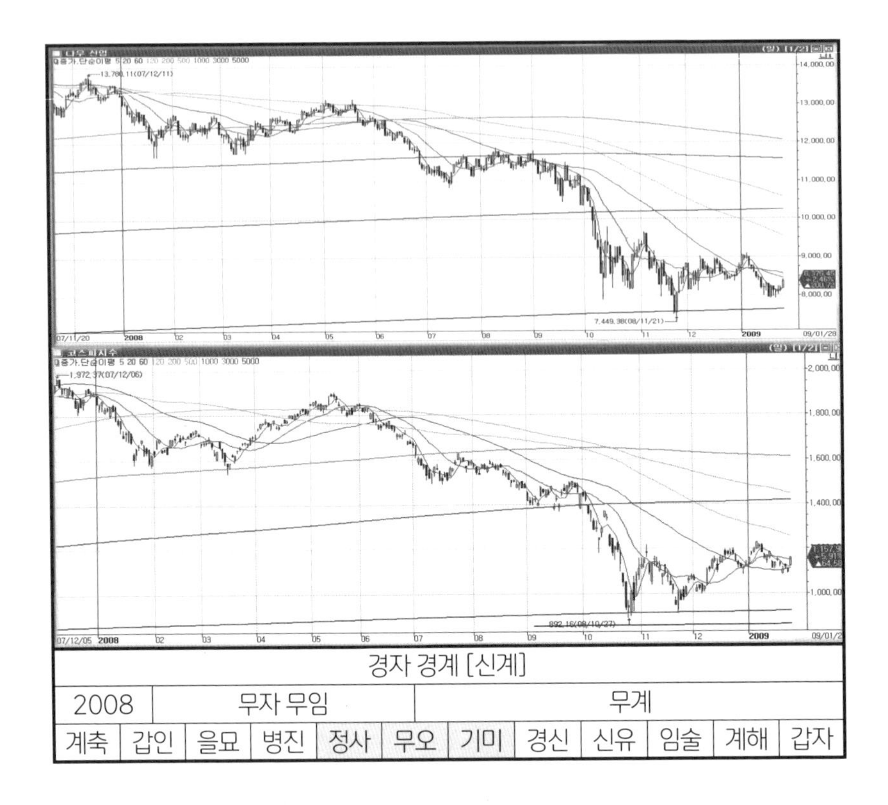

경자 경계 [신계]											
2008	무자 무임					무계					
계축	갑인	을묘	병진	정사	무오	기미	경신	신유	임술	계해	갑자

경계-신계 특주 접경구간입니다. 신계특주로 적용해 봅니다.

무계년주 합화가 무임년주로 6개월정도 여기될 때 임수에 합화가 수극화 되는데 접경구간 부근 정사월에서는 임정합목되어 수극화는 잠시 소멸합니다. 또한, 합목생 합화로 특간경금과는 조화롭지 않은데 병진월 병무구간 무토와 정사월 정무구간 무토에 의해 목생 화생 토로 소통세가 넓어집니다. 무오월은 2 합화와 오화가 되며 화기편중세가 지나칩니다. 무계년주의 중심부는 합화의 성질이 강고 월주에서 금기가 오면 불편한데 신유월주 주변 신금이 가장 약한 구간이 됩니다.

신계/무임 구간 합화가 임수 위에 있어서 다행히 충극은 아니지만 조화롭지 않습니다.

갑인월과 을묘월 목기가 임수와 합화를 소통시켜 줍니다. 반면, 특간신금은 합화 위에 있어서 충극은 아니지만 화기가 거세지니 조화롭지 않습니다. 경금지향은 을목과 합금화 후 수기를 받쳐주나 역시 합화와 조화롭지 않습니다.

병진월 병무구간 월지무토가 화기들과 소통되는 부분은 긍정이나 이외의 관계는 조화롭지 않습니다.

정사월 정화는 임수와 합목되고 여기되는 합화와 임수의 수극화를 역생소통시켜 줍니다. 반면, 특간신금은 화기의 건실에 조화로운 관계는 아닙니다.

무오월 무병구간 병화는 년지임수에 불편합니다. 다행히, 정사월 임정합목의 부근은 수기가 조율되어 병화의 버팀력은 내재됩니다.

신계/무계 구간 2계수1무토가 순차 합화되며 신금과 조화롭지 않습니다.

무오월 2합화가 되며 화기편중세가 심해집니다. 특히, 정사월 합목에 의해 더욱 심해지니 금기지향은 불편하며 목기지향은 설기됩니다.

기미월 기기구간 무계합화년주와 소통되나 토기편중세로 일주와의 관계는 제한적입니다.

경신월 경경구간 합화년주와 충극관계이지만 2양금으로 2음금에 비해 버팀력은 상대적으로 클 듯합니다. 또한, 금기편중세로 일주와의 관계는 제한적입니다.

신유월 신신구간 2음금으로 합화년주에 불편합니다.

임술월 임신구간 임수가 있지만 월지신금은 합화년주에 불편합니다. 임무구간 월지무토도 년지계수와 합화되며 2합화로 4화격이 되는데 이때 임수에 충극되며 4화격으로 버팀력은 내재됩니다.

계해월 계무구간 합화되면 년주 합화와 편중되어 조화롭지 않습니다. 계갑구간 갑목이 합화를 생하니 소통세이긴 하나 갑목은 설기됩니다. 계임구간 합화가 임수 위에 있어서 충극되지는 않지만 조화롭지 않습니다.

갑자월 갑목이 상부 합화를 받쳐주어 소통세가 늘어나나 특간신금은 반갑지 않습니다.

2008년 전후로 미국에서 서브프라임 모기지 사태(Subprime Mortgage Crisis)가 발생하였습니다. 부동산 가격의 급락, 모기지론 부실과 대규모 차압 및 주택저당증권 가치하락을 불러왔습니다. 이후 부동산 침체가 심화되었으며 소비자지출 및 사업투자감소가 이어졌습니다. 맥점은 저금리 시대에 부동산 대출이 심화되었고 이후 금리가 인상되자 파산율이 급격히 높아졌다는 점이 핵심입니다. 2007년 후반은 정임합목이 계수생 소멸로 금극목 되며 2008년은 무계합화가 임수에 수극화 됩니다. 정임합목은 을목격이며 서민층과 인연이며 무토는 대지와 인연이며 합화는 경제-소비 활동과도 인연입니다.

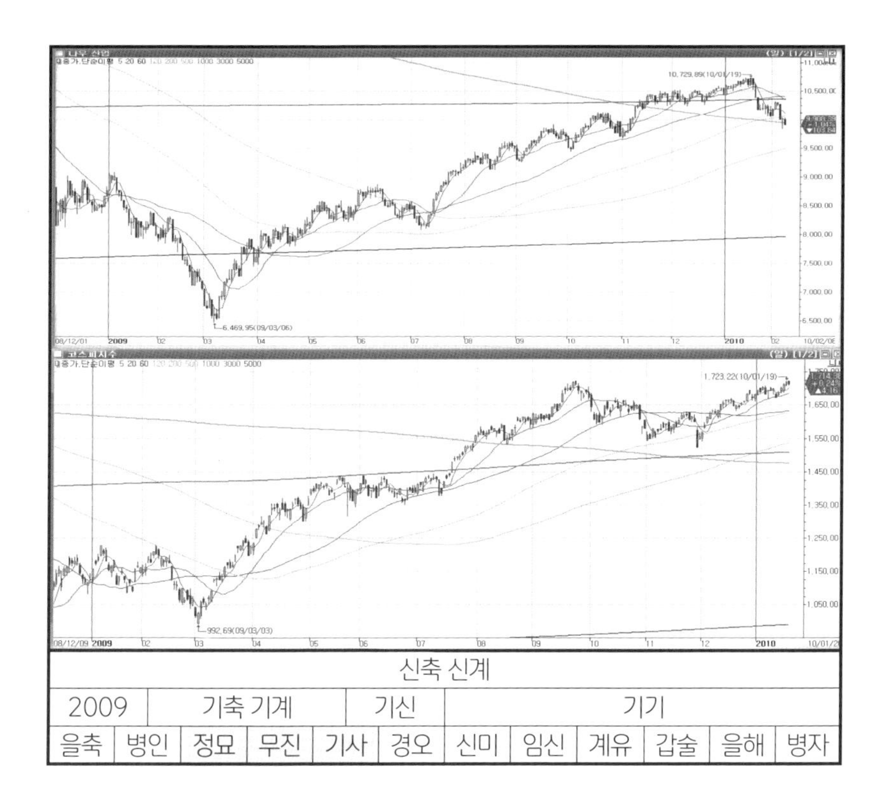

신축 신계											
2009	기축 기계			기신		기기					
을축	병인	정묘	무진	기사	경오	신미	임신	계유	갑술	을해	병자

기토생 신금생 계수로 음양에 맞는 소통세로 긍정율이 높은 구간입니다. 기기 년주 구간 편중된 듯 하나 음기토이며 소통세가 좋아 무겁지 않은 편중세입니다. 또한, 월주에서 순수 수기가 오면 토극수 되는데 임신월, 계유월처럼 수기들이 금기와 같이 오니 소통세가 유지되며 병자월 병계구간 계수는 토극수가 되나 사실 2기토는 특간신금을 우선적으로 향하니 충극은 제한적입니다.

금기지향의 경우 년중 기토에 의해 토생금되어 무난합니다.

기신년주 경오월은 년간기토가 2신금1경금에 설기가 심해지는 구간입니다. 다행히, 기간이 짧고 기토가 천간자리라 버팀력 내재되며 다우지수 보다 코스피지수가 버팀력이 좋았는데 갑목지향이 기토와 합토되어 보강시키며 오화의 생을 받으니 버팀력이 좋아진 듯합니다. 만약, 합토로 보강시켜도 금기편중세가 더 심하면 설기가 커져 약세가 될 수 있으며 갑목지향도 같이 하락할 수 있습니다.

특이사항으로 경인년 경무구간 무토가 특지계수화 합화되면 기축년 기기년주까지 여기될 수 있으며 갑목지향이 내재된 합토를 합화가 생해주므로 다음년주가 다가올수록 갑목지향의 합토는 긍정될 수 있습니다. 또한, 소통세 강화로 총국상 긍정이니 다른 지향들도 무난한 구간입니다.

신계/무계 구간

을축월 을기구간 을목생 합화생 기토로 부분소통세입니다. 경금지향은 을목과 합금화된 후 합화생 기토생 합금화로 역시 부분 소통세입니다.

병인월 병무구간 무토는 합화가 되며 최종 2합화가 되고 특간신금과 조화롭지 않으며 월간병화와 더불어 화기편중세입니다. 신금지향은 병화와 합수화된 후 합화를 수극화합니다.

신계/기계 구간 토생금생수로 소통세가 좋습니다.

병인월 병병구간 편중세로 일주와의 관계는 제한되며 신금지향은 병화들과 합수화가 되며 역시 편중세로 일주와의 관계는 제한됩니다. 병갑구간 갑목은 합토되며 병화생 합토생 신금생 계수로 소통세입니다. 신금지향은 병화와 합수화된 후 합토에 약간 불편해집니다. 지수들은 병갑구간 전후로 약세였는데 명확히 알아내지 못하였지만 무계년주의 합화가 기계년주 접경구간 수기들과 소통되지 못한 형세에 월주에서 목기가 역생시켜주지 못하고 오히려 갑목이 합토되어 최종 수기를 부추기니 약세가 나온 듯합니다. 합화는 을축월까지라 병인월까지 영향을 미치기 어려운데 줄기오행상 특지계수 속 계무합화로 수기와 화기는 조화롭지 못하여 주변에서 목기가 중요한 요소가 될 수 있습니다.

정묘월 정갑구간 정화생 합토생 신금생 계수로 소통세가 넓어집니다. 정을구간 을목생 정화생 기토로 소통세가 넓어집니다. 경금지향은 을목과 합금화 된 후 정화생 기토생 합금화생 계수로 소통세가 넓어집니다.

무진월 무무구간 무토는 년지계수와 순차합화되며 년간기토 및 대기 무토와 소통됩니다.

기사월 기무구간 무계합화가 되며 기토들과 소통됩니다.

신계/기신 구간 토생금생수로 소통세입니다. 기토가 2신금에 설기될 수 있으며 경오월 경금이 늘어 년간기토의 설기는 심해집니다. 갑목지향은 년간기토와 합토되고 오화의 생을 받으니 설기에 버팀력을 늘려줍니다.

신계/기기 구간 토생금생수로 소통세입니다. 2기토로 편중된 듯 하나 음기토이며 소통세가 좋아 아직 무겁다고 볼 수 없습니다.

신미월 신기구간 기토가 늘었으나 신금도 늘고 모두 음요소이기에 아직 무겁지 않은 소통세입니다.

임신월 임경구간 기토생 경금생 임수로 무난합니다.

계유월 계신구간 기토생 신금생 계수로 무난합니다.

갑술월 갑목은 기토와 합토되니 무거워지기 시작하며 갑무구간 무토가 늘어 무거운 토기편중세에 해당됩니다. 그러나, 총괄적으로 소통세이니 하락세는 제한적일 듯합니다.

을해월 을임구간 임수는 2기토에 충극되나 2기토는 특간신금을 우선으로 향하기에 토극수는 제한적이며 일주에 따라서 버팀력이 달라질 수 있습니다. 경금지향은 을목과 합금화가 되며 2기토생 합금화생 임수로 소통됩니다. 다가오는 병자월 자수에 합금화는 점차 설기될 수 있습니다.

병자월 병임구간이나 병계구간 임계수 역시 토극되나 2기토는 특간신금을 우선적으로 향하여 토극수는 제한적이며 일주에서 금기가 오면 수기들은 버팀력이 높아집니다. 신금지향은 병화와 합수화되어 자수와 함께 수기편중세가 되려 합니다. 목기지향은 수기가 풍부하니 무난한 구간이며 갑목지향은 기토들과 합토화 후 병화생 받고 소통되니 무난합니다.

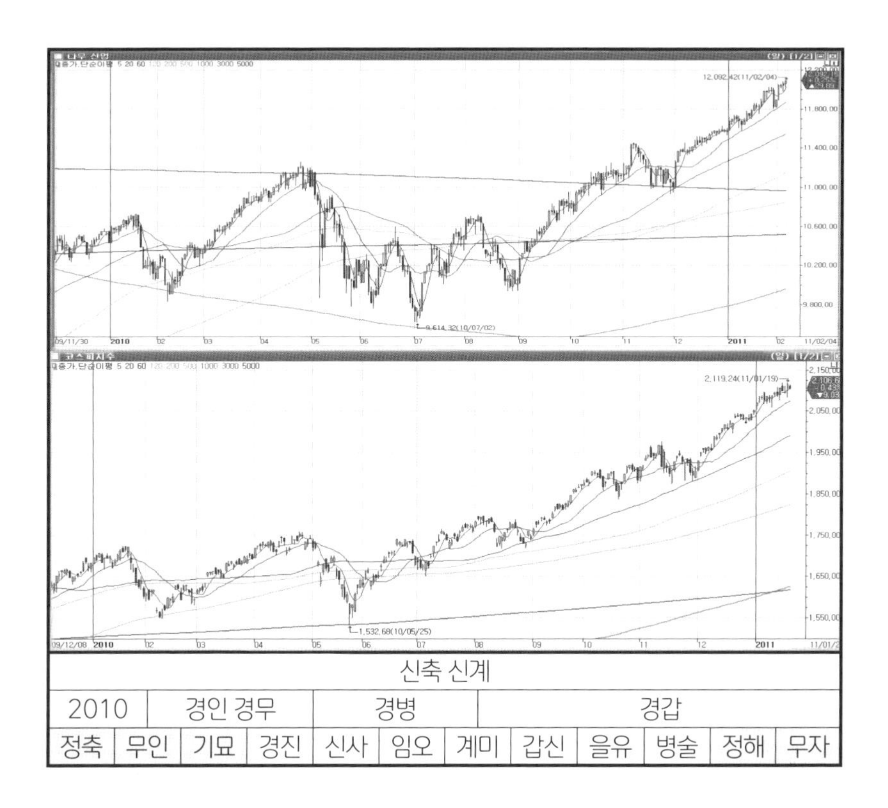

신축 신계											
2010		경인 경무		경병		경갑					
정축	무인	기묘	경진	신사	임오	계미	갑신	을유	병술	정해	무자

경병년주 신병합수가 형성되며 합수의 여기가 3~6개월정도 가능하며 경무년주 계무합화는 합수에 불편해집니다. 이 때 무인월-기묘월 갑목구간에서는 역전의 용사격처럼 합화를 받쳐줍니다.

신계/경무 구간은 합화가 형성되며 특간신금은 합수의 여기입니다. 이에 수극화가 됩니다.

무인월 무갑구간 갑목은 합화를 받쳐 줍니다.

기묘월 기갑구간 경금극갑목에 의해 합토는 쉽지 않고 갑목은 합화를 받쳐 줍니다. 기을구간 을목은 년간경금과 합금되며 토생금 됩니다.

경진월 경무구간 합화생 무토생 2경금으로 소통되는 듯 하나 금기편중세이며 합화는 수극화 상태입니다. 봄국 갑목에서 멀어질수록 수극화는 심화되어 총국상 불리격에 해당됩니다.

신계/경병 구간은 경금생 합수, 계수로 소통세이나 수기편중세이며 경금은 설기 됩니다. 수기편중세임에도 목기지향은 상대적으로 무난합니다.

신사월 신병구간 합수가 되며 소통세이긴 하나 총국상 수기가 심하게 편중됩니다.

임오월 임병구간은 병화가 임수와 상부 합수에 불편합니다. 임기구간은 소통세이나 기토가 경금에 설기됩니다. 임정구간은 정화가 상부 합수에 극 받아 합목이 쉽지 않습니다. 다행히, 다가오는 경갑년주 갑목이 어느 정도 수기를 흡수하고 있고 일주에서 목기가 받쳐주면 좀 더 수기가 조율되며 일주에서 정화가 오면 월간임수와 합목되어 월지정화도 합목율이 높아집니다. 특히, 목기지향에서는 월지정화의 버팀력이 상대적으로 높아집니다.

계미월 계정구간 합수와 계수에 정화는 수극화됩니다. 다행히, 다가오는 경갑년주 갑목이 수기를 흡수하므로 수극화는 제한됩니다.

신계/경갑 구간은 갑목이 신경금의 극을 계수에 의해 역생 받고 있으며 금생수생 목의 소통세로 목기지향에게 긍정됩니다. 금기지향은 특별히 충극이 없으므로 무난합니다. 또한, 경갑년주는 귀결이 수생갑목으로 월지에서 무토가 오면 목극토 되는데 병술월, 정해월 병무-정무 구간은 병정화가 목극토를 역생소통 시켜 줍니다.

계미월 계기구간 기토는 년지갑목과 합토되며 경금을 거쳐 수기와 소통됩니다.

갑신월 갑경구간 월간갑목은 년간경금에 금극목되나 년간경금은 특지계수를 향하므로 월간갑목은 버팀력 내재됩니다.

을유월 을경구간 2경금1을목으로 순차 을경합금되며 금기가 다소 편중됩니다. 을신구간 을경합금되며 금기가 편중되나 경금에서 신금으로 편중세는 완화됩니다.

병술월 병무구간 상부 소통과 이어져서 갑목생 병화생 무토로 소통됩니다. 신금지향은 병화와 합수화된 후 갑목과 소통되며 무토는 화기소멸로 갑목에 불편해집니다. 반면, 다가오는 정해월 정화에 의해 다시 소통율이 점차 높아집니다.

정해월 정무구간 갑목생 정화생 무토로 소통세입니다. 정갑구간 상부 소통과 이어져서 갑목생정화로 무난합니다. 정임구간 정임합목되며 년간경금은 특지계수를 향하므로 금극목은 제한적이며 합목, 년지갑목은 인해전술격으로 버팀력 내재됩니다. 또한, 다가오는 무자월 자수에 의해 점차 소통세가 넓어지나 무토는 목기에 불편해집니다.

무자월은 월간무토가 년지갑목 위에 있으므로 극 받지 않으며 무임구간 상부 소통과 더불어 무토생 경금생 임수생 갑목으로 소통됩니다. 무계구간은 합화되며 갑목생 되어 무난하나 경금과는 조화롭지 않습니다. 반면, 합화는 다가오는 기축월 기토와 점차 소통율이 높아지며 금기와도 소통율이 높아집니다.

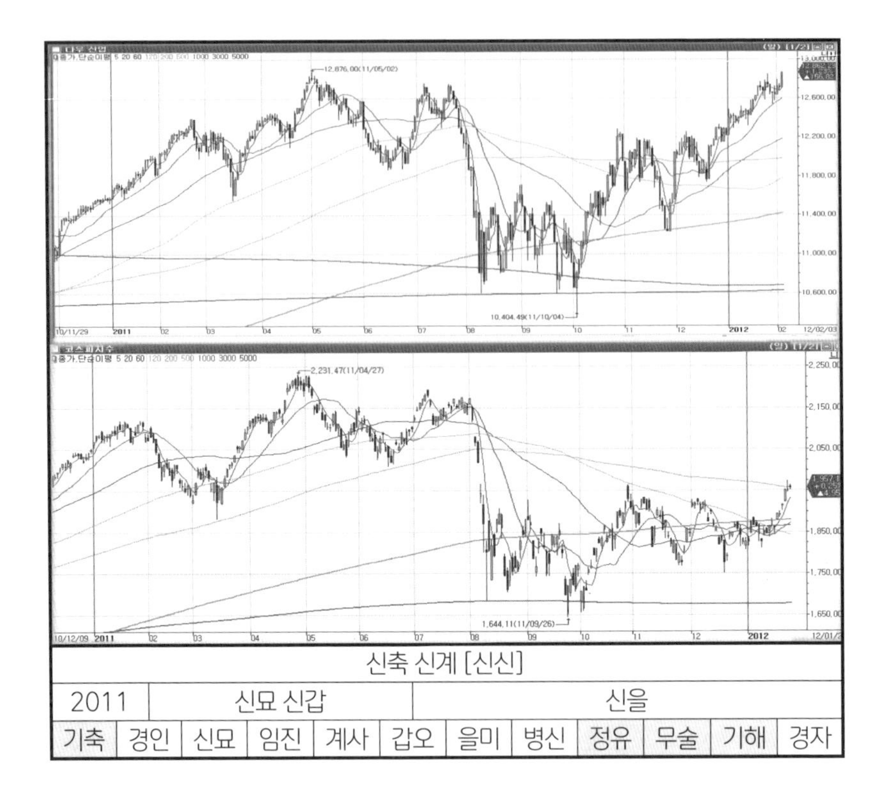

신축 신계 [신신]											
2011	신묘 신갑					신을					
기축	경인	신묘	임진	계사	갑오	을미	병신	정유	무술	기해	경자

특주는 신계와 신신의 접경구간인데 신신으로 적용해 봅니다. 또한, 을미월 후반 급락이 왔는데 주된 원인을 분석해 봅니다.

신을년주는 신극을 상태이며 을미월 을목도 신극을 상태입니다. 그런데, 병신월 병화는 년간신금과 합수되며 을미월 까지 여기됩니다. 그러면 신극을은 역생되며 오히려 수생을목에 토기들이 불편할 수 있습니다. 을미월 을기구간과 병신월 병기-병무구간 기무토들이 수생 을목들에 불편할 수 있습니다. 또한, 금기지향에서는 년지을목과 월간을목이 합금화되며 기존의 신금들과 더불어 금기편중세이며 토기들의 설기는 심해집니다.

신신/신갑 구간 3신금에 년지갑목은 불편합니다.

경인월. 경병구간 병화는 합수되며 경금생되어 무난합니다. 경갑 구간 금극목 불리세가 되며 경병구간 합수와 멀어질수록 불편율은 커집니다.

신묘월 신갑-신을구간 금극목으로 불리세가 내재됩니다. 다행히, 임진월 임수가 다가올수록 역생됩니다.

임진월 임무구간 무토는 년지갑목에 불편합니다.

계사월 계무구간 무토가 충극되니 합화는 쉽지 않습니다. 계경구간 소통되며 무난합니다. 계병구간 병화는 합수되며 수기가 편중세로 무거워집니다. 다행히, 갑오월 갑목이 다가올수록 수기편중세는 완화됩니다.

갑오월 갑병구간 신병합수되며 갑-을목과 소통됩니다.

신신/신을 구간 계수가 소멸하고 3신금이 되어가니 년지을목의 충극은 급격히 높아집니다. 경금지향은 을목과 합금화가 가능하지만 충극의 을목이라 불안정성이 내재됩니다.

갑오월. 갑기구간 아직 특주에 수기가 약간 남아 있어 기토가 을목에 충극되어 합토는 쉽지 않습니다. 갑정구간 특주에 수기가 조금 남아 있으며 금생수생목 생화로 무난합니다.

을미월 을기구간 월간을목, 년지을목은 3신금엑 신극을 상태이며 다가오는 병신월 합수가 여기되어 다가올수록 을목들은 역생되며 월지기토는 충극율이 높아집니다. 경금지향은 을목들과 합금화가 되며 기토는 설기가 심해집니다.

병신월 병기-병무구간 병화는 합수되며 수생을목에 기무토가 충극되며 무토는 버팀력이 기토보다 높습니다. 경금지향은 을목과 합금화가 되며 기토는 설기가 심해집니다. 병임구간 병화는 합수되며 수기가 편중되려 합니다. 병경구간 을경합금되며 신병합수를 생해주며 무난하지만 금기와 수기가 편중세입니다. 다가오는 정유월 정화는 수기에 충극 됩니다.

정유월 정화가 유금을 극하려 하나 경금은 버팀력이 크며 신금일 때도 금기가 많아 버팀력 내재됩니다.

무술월 무신구간 소통세로 무난합니다. 무정구간 정화가 무토에 약간 설기되지만 소통세로 무난합니다. 무무구간 신을년주와는 무난하나 2무토가 편중세로 일주와의 관계는 제한적입니다.

기해월 기무구간 토기가 년간신금을 부추기니 신극을은 심해집니다. 기갑구간 합토되며 합토가 신극을을 부추깁니다. 기임구간 임수가 을목을 역전의 용사격으로 받쳐줍니다. 경금지향은 을목과 합금화 후 토생금생수로 소통세가 넓어집니다.

경자월 경임구간 년지을목은 경금과 합금되며 금기편중세이나 수기를 향하니 다이어트 효과에 금기편중세는 완화됩니다. 경계구간 역시 금기편중세이나 수기와 소통되니 금기편중세는 완화됩니다.

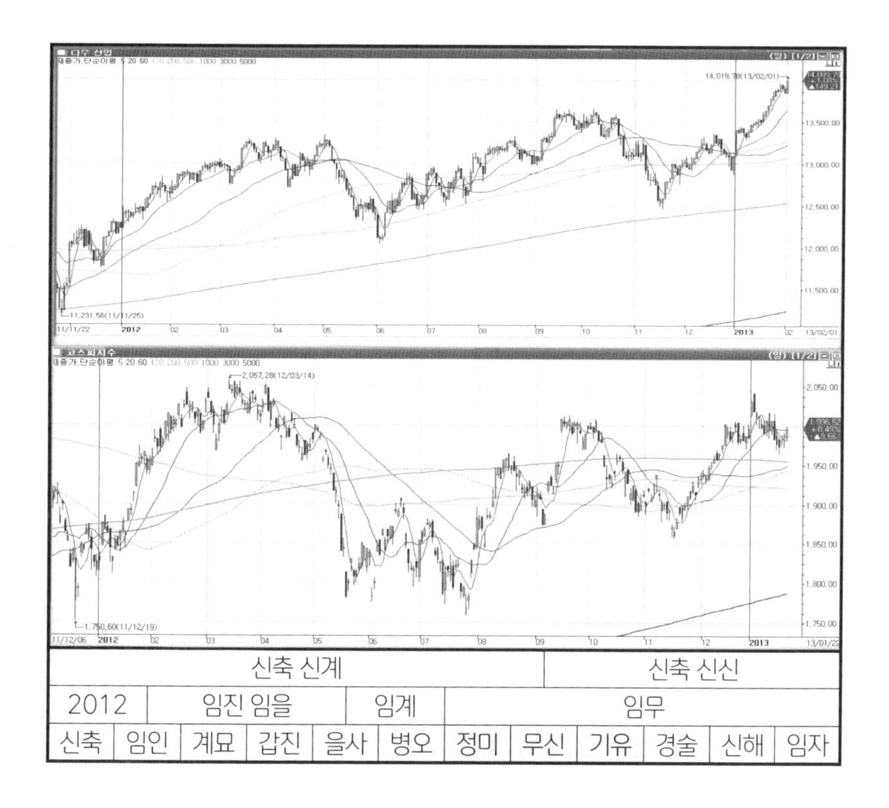

신축 신계							신축 신신				
2012	임진 임을				임계	임무					
신축	임인	계묘	갑진	을사	병오	정미	무신	기유	경술	신해	임자

특주를 여기시켜 신신으로 해석해 봅니다. 신신특주에 임진년으로 소통세는 무난하며 목기지향에게는 긍정될 듯한데 혼돈세가 나왔습니다. 갑진월과 을사월처럼 수생목에 토기들이 불편하게 되어 총국상 불리세가 된 듯 하며 금기지향은 수기에 설기세가 내재되니 상승력이 제한될 수 있습니다.

신신/임을 구간 금생수생목으로 소통세입니다. 경금지향은 을목과 합금화 되며 금생수 소통세이나 금기가 편중됩니다.

임인월 임수가 편중되려 하나 임갑구간 갑목이 조율합니다.

계묘월 수기가 편중세이나 목기와 소통되며 편중세가 완화됩니다. 경금지향은 을목과 합금화 된 후 수기와 소통됩니다.

갑진월 갑무구간 수생되는 갑목, 을목에 월지무토는 충극됩니다. 경금지향은 을목과 합금화되지만 월지무토는 여전히 갑목극 됩니다.

을사월 을무구간 무토는 2을목에 충극됩니다. 경금지향은 2을목과 2합금화되며 년지무토는 2합금화에 설기되며 다가오는 을경구간 합금에 점차 좀 더 설기됩니다. 을경구간 2을목1경금으로 순차합금되며 합금생 을목생 수기로 소통세이나 금기가 편중됩니다. 경금지향은 대기을목 마져 합금화하여 금기 편중세가 좀 더 심화됩니다.

신신/임계 구간 금생수로 소통세이긴 하나 월주의 화기는 불편합니다.

을사월 을병구간 수기편중세에 을목이 조금이나마 수기를 흡수하여 완화시켜 줍니다. 반면, 금기지향에서는 을목이 경금지향과 합금화되며 병화는 신금지향과 합수화되며 합금이 수기들과 소통되나 수기편중세입니다.

병오월 병병구간 2병화가 임계수에 버티려하나 쉽지 않습니다. 신금지향은 합수화되며 수기편중세가 심화됩니다. 병기구간 병화는 수극화 됩니다. 신금지향은 병화와 합수화되며 여전히 수기편중세입니다. 병정구간 정화는 수극화되어 임정합목이 쉽지 않습니다. 다행히, 정미월 임정합목이 여기되어 다가올수록 역생율은 높아집니다. *다가오는 정미월 합목의 여기는 병오월 수기편중세를 점차 완화시켜 줍니다.*

신신/임무 구간 토생금생수로 소통세입니다.

정미월 임정합목되며 년지무토와 월지기토는 목극토되나 합목이 특간신금에 극 받으니 토기는 버팀력 내재됩니다. 임계년주 접경구간에서는 수기가 많아 합목이 힘을 얻고 토기는 목극토 될 수 있으나 접경구간은 정미월 정정구간으로 대기정화가 토기를 역생소통 시켜 줍니다.

무신월 무기-무무-무임구간은 토기와 수기가 조화롭지 않습니다. 무경구간 경금에 의해 토기와 수기는 소통됩니다.

기유월 유금 속 경신금에 의해 토기와 수기가 소통됩니다. 기신구간 토생금생수 소통세이나 신금은 년간임수에 설기됩니다.

경술월 경무구간 토생금생수로 소통세인데 토기나 금기의 비중이 많은 편입니다.

신해월 신무구간 신금은 년간임수에 설기됩니다. 신갑구간 금생 수생 목으로 소통세입니다. 신임구간 1무토-3신금-2임수로 크게 편차없는 소통세입니다. 월간신금은 다가오는 임자월 수기를 고려하면 설기세이나 특주에서 2신금이 협조하니 버팀력은 내재될 듯합니다.

임자월 임임구간 3임수로 편중세입니다. 일주에서 목기가 오면서 일주정화와 합목되면 소통세가 늘고 편중세는 완화됩니다. 임계구간 계수는 합화되고 임수에 불편하게 됩니다.

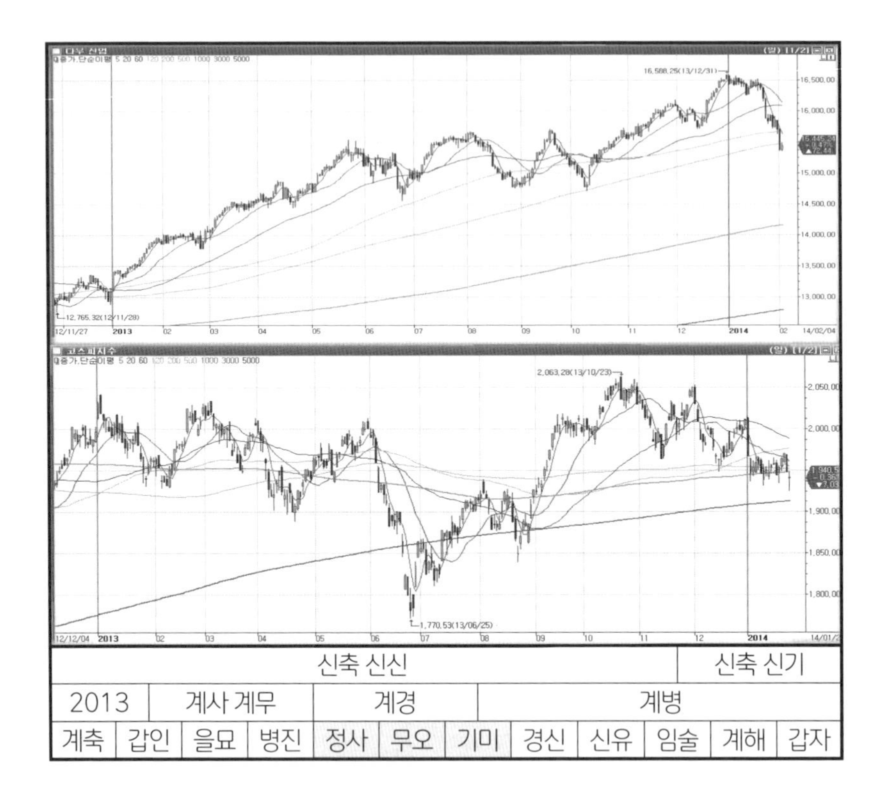

신축 신신										신축 신기	
2013		계사 계무		계경			계병				
계축	갑인	을묘	병진	정사	무오	기미	경신	신유	임술	계해	갑자

신신특주인데 여기성을 적용시켜 신기특주로 해석해 봅니다.

계사년 계수에 의해 목기지향은 수생의 덕을 얻습니다. 그런데, 갑목지향은 특지기토와 합토화되어 수생의 덕을 얻지 못합니다. 반면, 계사년 계무구간에서는 수기가 소멸하며 합화생합토가 되어 갑목지향에게는 긍정이며 을목지향, 목기지향에게는 불편구간입니다. 금기지향에게는 합화생 기토생 신금으로 무난합니다.

계경구간은 을목지향이 경금과 합금화되며 토생되니 무난합니다. 반면, 갑목지향과 순수 목기지향은 수생의 덕을 얻지 못합니다. 금기지향은 토생금생수

로 무난합니다

계병구간에서 신병합수 되므로 을목지향이나 순수목기지향은 긍정됩니다. 반면, 갑목지향은 특지기토와 합토화 된 후 화생되지 못하여 힘이 제한되며 수기들을 토극수하니 조화롭지 못합니다. 금기지향은 다소 설기되나 월주에서 금기가 받쳐주거나 목기가 합수와 소통되니 버팀력 내재됩니다.

신기/계무 구간 계무합화생 기토생 신금으로 소통세가 무난합니다. 금기지향에게는 화생토생금으로 긍정이며 상승세인데 목기지향에게는 금기가 귀결되어 불편합니다. 다행히, 갑목지향은 특지기토와 합토되며 계무합화년주의 생을 받아 무난합니다.

갑인월 갑갑구간 합화와 소통되기는 하나 2갑목으로 편중되어 일주와의 관계는 제한됩니다.

을묘월 을을구간 합화와 소통되며 2을목으로 일주와의 관계는 제한됩니다. 경금지향은 2합금화가 되며 합화년주에 불편해집니다. 다행히, 합화는 특지기토를 향하니 화극금은 제한적입니다.

병진월 병무구간은 2무토1계수로 순차합화되며 대기 무토와 소통됩니다. 병화역시 대기무토와 소통됩니다. 신금지향은 병화와 합수화되며 합화와 조화롭지 않습니다.

신기/계경 구간 기토생 경신금생 계수로 소통세는 무난하나 기토가 신경금에 설기세입니다. 갑목지향은 기토와 합토화되므로 기토를 보강시킬 수 있으나 금기가 지나치게 크면 같이 설기됩니다. 다행히, 기토는 특지에 있고 무거운 경금은 년지에 있으므로 합토화의 설기는 크게 심하지는 않을 듯합니다.

정사월 월간정화는 년간계수에 충극되지만 지수들은 무난했습니다. 계무년주 합화와 무오월 년간계수와의 계무합화 사이에서 년간계수는 건조되어 월간정화의 수극화가 미미했던 것은 아닌가 생각됩니다. 특히, 정사월 정무구간의 무토와도 합화되므로 실제 수극하는 비율은 제한적일 듯합니다. 또한, 금기지향에게는 수극화가 반드시 불편하다고는 볼 수 없는 듯합니다.

무오월 전후로 약세였는데 코스피지수는 다우지수에 비해 급락세로 심했습니다. 약세의 가장 큰 원리는 계수가 소멸하고 합화가 되니 수생의 덕이 소멸하고 설기가 되어 상대적 불편함이 커져 나온 결과인 듯합니다. 그런데, 좀 더 세부적으로는 갑목지향은 특지기토와 합토 후 합화생되어 무난하며 을목지향은 경금과 합금화 후 합토화생 되니 또한 무난합니다. 순수목기지향만 크게 불리하게 되었습니다. 또한, 을목지향의 합금화는 신극을에 합금화율이 제한되며 불안정성도 일부 내재될 듯합니다. 그래도, 갑목지향과 을목지향은 긍정되거나 불편함이 제한적인데 순수목기지향의 불편함이 우선된 듯 급락하게 되었습니다. 그래서 좀 더 넓게 분석해보니 계병년주 병화는 특간신금과 합수가 되며 여기가 6개월정도 되기에 무오월 계무합화는 수극화되며 무오월 전후로 급락세가 나왔습니다. . 금기지향은 수극화가 반드시 불편하다고 할 수 없는 듯 목기지향보다 버팀력이 좋았습니다.

기미월 기정구간 정화는 년간계수에 수극화되는데 무오월에서 합화가 되었으므로 수기는 제한되어 수극화도 제한될 듯합니다.

신기/계병 구간 합수계수로 수기가 편중됩니다.

기미월 기기구간 2기토 위의 수기는 충극되지 않지만 조화롭지도 않습니다.

경신월 경기구간 경금은 수기와 소통됩니다. 기토는 경금에 약간 설기됩니다. 경무구간 계무합화가 되며 수극화됩니다. 경임구간 경금은 설기됩니다. 경경구간 2경금으로 설기는 완화되지만 편중세로 일주와의 관계는 제한됩니다.

신유월 신경구간 금생수 소통세이며 2경금에서 1경1신금으로 완화됩니다. 신신구간 금생수 소통세이나 다가오는 임술월 임수가 늘어나니 2신금임에도 점차 설기됩니다. 편중된 수기귀결에 코스피지수는 잘 버티었는데 다우지수는 약세가 나왔습니다.

임술월 임무구간과 계해월 계무구간은 무토가 계수들과 합화 후 상부 합수나 수기들에 수극화되니 총국상 불편한 환경입니다. 목기지향은 하락세였는데 금기지향은 버팀보합세였습니다. 수극화가 금기지향에게는 꼭 불편하지는 않은 듯합니다.

계해월 계임구간 수기편중세가 심화됩니다. 다행히, 다가오는 갑자월 갑목에 점차 편중세는 완화됩니다.

갑자월 상부 수기편중세에 자수는 편중세를 심화시키나 갑목은 다시 완화시키며 소통세도 넓혀줍니다. 또한, 갑임구간에서 갑계구간으로 갈수록 수기편중세는 좀 더 완화됩니다.

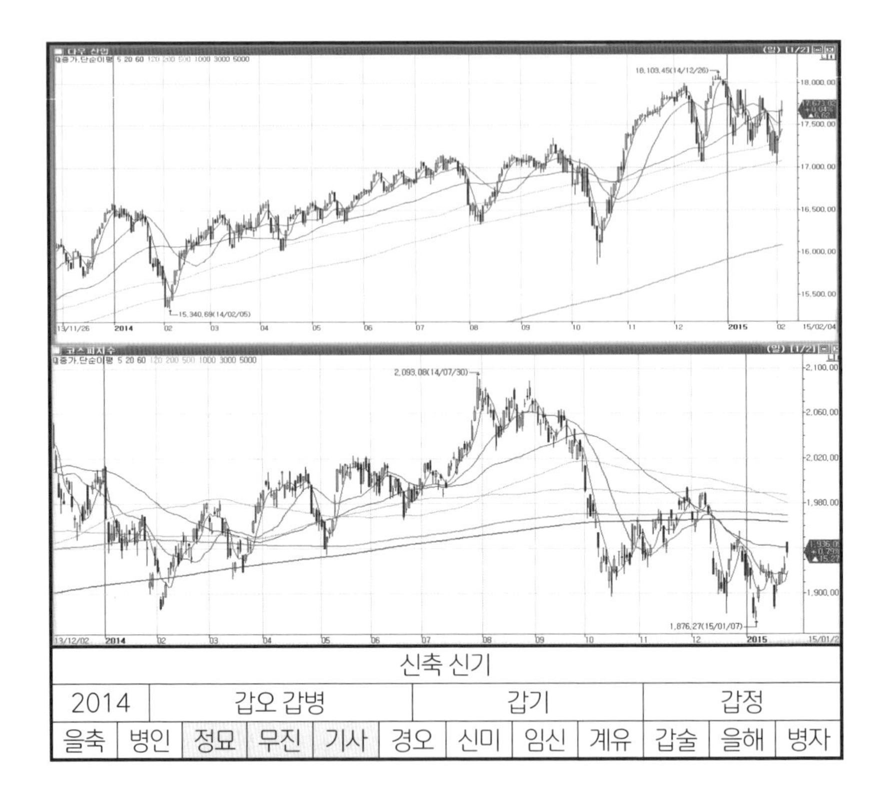

신축 신기											
2014		갑오 갑병				갑기			갑정		
을축	병인	정묘	무진	기사	경오	신미	임신	계유	갑술	을해	병자

신기/갑병 구간은 합토와 합수가 대립하며 총국상 조화롭지 못합니다. 월주에서 금기가 오면 역생되는데 기사월 기경구간과 경오월 경금 내재구간 어느 정도 소통세가 형성될 듯합니다.

년간갑목과 특지기토는 년중 합토되고 있으며 갑목지향은 특지기토와 합토화되어 있습니다. 즉, 합토 속 동기화되어 있는데 월주에서 화기가 오면 화생토되어 긍정될 듯 하나 화기는 특지기토가 아닌 년간갑목과 접촉되어 화생토율은 제한될 듯합니다. 월에서 화기는 병인월 병화와 정묘월 정화와 기사월 사화와 경오월 오화등이 내재되어 있습니다.

병인월 병갑구간 합수생 갑목생 병화생 합토로 소통세이며 병화는 합토를 향함에 기토가 아닌 갑목과 접촉되어 화생토율은 제한적입니다.

정묘월 정갑구간 정화는 월지갑목의 생이 실효적이지 못하며 상부 합토와도 실효성이 제한됩니다. 정을구간 정화는 을목의 생에 힘을 얻으며 상부 합토를 좀 더 강하게 지원합니다. 반면, 합토는 기토가 아닌 갑목과 접촉되어 화생토율은 제한적입니다. 경금지향은 을목과 합금화 된 후 합토생 되어 긍정되나 갑목과 접촉된 합토로 긍정율은 제한됩니다.

무진월 무무구간 상부 합토 극 합수와 조화롭지 않으며 편중격으로 일주와의 관계도 제한적입니다.

기사월 기무-기경-기병 구간중 경금에 의해 상부 합토와 합수의 역생소통율이 높아집니다. 기병구간 2기토1갑목으로 순차합토되며 상부 합수에 월지병화는 수극화되는데 합수가 합토에 불편한 상황이므로 수극화는 제한됩니다. 신금지향은 병화와 합수화 후 합토에 불편해집니다. 반면, 다가오는 경오월 경금에 토극수는 점차 역생율이 높아 집니다.

경오월 경병구간 경금에 의해 상부 합토와 합수는 역생소통율이 높아집니다.

신기/갑기 구간은 토생금으로 소통세이며 금기지향은 무난할 듯합니다. 을목지향은 신금극에 불편하지만 임신-계유월 수기에 역생되며 갑목지향은 기토들과 합토화 된 후 화생되어야 무난한데 여름화국 이외에는 화기가 부족합니다.

경오월 경기구간 토생금으로 소통세이나 토기와 금기의 단조로운 편중세이기도 합니다. 경병구간 병화생 토생 금으로 소통세입니다. 신금지향은 병화와 합수화 후 경금생되니 무난합니다.

신미월 신기구간 토생금으로 소통세이나 토기와 금기의 단조로운 편중세입니다. 금기지향에게는 무난하나 을목지향등은 금기 귀결에 불편할 수 있습니다. 그런데, 다우지수는 점차 약세를 보였는데 코스피지수는 잠시 반등세가 강했습니다. 큰 원리가 다사다난한 일주와의 관계와 더불어 다가오는 임신월 임수에 월간신금은 점차 설기되며 목기지향은 점차 수생되어 나온 현상인 듯합니다. 또한, 신정구간 정화가 상부 갑목지향의 합토화를 생하여 주니 코스피지수는 상대적 긍정율이 높은 듯합니다.

임신월 임경구간 총국상 토생 금생 임수로 소통세이며 임수가 내재되니 목기지향은 긍정됩니다. 그러나, 갑목지향은 합토되어 수생의 덕을 얻지 못하고 을목지향도 합금되어 수생의 덕을 얻지 못합니다. 순수목기지향만 수생의 덕을 누리며 을목지향의 을경합금화는 합토생 되어 무난합니다.

계유월 계경구간 역시 소통되며 계신구간 역시 토생금생수로 소통됩니다. 그런데, 계유월과 갑술월 사이 급락세였는데 계수가 다가오는 갑술월 갑목에 점차 설기되어 나온 현상인 듯합니다. 또한, 다가오는 갑정년주 정화는 갑기년주 토기들에 설기됩니다.

*갑기년주와 갑정년주의 접경구간에서는 코스피지수와 다우지수 모두 하락세가 심했는데 신기/갑기 구간은 갑기합토와 1기토로 대략 3기토의 형세이며 신기/갑정 구간은 갑기합토로 2기토의 형세이며 갑정년주의 정화가 접경구간에서 급격히 설기된 듯합니다. 특히, 정화는 갑기년주에는 정화가 없기에

접경구간 부근 여기성 정화는 5기토에 설기되는 형세가 될 수도 있습니다. 그리고, 그 여기되는 위치 만큼 급격히 약세가 나왔습니다. 특히, 갑목지향은 합토가 중복되어 좀 더 무거워지며 코스피지수가 다우지수 보다 약세가 심한 원인일 듯합니다. 갑정년주의 합토인 2기토에서도 설기세인데 갑기년주는 3기토이며 다가오면서 설기세가 커지니 상대적 약세는 접경구간에서 급격히 커질 수 있습니다.*

신기/갑정 구간은 화생토생금으로 소통세이며 금기가 귀결로 금기지향에게 긍정됩니다. 갑목지향은 합토화 후 정화생되어 긍정이나 년지정화가 월주 임수와 합목되면 화생이 소멸하여 긍정율이 상대적으로 낮아집니다.

갑술월 갑무구간 갑목들이 정화를 실효적있게 생해주지는 못하지만 목생 정화생 무토로 소통세며 무토가 귀결로 금기지향에게 긍정됩니다. 또한, 다가오는 을해월 을목은 경금지향과 합금화되며 무토로 다가오기에 토생금으로 점차 소통율이 높아집니다.

을해월 을무구간 을목생 정화생 무토로 소통세입니다. 경금지향은 을목과 합금화 된 후 무토생되니 소통세가 좋고 금기지향에게 긍정됩니다. 을임구간 정임합목이 형성되며 신극에 충극되지만 을목과 더불어 3목형세로 버팀력은 내재됩니다. 신금지향은 다가오는 병자월 병화의 합수화가 다가오기에 점차 역생율이 높아집니다.

병자월 병임구간 정임합목이 형성되며 특간신금에 충극됩니다. 신금지향은 병화와 합수화되어 합목은 역전의 용사격으로 버팀력이 높아집니다. 병계구간 화기와 수기가 조화롭지 않습니다.

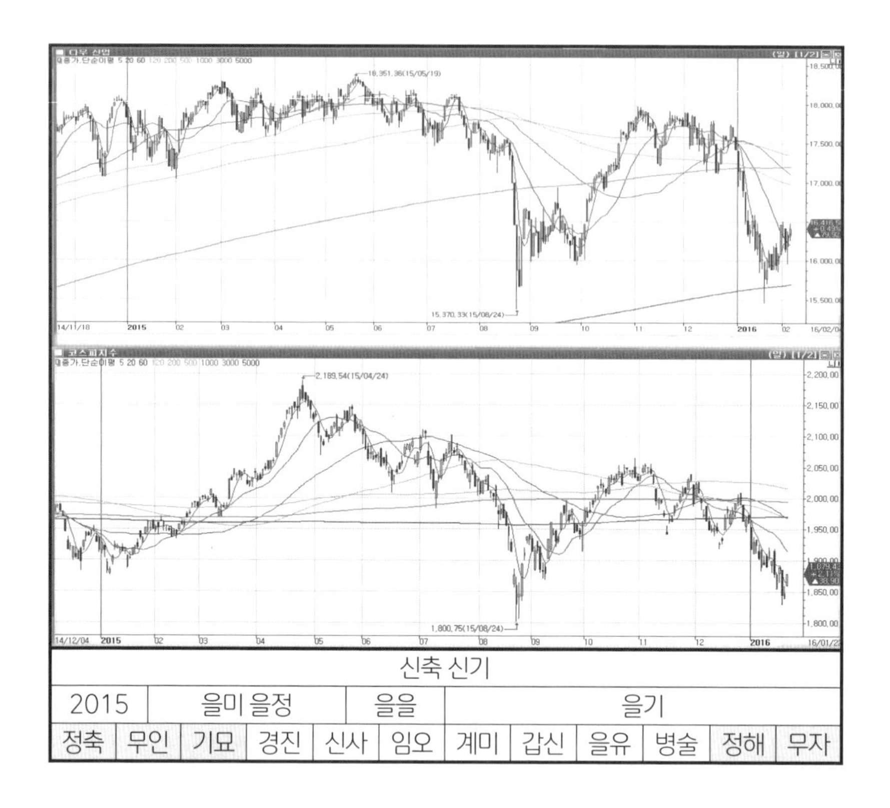

신축 신기											
2015	을미 을정				을을	을기					
정축	무인	기묘	경진	신사	임오	계미	갑신	을유	병술	정해	무자

총국상 신극을로 불편한 구간입니다. 특히, 을목지향이 신극을에 불편한 한해이며 순수목기지향도 불편하며 다행히, 갑목지향은 특지기토와 합토화된 후 을정년주에서는 정화의 생을 받아 무난합니다. 갑목지향의 합토화는 을기년주의 년지기토와도 합토화되는데 병술월 병화의 생을 받는 구간에서도 긍정됩니다. 정해월의 정화의 생도 좋은데 정무구간 무토에 정화가 설기되며 정임구간은 합목되니 화기가 소멸합니다. 을목은 신극을 상태로 경금과 합금은 어렵고 경금지향과는 간헐적으로 합금화가 가능할 듯합니다.

**을기년주 계미월과 갑신월 사이 급락이 나왔습니다. 다음 년주는 병신년이며 병화와 특간신금이 합수되며 6개월정도 여기됩니다. 을기년주 위의 특간

신금은 합수로 보며 신극을은 역생됩니다. 그러면, 계미월과 갑신월 사이 토기들은 을목에 충극됩니다. 그런데, 기토는 3기토로 인해전술격으로 버팀력 내재될 듯한데 약세가 나왔습니다. 추정으로 **갑신월 갑목이 기토들과 합토되려 하다가 기토는 을극되어 합토 실패로 운기가 불안정해져서 급락**으로 변한 듯합니다. 그런데, 기토가 인해전술격 많으면 합토 실패율도 줄어 급락은 아닐 듯한데 다른 무엇인가가 또 있는 듯합니다. 또한, 금기지향에서는 **년간을목이 합금화되고 월간갑목은 금극목되어 역시 년지기토와 합토화가 불안정하게 되어 급락**이 나온 듯합니다. 그런데, 급락은 갑신월 갑임구간 전후로 수기 내재에 합토율이 높아질텐데 역시 급락되었습니다. 역시 또 다른 무엇인가가 있는 듯합니다. 이 점에 있어서 명확히 알아내지 못하였습니다. **추정으로 을기년주가 을을년주로 다가감에 토기가 많아도 목기도 많으니 목극토 되며 금기지향에서는 을목들의 합금화에 토기들이 설기되어 나온 현상**으로 분석됩니다. 접경구간과는 약간의 거리감이 있습니다. 유사한 격국은 1991년등에도 있습니다.**

신기/을정 구간. 순수 목기지향, 을목지향은 신극을 되지만 갑목지향은 특지기토와 합토화된 후 을목생정화의 생을 받아 긍정됩니다. 경금지향은 을목과 합금화된 후 신금지향과 같이 화생토되어 무난합니다.

무인월 무갑구간 목생화생토로 무난하며 다가오는 기묘월 기토가 다가올수록 갑목이 합토되려 하면서 화생토되니 운기는 긍정됩니다.

기묘월 기갑구간 합토되며 화생토되니 갑목지향에 긍정되고 금기지향에게도 토생금으로 긍정됩니다. 기을구간 갑목지향은 기토와 합토화 된 후 정화생되니 긍정됩니다. 경금지향은 을목과 합금화된 후 토생되니 긍정됩니다.

경진월 경을구간 월주의 경을합금은 성사되나 년간을목과는 합금이 실패합니다. 경계구간 계수의 내재로 년간을목은 역전의 용사격으로 힘을 얻습니다. 경무구간 신극을에 을경합금은 실패합니다.

신사월 신무구간 을목생 정화생 기무토생 금기로 소통세이나 신극을의 충극운기 비중도 적지 않습니다.

신기/을을 구간 신극을에 2을목으로 버팀력이 늘어납니다. 갑목지향의 특지기토와의 합토화는 화생이 소멸하여 긍정율이 줄어듭니다. 경금지향은 2을목과 합금화되며 특간신금과 더불어 금기편중세가 됩니다.

신사월 신병구간 합수되며 신극을의 2을목은 역전의 용사격이 됩니다. 반면, 수기편중세로 일주와의 관계는 제한적입니다. 경금지향은 을목과 합금화 된 후 합수를 생해줍니다.

임오월 임병구간 임수극병화에 을목들이 역생소통시켜주며 신극을에 임수가 역전의 용사격으로 받쳐줍니다. 경금지향은 을목들과 합금화되어 임수극병화를 역생시키지 못합니다. 임기구간 기토는 수생을목에 극 받습니다. 경금지향은 을목들과 합금화되며 기토는 설기됩니다. 임정구간 합목되어 신극을에 약간 협조되나 목기편중세가 됩니다. 경금지향은 2을목이 2합금화되니 합목은 불편해지며 다행히 2을목이나 임정합목은 다가오는 계미월 계수에 점차 힘을 얻습니다. 반면, 합목 아래 일주와의 관계는 제한적입니다.

신기/을기 구간. 특간신금은 합수의 여기로 볼 수 있습니다.

계미월 계기구간 기토는 년간을목에 충극됩니다. 반면, 특지기토와 년지기토와 월지기토로 3기토이기에 인해전술격으로 버팀력은 내재됩니다.

갑신월 갑목은 을극기 년지기토와 합토가 쉽지 않습니다. 경금지향은 년간을목과 합금화되어 을극기는 소멸하나 월간갑목이 금극목 되니 년지기토와 합토가 쉽지 않습니다. 갑임구간 임수에 의해 갑기합토가 성사되는데 다우지수는 이 중심으로 3일 급락이 나왔고 코스피 지수는 이 중심 전후까지 하락세가 이어졌습니다. 그러면, 지수들의 약세 원리는 복합적이면서 토기편중세도 영향인 듯합니다. 갑목지향은 3합토화되므로 상대적으로 매우 무겁게 됩니다. 갑경구간 경금은 년간을목과 합금되며 금기가 편중됩니다.

을유월 을경구간 순차합금되며 금기가 늘어납니다. 을신구간 을목과 신금은 조화롭지 않으며 경금지향은 합금화되어 금기가 편중되려 합니다.

병술월 병무구간 을목생 병화생 기무토로 부분소통세입니다. 신금지향은 병화와 합수화되며 경금지향은 년간을목과 합금화되며 토생 합금생 합수로 긍정됩니다.

정해월 정임구간 합목되며 다가오는 무자월 자수에 소통세가 넓어지나 합목편중세로 일주와의 관계는 제한됩니다.

무자월 무임구간 임수는 토극수 됩니다. 경금지향은 년간을목과 합금화되며 토극수를 역생시켜 줍니다. 무계구간 년지기토가 간헐적으로 월지계수를 불편하게 하며 합화가 되면 편중세로 일주와의 관계는 제한됩니다.

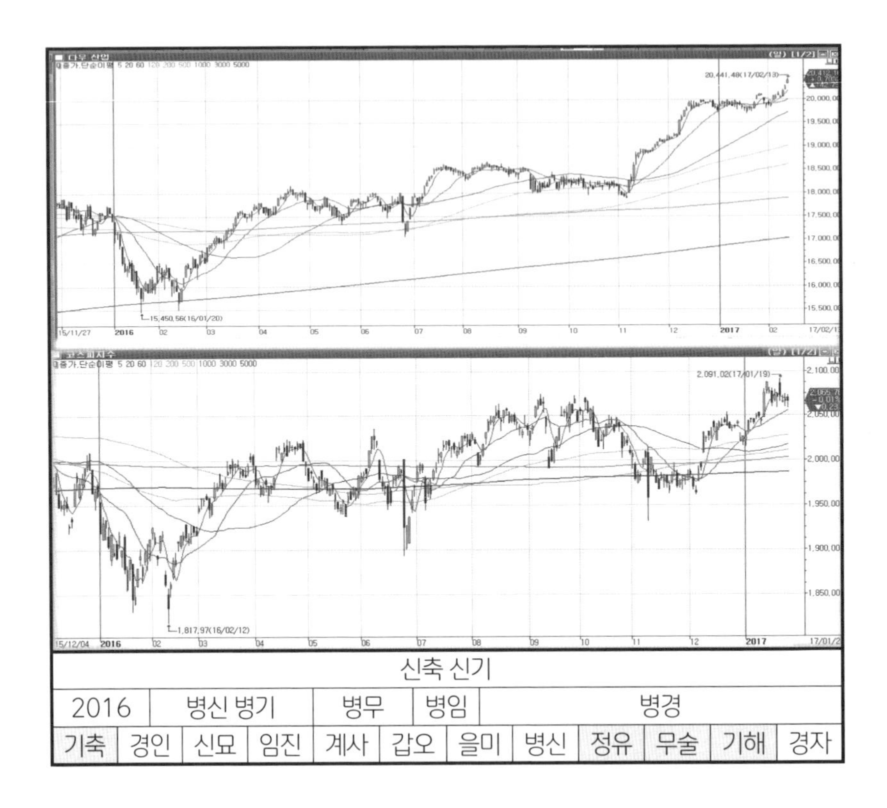

신축 신기											
2016	병신 병기			병무		병임	병경				
기축	경인	신묘	임진	계사	갑오	을미	병신	정유	무술	기해	경자

특간신금과 년간병화의 큰 신병합수가 지속되니 목기지향은 수생되는데 목기지향 속 갑목지향은 특지기토와 합토화되어 수생의 덕이 제한됩니다. 을목지향은 병경년주에서 경금과 합금화 된 후 특지기토와 월주의 토기에 생을 받으니 긍정됩니다. 금기지향은 특지기토에 의해 전반적으로 무난하며 신금지향은 합수된 후 월주의 경금구간이나 병경년주의 경금에 생을 받는 곳에서 긍정율이 높아집니다.

신기/병기 구간 합수와 2기토는 조화롭지 않습니다.

경인월 경갑구간 갑목은 합토되며 합토생 경금생 합수등으로 소통세입니다.

신묘월 신갑구간 2신금1병화로 순차합수되며 갑기합토 생 대기신금생 합수 등으로 소통세입니다. 신을구간 대기신금생 합수생 을목으로 소통세이나 다가오는 임진월 임수까지 고려하면 수기가 편중되려 합니다. 경금지향은 을목과 합금화되며 대기신금과 함께 수기와 소통되며 다가오는 임진월 임수까지 고려하면 다소 설기되려 합니다.

임진월 임무구간 합수임수가 기토 무토 위에 앉착되어 조화롭지는 않으나 충극관계도 아닙니다.

신기/병무 구간 신병합수와 기무토는 조화롭지 않습니다.

계사월 계무구간 합화는 합수에 수극화됩니다. 계경구간 경금이 토기와 수기를 역생소통 시켜줍니다. 계병구간 월지병화는 합수와 계수에 불편합니다. 다행히, 다가오는 갑오월 갑목에 의해 점차 역생소통됩니다. 신금지향은 병화와 합수화 되며 수기가 편중되는데 다가오는 갑오월 갑목에 의해 완화됩니다.

신기/병임 구간 합수와 임수는 수기 편중세입니다.

갑오월 갑목이 상부 수기편중세와 소통되어 완화시켜주나 갑기구간은 합토되어 목기가 소멸하니 수기가 다시 편중됩니다. 지수들은 갑오월 중심부 갑자기 급락하였는데 천지장이 무난하다가 합변화로 충극되면 상대적 변화에 지수들도 갑자기 혼조되는 경향이 있습니다. 갑정구간은 년지임수와 합목되며 월간 갑목과 함께 수생목으로 소통됩니다. 반면, 일주에서 토기가 오면 수생목에 충극됩니다.

을미월 을정구간 임정합목되며 을목과 함께 상부 수기와 소통되며 수기편중세를 완하시켜줍니다. 경금지향은 을목과 합금화되며 합수를 받쳐주며 합목으로 소통됩니다.

신기/병경 구간 기토생 경금생 합수로 소통세가 무난합니다.

을미월 을기구간 을목이 경금과 합금된 후 토생되니 무난합니다.

병신월 병경구간은 년지경금과 함께 2경금이 내재되어 편중세로 무거워지기 시작합니다.

정유월 정화는 상부 신병합수에 수극되니 총국상 조화롭지 않습니다. *지수들은 하락하지 않고 잘 버티었는데 억지로 명분을 만들자면 목기지향에서는 목기가 수기를 조율하고 정화를 받쳐주어 가능할 수 있고 금기지향은 수극화가 불편하다고 볼 수 없기에 하락하지 않을 수 있습니다. 그러나, 주된 운기적 작용은 일주에 목기가 많은 편이였고 정화가 건실해지면 지지체 유금이 불편해지기에 복합적 현상일 수도 있습니다. *

무술월 무무토구간 상부 금기와 소통되지만 편중세이며 일주와의 관계는 제한적입니다.

기해월 기무구간 기무토생 경금생 합수로 소통세입니다. 기갑구간 합토되며 합토생 경금생 합수로 소통됩니다. 기임구간 합수와 임수는 수기편중세이며 년지경금과 소통되기는 하나 년지경금이 설기세인데 다가오는 경자월 경금이 다가올수록 소통율이 높아집니다.

기해월 전후로 다우지수 금기지향 속 신금지향은 합수된 후 경금의 생을 받아 좋고 경금지향은 기무토의 생을 받아 좋습니다. 그런데, 다우지수는 상승했는데 코스피지수는 상승하지 못했습니다. 목기지향중 갑목지향은 합토되어 상대적으로 무거워지면서 화생토 되지 못하고 있습니다. 을목지향은 합금화되고 토생되기는 하나 합수를 생하여 다시 설기됩니다.

경자월 상부 경금생 합수와 하부 경금생 자수로 모두 소통세이나 단조로운 경금과 수기의 편중세입니다.

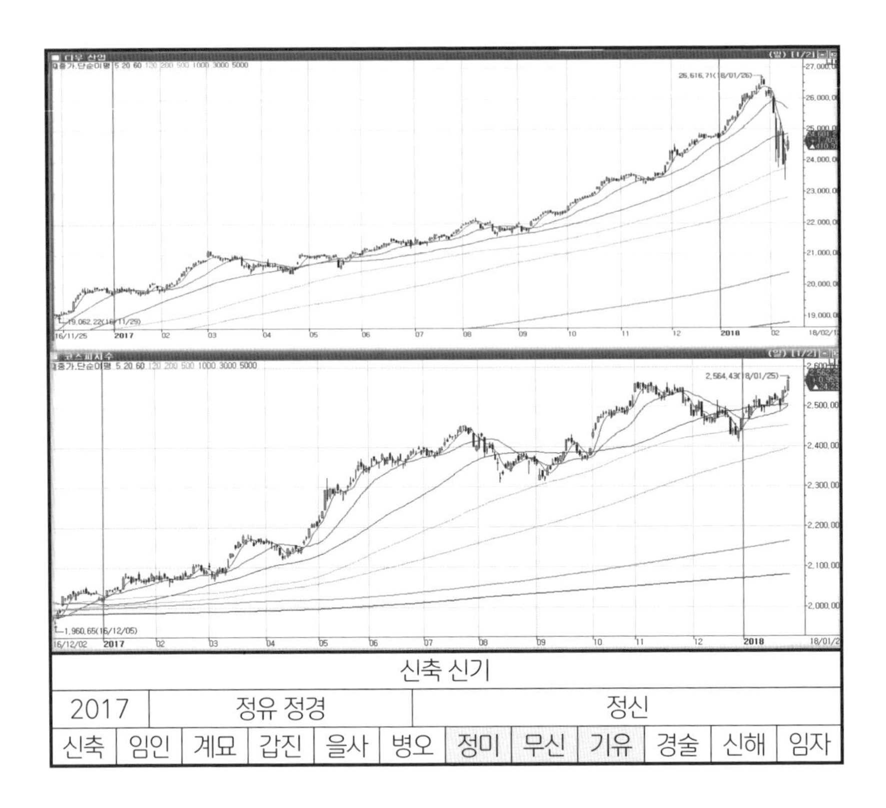

<table>
<tr><td colspan="12">신축 신기</td></tr>
<tr><td>2017</td><td colspan="5">정유 정경</td><td colspan="6">정신</td></tr>
<tr><td>신축</td><td>임인</td><td>계묘</td><td>갑진</td><td>을사</td><td>병오</td><td>정미</td><td>무신</td><td>기유</td><td>경술</td><td>신해</td><td>임자</td></tr>
</table>

정화생 기토생 경-신금으로 소통세가 좋으며 금기가 귀결입니다. 이에 금기지향은 지속력있게 상승하였습니다. 반면, 수기가 부족한 금기 귀결에 목기지향은 불편하며 을목지향 역시 특간신금에 불편합니다. 그런데, 코스피지수도 눌림목을 만들면서도 결국 우상향세가 되었습니다. 갑목지향이 특지기토와 합토된 후 년간정화의 생을 지속적으로 받아 긍정되어 나온 결과인 듯합니다. 신해월과 임자월 코스피지수는 하락세였는데 다우지수는 상승세였습니다. 갑목지향은 합토화 후 년간정화의 생을 받으며 긍정되는데 신해월과 임자월 임수가 년간정화를 합목시켜 화생 소멸로 약세가 나온 듯합니다.

신기/정경 구간 화생토생금으로 소통세입니다.

임인월 임갑구간 정임합목되며 합목은 신금극됩니다. 갑목은 경금극 됩니다. 다가오는 계묘월 계수에 의해 점차 역생됩니다.

계묘월 계갑구간 경금생 계수생 갑목으로 소통됩니다. 계을구간 경을합금되며 소통세이나 금기가 편중되려 하며 특지기토가 설기됩니다.

갑진월 갑무구간 갑목생 정화생 무토생 경금으로 무난합니다. *코스피지수는 다우지수에 비해 갑무-을무 구간 상승세가 강했는데 갑목지향 합토화가 정화생을 받으면서 동시에 을목지향이 년지경금과 합금화되면서 합토화 및 무토의 생을 받아 나온 결과인 듯합니다.*

을사월 을무구간 경을합금되며 무토생되어 무난합니다. 을경구간 순차합금되며 금기가 편중됩니다. 을병구간 합금되며 병화와 조화롭지 않습니다. 신금지향은 병화와 합수화된 후 경금생 되므로 무난합니다.

병오월 병병구간 2병화 위의 경금은 충극은 아니지만 조화롭지 않습니다. 신금지향은 병화와 합수화 후 경금생되니 무난합니다.

신기/정신 구간 화생토생금으로 소통세입니다.

병오월 병기구간 년지신금과 월간병화와 합수되며 년간정화와 조화롭지 않습니다. 병정구간 합수는 월지정화를 극합니다. *병정구간 충국상 월지정화의 수극화임에도 이번에도 지수들은 크게 하락하지 않고 잘 버텼습니다. 목기지향에서는 목기가 받쳐주고 금기지향에서는 수극화가 불리할 것이 없다는 논리도 약간의 원인일 수 있습니다. 또한, 수극화 주기가 길지 않고 일주에서 목기가 튼튼이 받쳐주고 특히 주식시간대가 사오미 화국이기에 버팀력이 조금이라도 늘어 가능한 결과인 듯합니다. 무엇보다 다가오는 정미월 정화는 일주와 합목되면 주변의 수기를 조금이라도 건조시키기에 이도 약간은 영향일 수 있습니다. 그러나, 매번 잘 버틸 것으로 단정하기는 어렵습니다.*

정미월 정기구간 소통세이나 금기귀결입니다. 금기지향에게는 긍정되며 목기지향은 부담이나 갑목지향은 합토화 후 화생토되어 긍정됩니다. 결과는 코스피지수는 하락세였고 다우지수는 약승세였습니다. 코스피가 하락한 원리에 대해 명확히 알아내지는 못하였으나 정기-무기의 접경구간에서 기무충에 합토화가 불안정되어서인지 아니면 기토들이 갑목지향과 합토화되어 상대적으로 무거워지는데 무토가 다가오니 더욱 무거워져서 나온 현상인지 아직 명확한 원리를 알아내지 못하였습니다.

무신월 무기-무무-무임-무경으로 나뉘며 년간정화는 특지기토와 월주의 토기들에 의해 설기됩니다.

기유월 토생금 소통세입니다.

경술월 월간 경금이 들어 금기 편중세가 약간 커지려하나 기토대신 무토가 들어서니 소통세가 균형됩니다.

신해월 신무구간 경금에서 신금으로 금기편중세는 완화되면서 무토내재에 소통세가 균형됩니다. 신갑구간 갑목은 금기들 사이에서 눈치봅니다. 1신금에는 무난하나 2신금부터 불편해집니다. 신임구간 정임합목되며 금극목 됩니다. 다행히, 다가오는 임자월 수기에 의해 점차 역생됩니다.

임자월 임수는 정임합목되며 자수에 의해 금극목이 역생됩니다. *신해월 신임 구간 후반부터 목기지향은 긍정되어야 하는데 오히려 약세가 나왔고 금기지향은 상승세가 나왔습니다. 명확한 원리를 알아내지 못하였으나 수생목 아래 일주에서 토기가 오면 목극토 되는데 기토의 경우 갑목지향과 합토화 되니 그 충격율이 매우 커지게 되며 이 영향도 인연될 듯합니다. 그러나, 더 큰 원리는 갑목지향이 특지기토와 합토화 후 년간정화의 생을 받아오고 있었는데 합목되니 상대적 긍정요소 소멸에 나온 현상인 듯합니다. 반면, 목기지향들에게 해수, 자수가 들어서는 구간으로 역전의 용사격이 되어 긍정되어야 하는데 이 원리보다 화생합토의 원리가 좀 더 큰 것은 아닌가 추정해 봅니다.*

** 신축특주 기간 세상은 반도체의 발전이 급격하게 이루어 졌고 금의 가치도 많이 올랐습니다. 신금은 반도체의 비철금속과 인연되며 금과도 인연됩니다. 그리고, 축토 속 기토가 받쳐주니 세상에 큰 발전이 온 듯합니다.**

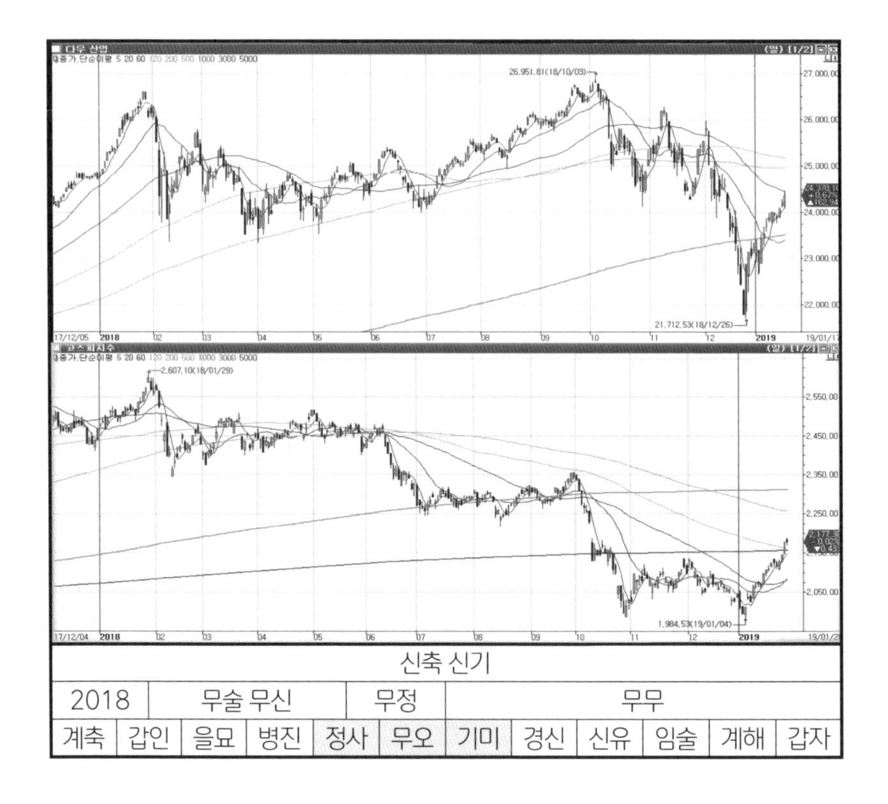

신축 신기											
2018		무술 무신			무정		무무				
계축	갑인	을묘	병진	정사	무오	기미	경신	신유	임술	계해	갑자

신기특주 무술년 토생금 소통세이나 무무년주는 토기가 편중됩니다. 그래도, 금기지향에게는 전반적으로 무난한데 목기지향은 금기 귀결에 수기가 부족하여 불편하며 특히 갑목지향이 합토화 된 후 화생토가 제한적이니 불편한 한해입니다. 총국상 무오월 주변과 임술월 주변이 약세가 강했는데 무오월 주변은 화기가 토기들에 설기가 심함이 주요인이며 임술월 주변은 월주의 임수가 년주무무토에 토극수됨이 주요인입니다. 그런데, 코스피지수는 결과적으로 하락세였고 다우지수는 경신월 전후로 상승하였기에 결과적으로 하락세라고 할 수 없습니다. 경신월은 토생금으로 금기지향에게 무난하고 목기지향에게 불편한 운기입니다.

신기/정신 구간 계축월 계기구간. 년간정화는 특지기토와 월지기토와 다가오는 무신년주 무토에 점차 설기가 심해집니다. 특히, 갑인월 갑목이 계기월주 기토와 합토되려 하기에 전반적으로 정화의 설기는 급격히 부담되는 추세입니다.

신기/무신 구간 토생금으로 소통세입니다. 금기지향에게는 무난하며 순수목기지향, 을목지향에게는 불편할 수 있습니다. 갑목지향은 특지기토와 합토되고 있으며 화생토 되어야 운기가 활성화되는데 년중 화기가 약합니다.

갑인월 갑갑구간 목기편중세며 무신년주와 조화롭지 않습니다.

을묘월 을을구간 월지을목은 년지신금에 충극되나 2을목으로 약간의 버팀력은 내재됩니다. 다가오는 병진월 병화는 년지신금과 합수되며 여기성도 내재되며 합수가 다가올수록 2을목은 신극을에 역생됩니다. 그러나, 2을목 편중세라 일주와의 관계는 제한적입니다. 경금지향은 을목들과 합금화하며 다가오는 합수와 점차 소통되며 일주와의 관계는 2합금화 편중세로 제한됩니다.

병진월 병무구간 병화는 년지신금과 합수가 되며 특간신금의 생을 받지만 토기들 사이에서 토극수 가능성도 일부 있습니다. 다가오는 정사월 정화는 다가올수록 합수에 불편해집니다.

정사월 정무구간 정화는 2무토에 설기됩니다. 정경구간은 경금이 토기들과 소통되어 무난합니다.

신기/무정 구간 소통세이나 정화는 기무토에 설기됩니다.

정사월 정병구간 2정화1병화로 다소 화기편중세이나 토기들과 소통되며 다가오는 무오월 무토와 소통세가 넓어집니다.

무오월 무병-무기-무정으로 나뉘며 화생토 소통세입니다. 무병구간 신금지향은 병화와 합수화되며 토기에 불편해집니다. 무기구간 토기 편중세이며 년지정화의 설기는 심해집니다. 무정구간의 정화는 무병구간의 병화에 비해 설기가 심해집니다. **특히, 다가오는 무무년주의 2무토에 정화들의 설기는 더욱 심해집니다.**

신기/무무 구간 소통세이나 토기편중세가 심합니다.

기미월 기기구간 토기가 늘어 편중세가 더욱 심해집니다. 다행히, 다가오는 경신월 경금이 다가올수록 토기들이 일을 하기에 편중세는 완화됩니다. 갑목지향은 기토와 합토되므로 상대적으로 좀 더 무겁습니다.

경신월 경금에 의해 토기편중세가 완화되나 경경구간 오히려 금기가 편중되려 합니다. 목지지향에 비해 금기지향은 토생금이 내재되니 상대적으로 무난합니다.

신유월 금기에 의해 토기의 편중세가 완화되며 금기 역시 경금에서 신금으로 편중세가 완화됩니다.

임술월 임신구간 신금은 임수에 설기됩니다. 임수는 2무토가 불편하게 하며 신금이 역생시켜주고 있으나 토기가 많아 불편율은 내재됩니다. 임정구간 임수가 토극되어 합목은 쉽지 않고 합이 실패하면 운기가 불안정해집니다. 임무구간 임수는 3무토에 불편합니다. 또한, 토기편중세가 심해집니다.

계해월 계무구간 3무토로 토기 편중세가 심해지는 듯 하나 순차적으로 계무합화가 되어 토기편중세는 상대적으로 완화되며 소통세는 늘어납니다. 계갑구간 갑목생 합화생 대기무토로 소통세는 좀 더 넓어집니다. 계임구간 합화와 임수는 조화롭지 못하고 임수는 합화전 대기무토에 토극수 됩니다.

갑자월 갑임구간 임수는 무토들에 불편합니다. 갑목이 무토를 막아주려하나 2무토라 1무토에 대해서는 토극수됩니다. 갑계구간 계수는 무토들과 순차 합화되고 갑목생 합화생 무토로 소통세가 넓어집니다.

2018년 격국의 특징은 특지기토 아래 무토입니다. 기-무 관계로 기무충이지만 기토가 무토 위에 있어서 무기충 보다는 안정적 운기입니다. 그러나, 2019년 다가오는 기무년과도 연결되어 수직과 수평의 기무충등에 의해 지진등의 천재지변이 유독 많은 한해였습니다. 또한, 기무충은 지진 이외에도 충돌적 사건사고와도 인연될 수 있습니다.

1월 4일 – 남아프리카 공화국 건널목에서 열차와 트럭이 충돌

1월 5일 – 일본 이바라키현 남부 동쪽 근해에서 규모 4.4 지진

1월 6일 – 중국 장강 입구 유조선과 벌크선 충돌

1월 10일 – 온두라스 스완 제도 인근 규모 7.6의 지진

1월 14일 – 페루 리마 남동쪽 규모 7.1 강진

1월 23일 – 일본 군마현 스키장에서 화산 분화

1월 24일 – 일본 아오모리현 북동쪽 규모 6.2의 지진

2월 6일 – 대만 화롄 규모 6.4의 강진

2월 11일 – 사라토프 항공 703편 추락. 대한민국 포항시 4.6지진

2월 16일 – 멕시코 오아하카주 규모 7.2 강진. 화산.

2월 18일 – 이란 아세만 항공 3704편 추락, 데나산과 충돌

2월 26일 – 일본 5.2 지진, 대만 5.2지진 , 파푸아뉴기니 7.5 지진, 인도네시아 6.1 지진

3월 1일 – 일본 이리오모테섬 부근 규모 5.7의 지진

6월 18일 일본 오사카부에서 규모 6.1의 지진

7월 28일, 8월 5일, 8월 20일 – 인도네시아 롬복섬 지진

8월 6일 – 방글라데시 다카에서 일어난 대규모 시위충돌

8월 13일 – 중화인민공화국 남서부 윈난성 규모 5.0 지진

9월 6일 – 일본 홋카이도 삿포로 규모 6.7 지진

9월 9일– 중국 윈난성 푸얼시 규모 5.9의 지진

9월15일 경상북도 울진군 해역 규모 2.4의 지진

9월 19일 – 일본 미야기현부근 바다 규모4.9 지진

9월28일 –인도네시아 술라웨시섬 규모 7.5의 강진

10월 25일– 대한민국 경상북도 경주시 남남서쪽 규모 2.3 지진

12월 1일– 미국 알래스카 규모 7.0의 강진

지진만 별도로 조사하다 보면 지진이 자주 발생되는 곳들이 있고 주로 불의 고리 또는 환태평양지진대 입니다. 그런데, 올해는 유독 매우 많이 발생하였고 평상시 지진과 인연이 적었던 대한민국에서도 지진이 자주 발생하였습니다. 2018년은 전세계적으로 지진의 사례가 너무 많아서 대한민국의 사례는 일부만 수록한 것이며 지진 이외에 충돌, 폭발, 총격, 화재등등의 충돌적 사건사고도 매우 많은데 거의 수록하지 못하였습니다. 요지는 천지오륜장의 기무충 격국과 지진 등 충돌운기와의 세상 상관관계입니다.

참고로 대한민국의 갑목지향은 천지장 기무충 기토와 합토화 되려 하기에 평상시 발생되지 않았던 지진까지도 인연이 되었을 것으로 분석합니다.

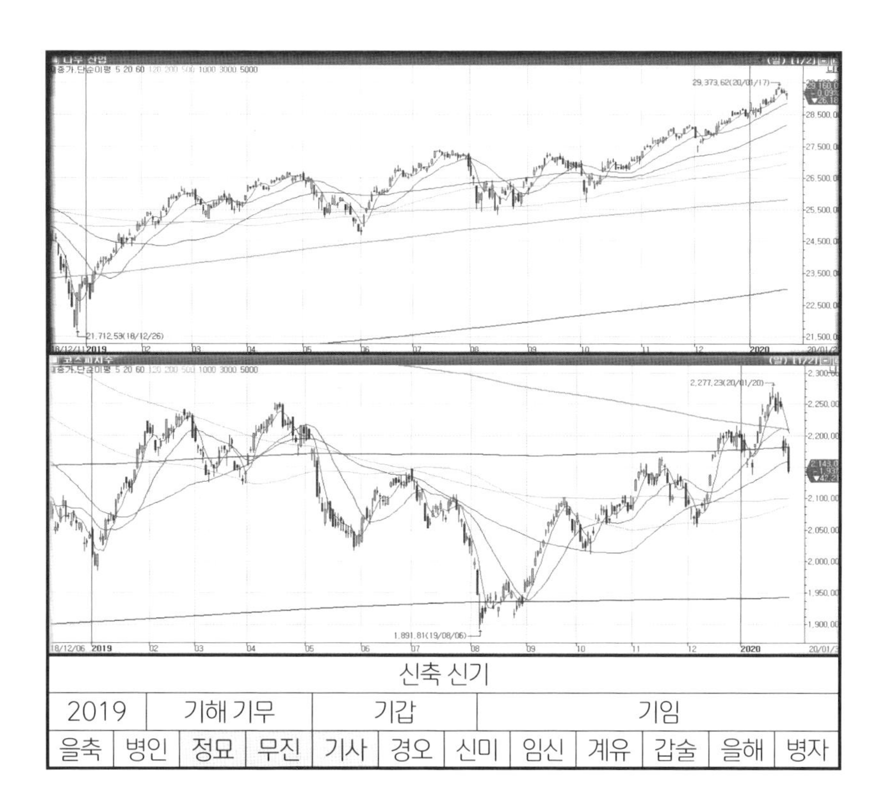

신축 신기											
2019		기해 기무		기갑			기임				
을축	병인	정묘	무진	기사	경오	신미	임신	계유	갑술	을해	병자

신기특주 기해년 주로 토생금으로 소통세가 무난합니다. 반면, 기무토 구간이나 기갑합토 구간은 토기가 약간 편중되려 하며 금기지향은 무난할 수 있습니다. 목기지향중 갑목지향은 특지기토-년간기토와 합토가 되며 화기가 받쳐주어야 긍정됩니다. 을목지향은 특간신금에 의해 불편율이 인연될 수 있으나 기임구간은 임수에 역생됩니다.

다우지수는 무난한 상승세가 나왔는데 코스피지수는 상승이라기 보다는 횡보중 중간 눌림목이 나왔습니다. 코스피지수가 무거워진 주요인은 갑목지향이 특지 기토 및 년간 기토들과 합토되어 상대적으로 무거워지며 이에 화생토되면 긍정인데 화기가 제한적이면서 총국상 다소 무거워 약세가 된 듯합니다.

신기/무무 구간

을축월 을계구간 2무토1계수는 순차합화되며 을목생 합화생 대기무토로 소통세가 넓어집니다. 을신구간 을목은 신금 위에 있어서 무난합니다. 을기구간 월지기토는 을목에 불편하나 토기가 많아 버팀력 내재되며 다가오는 병인월 병화에 점차 역생소통됩니다. 경금지향은 을목과 합금화되며 다가오는 병인월 병화는 신금지향과 합수화되며 점차 소통세가 넓어집니다.

신기/기무 구간

병인월 병병구간 2병화생 기무토로 소통세이나 2병화는 편중세로 일주와의 관계는 제한됩니다. 갑목지향은 년간기토와 합토화 되며 화생토 되어 긍정되나 특지기토와의 합토화는 화생토 되지 못합니다. 신금지향은 2병화와 합수화되며 토극수 됩니다. 다행히, 토기들은 특간신금을 향하니 토극수는 제한됩니다. 병갑구간 갑목은 합토되며 화생토 소통세이나 병화는 설기됩니다. 다가오는 정묘월 정화 역시 점차 설기됩니다. 신금지향은 병화와 합수화되며 토극수 됩니다. 다행히, 토기들은 특간신금을 향하니 토극수는 제한됩니다. 다가오는 정묘월 정화는 합수 및 상부 토기에 점차 불편해집니다.

정묘월 정화가 토기를 생하나 정화는 병화에 비해 음화로 편중세 토기들에게 설기세가 심해집니다. 정을구간 을목생 정화생 기무토로 소통세이며 정화가 을목의 생을 받아 힘을 얻으나 정화는 기무토에 설기됩니다. 경금지향은 을목과 합금화 된 후 토생금 되니 무난합니다.

무진월 무을구간 토기가 편중됩니다. 경금지향은 을목과 합금화 된 후 토생되니 토기편중세는 상대적으로 완화됩니다. 무계구간 년간기토가 월지계수를 극하여 합화는 쉽지 않습니다. 그러나, 적용일이 짧고 금기지향은 무을구간 합금에 의해 토극수는 역생되니 잠시 합화가 성립됩니다. 무무구간 토기가 지나치게 편중되어 무거워집니다. 코스피지수에 비해 다우지수는 버팀력이 내재되었는데 금기지향이라 토생금 운기에 상대적으로 무난한 듯합니다.

신기/기갑 구간

기사월 기무구간 역시 토기가 편중됩니다. 기경구간 경금이 내재되니 소통세가 좋아져 편중세는 완화됩니다. 기병구간 병화가 편중된 토기들에게 설기됩니다. 신금지향은 합수화 후 토극수되며 다가오는 경오월 경금이 다가올수록 역생율이 높아집니다.

경오월은 경병-경기-경정으로 구분되며 병정화생 토생 금으로 소통세이며 토기들이 경금을 향하여 일을 하니 다이어트 효과에 토기편중세는 완화됩니다. 경정구간 정화는 상부합토에 다소 설기되는데 갑목지향의 합토화에서는 설기가 심해집니다.

신미월 신정구간 정화생 토생 신금으로 소통세입니다. 신을구간 신극을로 충극됩니다. 경금지향은 을목과 합금화되어 충극은 제한됩니다. 신기구간 토기가 편중되는데 갑목지향은 합토되어 좀 더 무거워집니다.

신기/기임 구간

신미월 신기구간 신금이 기임년주 임수와 다가오는 임신월주 임수에 설기가 심해집니다. 갑목지향은 기토와 합토화되어 총국상 무거워집니다.

임신월 임경구간 경금은 2임수에 설기됩니다.

계유월 계경구간 경금은 2임수에서 1임수1계수로 완화되니 설기세가 완화됩니다. 반면, 계신구간은 경금에서 신금으로 약해지니 다시 수기에 설기됩니다.

갑술월 갑무구간 갑목은 년간기토와 합토되면 특간신금을 거쳐 수기와 소통되며 월지 무토 위의 년지임수도 무난합니다. 그러나, 총국상 토기가 무거운 편중세입니다.

을해월 을임구간 2임수로 수기가 편중되려 하며 월간을목이 조율하기에는 제한적입니다. 다행히, 일주에서 목기가 많거나 월지임수가 일주와 합목되면 편중세가 완화되면 소통세가 높아집니다. 경금지향은 을목과 합금화된 후 수기와 소통세이나 다가오는 병자월 병임구간 합수화와 임수에 점차 설기가 심화됩니다.

병자월 병임구간 2임수에 수기편중세이며 병화와 수기는 조화롭지 않습니다. 신금지향은 병화와 합수화되어 수기편중세가 더욱 심해집니다. 만약, 일주에 목기가 많거나 월지임수가 일주와 합목되면 편중세는 완화되며 소통세가 넓어집니다. 병계구간 다가오는 정축월 정화는 년지임수와 합목되며 다가올수록 월지계수는 설기됩니다. 반면, 신금지향은 병화와 합수화되며 다가오는 합목과 균형 있게 소통됩니다.

신축 신기 [임무]											
2020		경자 경임				경계					
정축	무인	기묘	경진	신사	임오	계미	갑신	을유	병술	정해	무자

지수들은 봄국에서 골짜기가 형성된 후 년중 우상향이 나왔습니다. 특주는 신기와 임무의 접경구간이며 임무특주가 1년 정도 여기되며 정축월부터 임무특주로 적용해 봅니다.

경계년주에서는 년지계수와 특지무토가 합화되며 6개월정도 여기 됩니다. 그런데, 특간임수가 합화를 충극합니다. 이에 월주에서 목기가 인연되면 버팀력이 높아집니다. 정축월 임정합목을 시작으로 무인월 갑목과 임오월 임수의 일주와의 합목과 임정구간 합목 그리고 갑신월 갑목 그리고 정해월 정화의 일주와의 합목과 정갑구간 갑목과 정임합목 그리고 무자월 임수의 일주와의 합목 등 목기가 교량-다리 효과처럼 주기적으로 받쳐주고 있습니다. 그럼, 무인월과 기묘월은 왜 골짜기가 나왔을까요?추정으로 경임년주는 월주 목기가 특지 무토의 합화와 접촉되지 못한 거리감에 월주의 목기가 수기만 흡수하여 수극화를 제한시키는 상황이며 무인월 갑목과 임오월 합목 사이의 거리가 너무 멀어 다리가 축 처진 듯한 형세입니다. 더구나, 기묘월 기갑구간은 갑목이 합토되어 목기가 소멸되고 경금을 부추겨 수극화를 강조합니다.

천간은 갑을병정무기경신임계로 무-기 충이 내재되며 무토는 무기력 수평적 운기이며 기토는 기살아 수직적 운기이며 무-기충은 밭갈이의 형세로 후반부가 상승세가 많은 편입니다. 그런데, 위에서는 기-무충의 관계로 후반부가 약세적 상황이며 경계년주에서 합화가 되어 약세를 승화시키고 있습니다.

임무/경임 구간 2임수로 수기가 무겁습니다. 이에 경금은 설기됩니다.

무인월 무갑구간 금생 수생 목으로 부분 소통세가 무난하며 갑목이 임수를 흡수하니 경금의 설기세는 완화됩니다.

기묘월 기갑구간 기갑합토되며 합토생 경금생 임수로 소통되나 수기가 편중됩니다. 기을구간 합금되며 기토는 합금 및 다가오는 경진월 경금에 설기됩니다.

경진월 경무구간 무토생 경금생 임수로 소통됩니다. 반면, 무토가 2경금에 다소 설기됩니다.

신사월 신무구간 토생금생수로 소통됩니다. 신경구간 금기가 다시 무거워집니다. 신병구간 임수극병화로 신병합수는 어렵습니다. 신금지향은 합수화가 가능하나 수기가 편중됩니다.

임오월 임병구간 임수극병화로 불리격입니다. 신금지향은 합수화가 가능하나 수기가 편중됩니다.

임무/경계 구간 무계합화가 형성되며 임수가 극합니다.

임오월 임기구간 소통세이나 기토는 경금에 설기됩니다. 임정구간 임정합목이 임수 극 무계합화를 역전의 용사격으로 받쳐줍니다. 또한, 임정합목은 임오월 임병구간 수극화나 경임년주와 경계년주 접경구간 까지 수기를 점차 흡수함으로써 수극화를 완화시켜 주는 듯합니다.

계미월 계기구간 기토는 경금에 설기됩니다.

갑신월 갑경구간 갑목이 임수극합화를 역전의 용사격으로 받쳐줍니다.

을유월 을신구간 월지신금은 무계합화에 불편한데 합화가 임수극되어 버팀력 내재됩니다.

병술월 병무구간 2무토1계수로 순차합화됩니다. 신금지향은 병화와 합수화된 후 합화를 극할 수 있습니다.

정해월 정갑구간 갑목은 상부 합화를 받쳐줍니다. 정임구간 합목되어 임수극합화를 받쳐줍니다. 또한, 정화는 일주의 임수를 만나도 합목됩니다. 합목은 다가오는 무자월 자수에 점차 힘을 얻습니다. 코스피지수가 다우지수에 비해 상승세가 커진 원인인 듯합니다.

무자월 무임구간 임수는 일주의 정화를 만나면 합목됩니다. 무계구간 합화되며 상부 임수극합화를 지원합니다. 또한, 다가오는 기축월 기토와 화생토 소통됩니다.

**합화는 항공기엔진이나 자동차엔진처럼 연소기관 연소작용과 인연이며 때로는 사람의 소화기 작용과도 인연이지만 경제에 있어서는 소비활동, 경제활동과도 인연입니다. 공통점은 활성화가 이루어지고 있는 운기입니다. 그런데, 임수가 경제활동을 충극시키면 소비침체, 경제위기와 인연인데 하부 월주에서 목기가 주기적으로 받쳐주고 있습니다. 해당년도는 코로나 팬더믹으로 전세계가 전염병 확산을 막기 위해 외출을 삼가고 경제활동을 차단시켰습니다. 그러면서 나라별 경기부양책으로 국민들에게 생활비를 지원하여 소비를 유도하고 많은 기업들의 매출이 줄지 않고 특수영역은 오히려 매출이 늘어나는 등 결과적으로 지수는 위기 속 대급등을 하였습니다.

코로나(2020년이후 전세계 확산 팬더믹 선언), 메르스(2012년 이후 간헐적 전세계 확산), 신종플루(2009년 전세계 확산), 사스(2002~2003년 전세계 확산)등 전염병이 확산되는 시기는 경자특주(1997~2008)-신축특주(2009~2020)-임인특주(2021~)에서 신축특주 중심으로 집중되어 있으며 지장간으로는 경계-신계-신신-신기-임무로 구분됩니다. 여기서 한가지 주목할 점은 축토가 좋은 쪽으로 풀리면 숙성, 간장, 된장, 발효 등과 인연인데 잘못 풀리면 화장실, 전염병, 세균, 바이러스와도 인연됩니다. 이 논지는 저 혼자만의 생각이 아니라 역술계에서 오래전부터 논하고 있는 상식입니다.**

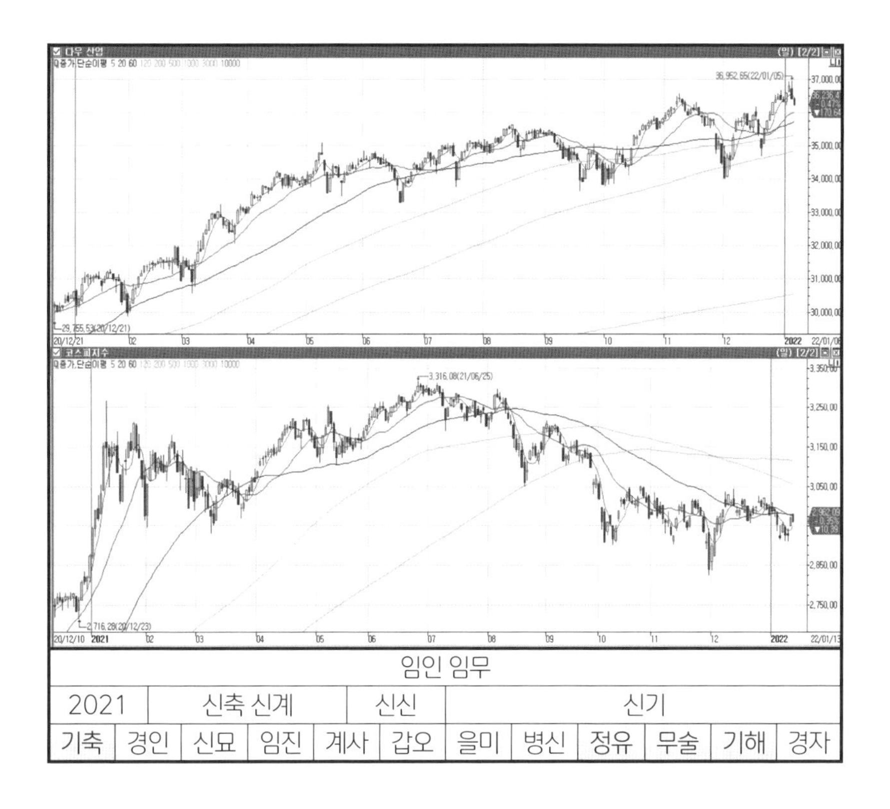

임인 임무											
2021	신축 신계				신신	신기					
기축	경인	신묘	임진	계사	갑오	을미	병신	정유	무술	기해	경자

임무/신계 구간 무계합화가 되며 임수극합화가 됩니다. 그러나, 월주에서 목기가 교량-다리 효과처럼 주기적으로 받쳐주니 버팀력 내재됩니다. 반면, 년간신금은 특간임수에 설기됩니다.

임무/신신 구간 2신금으로 임수에 대한 설기세는 완화됩니다. 또한, 토생금생수로 무난한 소통세입니다.

임무/신기 구간 소통세이나 신금은 임수에 설기세입니다. *갑목지향은 년지기토와 합토화되어 총국상 토기가 무거워지며 화생토 되면 긍정되는데 화기가 부족합니다. 또한, 무기충에 합토화도 약간 혼조됩니다.* 금기지향은 소통세로 무난하며 년간신금이 특간임수에 설기세인데 년월주에서 금기와 토기가 자주 협조하니 무난합니다.

임무/경계 구간. 특간임수가 무계합화를 수극화 합니다.

기축월 기계-기신-기기구간으로 나뉘며 상부 무계합화를 임수가 극합니다. 그런데 합화는 줄기오행으로 길게 연결되어 있으며 경계년주에서는 월주에서 여러 목기가 자주 받쳐주고 있고 신계년주에서는 경인월 갑목이 받쳐주고 있습니다. 교량-다리 효과가 내재됩니다. 그 사이의 임수극 합화는 어느 정도 버팀력 내재될 듯합니다. 하부에선 합화생 기토생 경금으로 부분 소통세가 됩니다. 갑목지향은 합토화가 된 후 합화생 되니 힘을 얻고 을목지향은 경금과 합금화된 후 토생되니 힘을 얻습니다. 그래도 다우지수에 비해 초반 급등세가 너무 강했는데 임수극합화에 의해 합토가 합화의 힘을 제대로 얻어 낼 수 있는가 의심해 볼 때 교량-다리 효과 이외에 한국의 목기지향에 의한 수극화의 역생소통 특수도 조금은 내재되었을 듯합니다. 이 논지는 사람의 운세에서도 종종 나타나고 있습니다.

임무/신계 구간. 특간임수가 무계합화를 수극화 합니다.

경인월 경갑구간 합화를 갑목이 역전의 용사격으로 받쳐주나 갑목은 경신금에 불편합니다.

신묘월 신갑구간 갑목이 합화를 역전의 용사격으로 받쳐주나 2신금에 불편합니다. 신을구간 합화를 을목이 역전의 용사격으로 받쳐주나 을목은 2신금에 불편합니다. 다가오는 임진월 임수에 의해 점차 역생율이 높아집니다. 경금지향은 을목과 합금화된 후 다가오는 임수와 소통되며 상부 합화를 받쳐주지는 않습니다. 금기지향에게 수극화가 반드시 불리하다고 볼 수는 없는 듯합니다.

임진월 임무구간 2무토 1계수로 순차 합화되며 2임수가 수극화 합니다. 그러나, 월간임수는 일주와 주기적으로 합목이 되며 일주의 목기가 받쳐주면 수극화는 역전의 용사격처럼 완화됩니다.

계사월 계무구간 2합화가 되며 1임수에 인해전술격으로 버팀력 내재되나 조화롭지는 않습니다.

임무/신신 구간

계사월 계병구간 2신금1병화는 순차 합수되며 토생금생수로 소통세가 됩니다.

갑오월 갑병구간 순차합수가 되며 갑목과 소통됩니다. 목기지향은 수생목되어 긍정되며 신금지향은 합수 후 갑목을 지원하니 소통세이나 득이 적습니다. 또한, 대기신금은 합수와 특간임수에 설기가 심해집니다. 갑기구간 합토되며 2신금과 소통됩니다. 갑정구간 갑목이 정화를 생하는 것보다 다가오는 을미월 을목이 다가올수록 생함이 좀 더 실효적입니다. 그리고, 갑목은 다가오는 신기년주 기토와 합토하려 하며 년지기토와 정화는 소통되려 합니다.

임무/신기 구간

을미월 을기구간 신금이 을목을 극하는데 다가오는 병신월 신병합수에 점차 신극을은 역생됩니다. 반면, 월지기토는 을목에 충극되는데 년지기토와 다가오는 병신월 병기구간 기토 그리고 상부 특지무토에 의해 인해전술격으로로 버팀력은 내재됩니다. 멀리있는 특지무토는 월간을목과 닿지는 않지만 없는 때와 있을 때 버팀력의 차이는 분명합니다. 경금지향은 을목이 합금화 된 후 토생되어 소통세인데 다가오는 합수에 합금화가 소통되면서 다소 설기됩니다.

병신월 병경구간 신병합수 되며 소통세이나 경금이 합수에 약간 설기됩니다. 다가오는 정유월 정화는 합수에 점차 불편해집니다.

정유월 정신구간 화생토생금으로 소통세이나 특지기토와 다가오는 무술월 무토에 정화는 점차 설기됩니다.

기해월 기임구간 년간신금은 특간임수와 늘어난 월지임수에 의해 설기가 심화됩니다. 다행히, 다가오는 경자월 경금에 의해 설기는 점차 완화됩니다.

경자월 경임구간 소통세입니다. 경계구간 소통세입니다.

임인 임무											
2022	임인 임무		임병			임갑					
신축	임인	계묘	갑진	을사	병오	정미	무신	기유	경술	신해	임자

임무/임무 구간 수기와 토기가 편중되며 수기가 토기 위에 있어서 충극되지 않지만 조화롭지 않습니다.

임인월 임갑구간 임수생갑목으로 부분소통세지만 수기와 토기가 편중세입니다. 다가오는 계묘월 계무합화와 갑목은 점차 소통됩니다.

계묘월 계갑구간 계무합화가 형성되며 2임수에 충극되며 갑목이 받쳐주니 역전의 용사격이 됩니다. 계을구간 을목이 합화를 받쳐주나 갑목에 비해 다소 부족합니다. 다가오는 갑진월 갑목에 의해 점차 보강됩니다. 경금지향은 을목과 합금화되어 오히려 수기를 부추깁니다. 다가오는 갑진월 갑목에 의해 수극화는 역생되나 합금화는 합화가 달갑지 않습니다.

임무/임병 구간. 병화가 수극화 됩니다. 신금지향은 병화와 합수화되어 수기가 편중됩니다.

갑진월 갑무구간 갑목이 수극되는 병화를 받쳐줍니다. 신금지향의 병화와 합수화는 갑목과 소통되며 월지무토는 불편해집니다.

을사월 을병구간 을목이 수극되는 병화를 받쳐줍니다. 그러나, 2병화에 설기가 심해집니다. 경금지향은 을목과 합금화되어 수기를 부추깁니다.

병오월 병병구간 임수극병화입니다. 신금지향은 병화와 합수화 되며 수기편중세가 심해집니다. 병기구간 임수극병화입니다. 신금지향은 병화와 합수화되며 수기편중세가 심해집니다. 병정구간 정화는 년간임수와 합목되며 수극화는 역생소통됩니다.

정미월 정정구간 정임합목되며 수극화는 역생소통됩니다.

임무/임갑 구간. 임수생 갑목으로 소통세이나 다가오는 계갑년주의 무계합화가 6개월정도 여기되며 임무특주의 무토는 합화로 봅니다. 그러면, 특간임수에 충극되는데 임갑년주 갑목이 역생소통 시켜주며 2임수이기에 수기가 화기를 조금 불편하게 할 수 있습니다. 그리고, 기유월 기토가 년지갑목과 합토되면 갑자기 수극화가 심해집니다.

정미월 정기구간 갑목은 월지기토와 합토되어 상부 합화를 지원하지 못하지만 월간정화가 임정합목되어 상부 합화를 지원합니다.

무신월 무기구간 월지기토는 년지갑목과 합토되어 상부 합화를 지원하지 못하여 수극화됩니다. 무무구간 월지무토는 년지갑목에 불편할 듯 하나 갑목은 상부 합화를 향하므로 버팀력 내재됩니다. 무임구간 수기가 무거워지려 합니다. 반면, 다가오는 무경구간 경금과는 소통세가 좋습니다. 무경구간 토생 경금생 임수생 갑목생 합화로 소통세가 좋습니다.

기유월 기토가 년지갑목과 합토되니 갑자기 특주의 수극화가 심해집니다. 그리고, 그 파장은 무신월 중반까지 미리 여기된 듯합니다.

경술월 경무구간 토생 경금생 임수생 갑목생 합화로 소통세가 무난하며 년지갑목은 합화를 향하므로 월지무토는 갑목에 버팀력 내재됩니다.

신해월 신임구간 신금은 2임수에 설기되며 월지임수가 일주와 합목되면 수기편중세는 완화되고 소통세가 넓어집니다.

임자월 수기편중세가 심해지나 임수가 일주와 합목되면 수기편중세는 완화되며 소통세가 넓어집니다.

임인 임무									임병		
2023	계묘 계갑				계을						
계축	갑인	을묘	병진	정사	무오	기미	경신	신유	임술	계해	갑자

2022년 후반 이후는 출간 전 상황으로 향후 업그레이드 예정입니다.